企业所得税
新讲与实务攻略

Enterprise Income Tax
practice strategies

主　编：应志雄　解峰瑜　吴卫勇　陈金标
副主编：刘正强　刘树根　陈长飞　倪志军
插画师：应昔延

中国法制出版社
CHINA LEGAL PUBLISHING HOUSE

前言

Preface

企业所得税是我国重要的税种之一，与每个企业息息相关，也是每个财税人员朝夕相处的伙伴。企业所得税，历经多次改革变迁，特别是国家助力企业经济发展，新的法规政策层出不穷。企业所得税知识更新较快，新知识与新运用可能让一些会计、税务人员措手不及。有的会计、税务人员认为企业所得税知识点繁杂、计算烦琐，在平时的企业所得税实务操作中深感困惑。其实，出现这些困扰都是因为相关从业人员对于企业所得税知识掌握不全面、不系统，大多只是碎片化、局限性地了解，面对稍显复杂的情形，无从下手。

本书针对会计、税务人员的实践所需，提取出一套全新、全面、系统、扎实的企业所得税实务实用知识大全，有如下特点：

一、将企业所得税碎片、零散的知识点进行系统化梳理，模块化归集，理清和更新企业所得税新法规政策和新纳税知识，比如，梳理并精讲全新的计税实务、汇算清缴和纳税申报程序等知识要点，解决了长期困扰财税人员的散乱的纳税实务问题，实现企业所得税知识全新全面覆盖。

二、提炼实际运用，契合企业所得税征缴实践，突出实战需求，强化实用效能，让财务会计、税务管理人员“新手能用，高手能升”，能实实在在将知识学到手，真真切切将知识运用到工作岗位中。

三、采用一问一答，答疑解惑，图表归纳，速记速查，实务案例，清晰引导，由浅入深，帮助读者快速掌握企业所得税知识，提高读者的长久运用能力和专业水平。

全书由财税、法律一线专家、骨干编写而成，适合实际运用；所撰实操，拿之能用，用之能成，达到“一本书读懂、会用企业所得税”之效果。

因企业所得税政策变化较快，如有过期或冲突的相关规定，以最新公布的政策为准。书中如有缺失疏漏之处，也欢迎读者交流指正。

应志雄

2020年于杭州

目录
Contents

第一章　企业所得税基础知识

1. 什么是企业所得税？

企业所得税是对在我国境内的企业和其他取得收入的组织的生产经营所得和其他所得征收的一种税。换而言之，就是对企业经营成果征收的一种税。

企业经营成果	口径	名称	计算
	会计	会计利润	收入－成本－费用－税金－支出－损失
	税法	应纳税所得额	会计利润±纳税调整项目
【注】 纳税调整项目包括纳税调增项目和纳税调减项目			

【例】 2019年甲公司营业收入200万元，取得国债利息收入10万元，发生成本、费用100万元，赞助支出20万元。

会计利润＝200＋10－100－20＝90（万元）

应纳税所得额＝90－10＋20＝100（万元）

2. 企业所得税有哪些主要特点？

（1）以净所得为征税对象；

（2）以经过计算得出的应纳税所得额为计税依据；

（3）纳税人和实际负担人是一致的，可以直接调节纳税人的所得。

3. 企业所得税的主要作用是什么？

（1）促进企业改善经营管理活动，提升企业的盈利能力。税务机关在征税过程中，对企业的收入、成本、费用等经营管理活动进行监督检查，促进企业改善管理，提高企业盈利能力。

（2）调节产业结构，促进经济发展。所得税的调节作用在于公平税负、量能负担。可以通过各项税收优惠政策的实施，发挥所得税对纳税人投资、产业结构调整、环境治理、能源合理利用等方面的调节作用。

（3）为国家建设提供财政收入。企业所得税是我国税制的主要税种之一。随着我国经济发展，企业盈利能力增强，所得税收入也大幅增加，为国家经济建设提供了不可或缺的财政支撑。

4. 企业所得税的纳税义务人如何确定？

根据《企业所得税法》[①] 第一条的规定，除个人独资企业、合伙企业不适用《企业所得税法》外，在我国境内，企业和其他取得收入的组织为企业所得税的纳税人，依照法律规定缴纳企业所得税。

5. 什么是企业所得税的征税对象？什么是计税依据？二者有何异同？

（1）企业所得税的征税对象：是指企业取得的生产经营所得、其他所得和清算所得。包括居民企业的征税对象和非居民企业的征税对象。

①居民企业的征税对象：居民企业应就来源于中国境内、境外的所得作为征税对象。所得，包括销售货物所得、提供劳务所得、转让财产所得、股息红利等权益性投资所得、利息所得、租金所得、特许权使用费所得、接受捐赠所得和其他所得。

②非居民企业的征税对象：非居民企业在中国境内设立机构、场所的，应当

---

① 为便于表述，本书中法律文件标题中的“中华人民共和国”均予以省略。

就其所设机构、场所取得的来源于中国境内的所得，以及发生在中国境外但与其所设机构、场所有实际联系的所得，缴纳企业所得税。非居民企业在中国境内未设立机构、场所的，或者虽设立机构、场所但取得的所得与其所设机构、场所没有实际联系的，应当就其来源于中国境内的所得缴纳企业所得税。

上述所称实际联系，是指非居民企业在中国境内设立的机构、场所拥有的据以取得所得的股权、债权，以及拥有、管理、控制据以取得所得的财产。

（2）计税依据：应纳税所得额是企业所得税的计税依据。应纳税所得额 = 收入总额 - 不征税收入 - 免税收入 - 各项扣除 - 允许弥补的以前年度亏损。

企业所得税征税对象与计税依据的异同：从理论上说，征税对象解决的是对什么征税的问题；计税依据讨论的是征税对象的价值体现，即对征税对象如何计量的问题。二者相互关联，又有不同的侧重，一般情况下，征税对象和计税依据是不一致的，但从上述概念看，企业所得税征税对象和计税依据是一致的，都是指企业所得。

6. 所得来源地是如何确定的？

所得来源地的确定依据《企业所得税法》及其实施条例的规定，所得来源地的确定有如下方法：

（1）销售货物所得，按照交易活动发生地确定。

（2）提供劳务所得，按照劳务发生地确定。

（3）转让财产所得。①不动产转让所得按照不动产所在地确定。②动产转让所得按照转让动产的企业或者机构、场所所在地确定。③权益性投资资产转让所得按照被投资企业所在地确定。

（4）股息、红利等权益性投资所得，按照分配所得的企业所在地确定。

（5）利息所得、租金所得、特许权使用费所得，按照负担、支付所得的企业或者机构、场所所在地确定，或者按照负担、支付所得的个人的住所地确定。

（6）其他所得，由国务院财政、税务主管部门确定。

7. 企业所得税税率是如何规定的？

（1）基本税率为25%。适用于居民企业和在中国境内设有机构、场所且所得与机构、场所有关联的非居民企业（认定为境内常设机构）。

（2）低税率为20%。适用于在中国境内未设立机构、场所的，或者虽设立机构、场所但取得的所得与其所设机构、场所没有实际联系的非居民企业。对这类企业税法予以优惠政策，实际征税时减按10%的税率征收。

（3）优惠税率：符合条件的小型微利企业，减按20%的税率征收企业所得税。国家需要重点扶持的高新技术企业，减按15%的税率征收企业所得税。

【注】关于企业所得税税率，从《企业所得税法》上看，法定税率有25%，20%和15%。《企业所得税法实施条例》第九十一条第一款规定，非居民企业取得《企业所得税法》第二十七条第（五）项规定的所得，减按10%的税率征收企业所得税。

第二章 企业所得税优惠政策

第一节 法定减免

8. 企业所得税的税收优惠方式包括哪些?

根据现行税法规定，主要包括：免税、减税、加计扣除、加速折旧、减计收入、税额抵免等。

9. 企业所得税不征税收入有哪些?

收入总额中的下列收入为不征税收入：

（1）财政拨款；

（2）依法收取并纳入财政管理的行政事业性收费、政府性基金；

（3）国务院规定的其他不征税收入。

根据《企业所得税法实施条例》第二十六条规定："企业所得税法第七条第（一）项所称财政拨款，是指各级人民政府对纳入预算管理的事业单位、社会团体等组织拨付的财政资金，但国务院和国务院财政、税务主管部门另有规定的除外。企业所得税法第七条第（二）项所称行政事业性收费，是指依照法律法规等有关规定，按照国务院规定程序批准，在实施社会公共管理，以及在向公民、法人或者其他组织提供特定公共服务过程中，向特定对象收取并纳入财政管理的费用。企业所得税法第七条第（二）项所称政府性基金，是指企业依照法律、行政法规等有关规定，代政府收取的具有专项用途的财政资金。企业所得税法第七条第（三）项所称国务院规定的其他不征税收入，是指企业取得的，由国务院财政、税务主管部门规定专项用途并经国务院批准的财政性资金。”

根据《财政部、国家税务总局关于财政性资金 行政事业性收费 政府性基金有关企业所得税政策问题的通知》规定：“一、财政性资金。（一）企业取得的各类财政性资金，除属于国家投资和资金使用后要求归还本金的以外，均应计入企业当年收入总额。（二）对企业取得的由国务院财政、税务主管部门规定专项用途并经国务院批准的财政性资金，准予作为不征税收入，在计算应纳税所得额时从收入总额中减除。（三）纳入预算管理的事业单位、社会团体等组织按照核定的预算和经费报领关系收到的由财政部门或上级单位拨入的财政补助收入，准予作为不征税收入，在计算应纳税所得额时从收入总额中减除，但国务院和国务院财政、税务主管部门另有规定的除外。本条所称财政性资金，是指企业取得的来源于政府及其有关部门的财政补助、补贴、贷款贴息，以及其他各类财政专项资金，包括直接减免的增值税和即征即退、先征后退、先征后返的各种税收，但不包括企业按规定取得的出口退税款；所称国家投资，是指国家以投资者身份投入企业、并按有关规定相应增加企业实收资本（股本）的直接投资。”

10. 企业所得税免税收入如何规定？

根据《企业所得税法》第二十六条规定：“企业的下列收入为免税收入：（一）国债利息收入；（二）符合条件的居民企业之间的股息、红利等权益性投资收益；（三）在中国境内设立机构、场所的非居民企业从居民企业取得与该机构、场所有实际联系的股息、红利等权益性投资收益；（四）符合条件的非营利组织的收入。”

根据《财政部、国家税务总局关于非营利组织企业所得税免税收入问题的通知》的规定，非营利组织的下列收入为免税收入：一是接受其他单位或者个人捐赠的收入；二是除《企业所得税法》第七条规定的财政拨款以外的其他政府补助收入，但不包括因政府购买服务取得的收入；三是按照省级以上民政、财政部门规定收取的会费；四是不征税收入和免税收入孳生的银行存款利息收入；五是财政部、国家税务总局规定的其他收入。

11. 企业的哪些支出可以在计算应纳税所得额时享受加计扣除政策？具体规定有哪些？

企业的下列支出，可以在计算应纳税所得额时加计扣除：

（1）开发新技术、新产品、新工艺发生的研究开发费用；

（2）安置残疾人员及国家鼓励安置的其他就业人员所支付的工资。

加计扣除政策具体规定速查表

（一）开发新技术、新产品、新工艺发生的研究开发费用
企业研发活动中发生的研发费用，按以下规定执行。 （1）研发活动及研发费用归集范围 研发活动，是指企业为获得科学与技术新知识，创造性运用科学技术新知识，或实质性改进技术、产品（服务）、工艺而持续进行的具有明确目标的系统性活动。 （2）允许加计扣除的研发费用 企业开展研发活动中实际发生的研发费用，未形成无形资产计入当期损益的，在按规定据实扣除的基础上，在 2018 年 1 月 1 日至 2020 年 12 月 31 日期间，再按照实际发生额的 75% 在税前加计扣除；形成无形资产的，在上述期间按照无形资产成本的 175% 在税前摊销。研发费用的具体范围包括： ①人员人工费用。人员人工费用包括直接从事研发活动人员的工资薪金、基本养老保险费、基本医疗保险费、失业保险费、工伤保险费、生育保险费和住房公积金，以及外聘研发人员的劳务费用。 ②直接投入费用。 a. 研发活动直接消耗的材料、燃料和动力费用。 b. 用于中间试验和产品试制的模具、工艺装备开发及制造费，不构成固定资产的样品、样机及一般测试手段购置费，试制产品的检验费。 c. 用于研发活动的仪器、设备的运行维护、调整、检验、维修等费用，以及通过经营租赁方式租入的用于研发活动的仪器、设备租赁费。 ③折旧费用。折旧费用包括用于研发活动的仪器、设备的折旧费。 ④无形资产摊销。无形资产摊销包括用于研发活动的软件、专利权、非专利技术（包括许可证、专有技术、设计和计算方法等）的摊销费用。 ⑤新产品设计费、新工艺规程制定费、新药研制的临床试验费、勘探开发技术的现场试验费。

续表

⑥其他相关费用。包括与研发活动直接相关的其他费用，如技术图书资料费、资料翻译费、专家咨询费、高新科技研发保险费，研发成果的检索、分析、评议、论证、鉴定、评审、评估、验收费用，知识产权的申请费、注册费、代理费，差旅费、会议费等。此项费用总额不得超过可加计扣除研发费用总额的 10%。 ⑦财政部和国家税务总局规定的其他费用。 （3）下列活动不适用税前加计扣除政策 ①企业产品（服务）的常规性升级。 ②对某项科研成果的直接应用，如直接采用公开的新工艺、材料、装置、产品、服务或知识等。 ③企业在商品化后为顾客提供的技术支持活动。 ④对现存产品、服务、技术、材料或工艺流程进行的重复或简单改变。 ⑤市场调查研究、效率调查或管理研究。 ⑥作为工业（服务）流程环节或常规的质量控制、测试分析、维修维护。 ⑦社会科学、艺术或人文学方面的研究。 （4）特别事项的处理 ①企业委托外部机构或个人进行研发活动所发生的费用，按照费用实际发生额的 80% 计入委托方研发费用并计算加计扣除，受托方不得再进行加计扣除。委托外部研究开发费用实际发生额应按照独立交易原则确定。 ②委托方与受托方存在关联关系的，受托方应向委托方提供研发项目费用支出明细情况。 ③委托个人研发的，应凭个人出具的发票等合法有效凭证在税前加计扣除。 ④委托境外进行研发活动所发生的费用，按照费用实际发生额的 80% 计入委托方的委托境外研发费用。委托境外研发费用不超过境内符合条件的研发费用三分之二的部分，可以按规定在企业所得税前加计扣除。 上述费用实际发生额应按照独立交易原则确定。委托方与受托方存在关联关系的，受托方应向委托方提供研发项目费用支出明细情况。 ⑤企业共同合作开发的项目，由合作各方就自身实际承担的研发费用分别计算加计扣除。 ⑥企业集团根据生产经营和科技开发的实际情况，对技术要求高、投资数额大，需要集中研发的项目，其实际发生的研发费用，可以按照权利和义务相一致、费用支出和收益分享相配比的原则，合理确定研发费用的分摊方法，在受益成员企业间进行分摊，由相关成员企业分别计算加计扣除。

续表

⑦企业为获得创新性、创意性、突破性的产品进行创意设计活动而发生的相关费用，可按照规定进行税前加计扣除。 创意设计活动是指多媒体软件、动漫游戏软件开发，数字动漫、游戏设计制作；房屋建筑工程设计（绿色建筑评价标准为三星）、风景园林工程专项设计；工业设计、多媒体设计、动漫及衍生产品设计、模型设计等。 （5）会计核算与管理 ①企业应按照国家财务会计制度要求，对研发支出进行会计处理；同时，对享受加计扣除的研发费用按研发项目设置辅助账，准确归集核算当年可加计扣除的各项研发费用实际发生额。企业在一个纳税年度内进行多项研发活动的，应按照不同研发项目分别归集可加计扣除的研发费用。 ②企业应对研发费用和生产经营费用分别核算，准确、合理归集各项费用支出，对划分不清的，不得实行加计扣除。 （6）不适用税前加计扣除政策的行业 ①烟草制造业。 ②住宿和餐饮业。 ③批发和零售业。 ④房地产业。 ⑤租赁和商务服务业。 ⑥娱乐业。 ⑦财政部和国家税务总局规定的其他行业。 （7）管理事项及征管要求 ①研发费用加计扣除适用于会计核算健全、实行查账征收并能够准确归集研发费用的居民企业。 ②企业研发费用各项目的实际发生额归集不准确、汇总额计算不准确的，税务机关有权对其税前扣除额或加计扣除额进行合理调整。 ③税务机关对企业享受加计扣除优惠的研发项目有异议的，可以转请地市级（含）以上科技行政主管部门出具鉴定意见，科技部门应及时回复意见。企业承担省部级（含）以上科研项目的，以及以前年度已鉴定的跨年度研发项目，不再需要鉴定。 ④企业符合规定的研发费用加计扣除条件而在 2016 年 1 月 1 日以后未及时享受该项税收优惠的，可以追溯享受并履行备案手续，追溯期限最长为 3 年。 ⑤税务部门应加强研发费用加计扣除优惠政策的后续管理，定期开展核查，年度核查面不得低于 20%。

续表

（二）企业安置残疾人员所支付的工资
企业安置残疾人员所支付工资费用的加计扣除，是指企业安置残疾人员的，在按照支付给残疾职工工资据实扣除的基础上，可以在计算应纳税所得额时按照支付给残疾职工工资的100%加计扣除。残疾人员的范围适用《残疾人保障法》的有关规定。企业安置国家鼓励安置的其他就业人员所支付的工资的加计扣除办法，由国务院另行规定。 依据《财政部、国家税务总局关于安置残疾人员就业有关企业所得税优惠政策问题的通知》，对企业安置残疾人员所支付工资费用的加计扣除规定如下： （1）企业享受安置残疾职工工资100%加计扣除应同时具备如下条件： ①依法与安置的每位残疾人签订了1年以上（含1年）的劳动合同或服务协议，并且安置的每位残疾人在企业实际上岗工作。 ②为安置的每位残疾人按月足额缴纳了企业所在区县人民政府根据国家政策规定的基本养老保险、基本医疗保险、失业保险和工伤保险等社会保险。 依据《国家税务总局关于促进残疾人就业税收优惠政策有关问题的公告》的规定，“基本养老保险”和“基本医疗保险”是指“职工基本养老保险”和“职工基本医疗保险”，不含“城镇居民社会养老保险”“新型农村社会养老保险”“城镇居民基本医疗保险”和“新型农村合作医疗”。 ③定期通过银行等金融机构向安置的每位残疾人实际支付了不低于企业所在区县适用的经省级人民政府批准的最低工资标准的工资。 ④具备安置残疾人上岗工作的基本设施。 （2）企业应在年度终了进行企业所得税年度申报和汇算清缴时，向主管税务机关报送已安置残疾职工名单及其《中华人民共和国残疾人证》或《中华人民共和国残疾军人证（1至8级）》复印件和主管税务机关要求提供的其他资料，办理享受企业所得税加计扣除优惠的备案手续。 （3）在企业汇算清缴结束后，主管税务机关在对企业进行日常管理、纳税评估和纳税检查时，应对安置残疾人员企业所得税加计扣除优惠的情况进行核实。

12. 企业的哪些所得可以免征、减征企业所得税？

根据《企业所得税法》第二十七条规定：“企业的下列所得，可以免征、减征企业所得税：（一）从事农、林、牧、渔业项目的所得；（二）从事国家重点扶持的公共基础设施项目投资经营的所得；（三）从事符合条件的环境保护、节能节水项目的所得；（四）符合条件的技术转让所得；（五）本法第三条第三款规定的所得。”《企业所得税法》第三条第三款规定，非居民企业在中国境内未设立机构、场所的，或者虽设立机构、场所但取得的所得与其所设机构、场所没有实际联系的，应当就其来源于中国境内的所得缴纳企业所得税。

免征、减征企业所得税明细速查表

（一）从事农、林、牧、渔业项目的所得
（1）企业从事下列项目的所得，免征企业所得税： ①蔬菜、谷物、薯类、油料、豆类、棉花、麻类、糖料、水果、坚果的种植； ②农作物新品种的选育； ③中药材的种植； ④林木的培育和种植； ⑤牲畜、家禽的饲养，包括“公司＋农户”经营模式从事牲畜、家禽的饲养，即公司与农户签订委托养殖合同，向农户提供畜禽苗、饲料、兽药及疫苗等（所有权〈产权〉仍属于公司），农户将畜禽养大成为成品后交付公司回收； ⑥林产品的采集； ⑦灌溉、农产品初加工、兽医、农技推广、农机作业和维修等农、林、牧、渔服务业项目； ⑧远洋捕捞。 （2）企业从事下列项目的所得，减半征收企业所得税： ①花卉、茶以及其他饮料作物和香料作物的种植； ②海水养殖、内陆养殖。 （3）农、林、牧、渔业项目的所得税优惠政策和征收管理的有关规定： ①企业从事《企业所得税法实施条例》第八十六条规定的享受税收优惠的农、林、牧、渔业项目，除另有规定外，参照《国民经济行业分类》（GB/T4754－2002）的规定标准执行。 凡属于《产业结构调整指导目录（2019 年本）》（国家发展和改革委员会令第 29 号）中限制和淘汰类的项目，不得享受优惠政策。 ②企业从事农作物新品种选育的免税所得，是指企业对农作物进行品种和育种材料选育形成的成果，以及由这些成果形成的种子（苗）等繁殖材料的生产、初加工、销售一体化的所得。 ③企业从事林木的培育和种植的免税所得，是指企业对树木、竹子的育种和育苗、抚

续表

育和管理以及规模造林活动取得的所得，包括企业通过拍卖或收购方式取得林木所有权并经过一定的生长周期，对林木进行再培育的所得。

④企业从事下列项目所得的税务处理：

a. 猪、兔的饲养，按“牲畜、家禽的饲养”项目处理；

b. 饲养牲畜、家禽产生的分泌物、排泄物，按“牲畜、家禽的饲养”项目处理；

c. 观赏性作物的种植，按“花卉、茶及其他饮料作物和香料作物的种植”项目处理；

d. “牲畜、家禽的饲养”以外的生物养殖项目，按“海水养殖、内陆养殖”项目处理。

⑤农产品初加工相关事项的税务处理：

a. 企业根据委托合同，受托对符合《财政部、国家税务总局关于发布享受企业所得税优惠政策的农产品初加工范围（试行）的通知》和《财政部、国家税务总局关于享受企业所得税优惠的农产品初加工有关范围的补充通知》规定的农产品进行初加工服务，其所收取的加工费，可以按照农产品初加工的免税项目处理。

b.《财政部、国家税务总局关于发布享受企业所得税优惠政策的农产品初加工范围（试行）的通知》规定的“油料植物初加工”工序包括“冷却、过滤”等；“糖料植物初加工”工序包括“过滤、吸附、解析、碳脱、浓缩、干燥”等，其适用时间按照《财政部、国家税务总局关于享受企业所得税优惠的农产品初加工有关范围的补充通知》规定执行。

c. 企业从事《企业所得税法实施条例》第八十六条第一款第（二）项适用企业所得税减半优惠的种植、养殖项目，并直接进行初加工且符合农产品初加工目录范围的，企业应合理划分不同项目的各项成本、费用支出，分别核算种植、养殖项目和初加工项目的所得，并各按适用的政策享受税收优惠。

d. 企业对外购茶叶进行筛选、分装、包装后进行销售的所得，不享受农产品初加工的优惠政策。

⑥对取得农业部颁发的“远洋渔业企业资格证书”并在有效期内的远洋渔业企业，从事远洋捕捞业务取得的所得免征企业所得税。

⑦购入农产品进行再种植、养殖的税务处理：

企业将购入的农、林、牧、渔产品，在自有或租用的场地进行育肥、育秧等再种植、养殖，经过一定的生长周期，使其生物形态发生变化，且并非由于本环节对农产品进行加工而明显增加了产品的使用价值的，可视为农产品的种植、养殖项目享受相应的税收优惠。

主管税务机关对企业进行农产品的再种植、养殖是否符合上述条件难以确定的，可要求企业提供县级以上农、林、牧、渔业政府主管部门的确认意见。

续表

⑧企业同时从事适用不同企业所得税政策规定项目的，应分别核算，单独计算优惠项目的计税依据及优惠数额；分别核算不清的，可由主管税务机关按照比例分摊法或其他合理方法进行核定。 ⑨企业委托其他企业或个人从事《企业所得税法实施条例》第八十六条规定的农、林、牧、渔业项目的所得，可享受相应的税收优惠政策。 企业受托从事《企业所得税法实施条例》第八十六条规定的农、林、牧、渔业项目取得的收入，比照委托方享受相应的税收优惠政策。 ⑩企业购买农产品后直接进行销售的贸易活动产生的所得，不能享受农、林、牧、渔业项目的税收优惠政策。
（二）从事国家重点扶持的公共基础设施项目投资经营的所得
国家重点扶持的公共基础设施项目，是指《公共基础设施项目企业所得税优惠目录（2008 年版）》规定的港口码头、机场、铁路、公路、电力、水利等项目。 企业从事国家重点扶持的公共基础设施项目投资经营的所得，自项目取得第一笔生产经营收入所属纳税年度起，第一年至第三年免征企业所得税，第四年至第六年减半征收企业所得税。 （1）企业投资经营符合《公共基础设施项目企业所得税优惠目录（2008 年版）》规定条件和标准的公共基础设施项目，采用一次核准、分批次（如码头、泊位、航站楼、跑道、路段、发电机组等）建设的，凡同时符合以下条件的，可按每一批次为单位计算所得，并享受企业所得税“三免三减半”优惠： ①不同批次在空间上相互独立； ②每一批次自身具备取得收入的功能； ③以每一批次为单位进行会计核算，单独计算所得，并合理分摊期间费用。 企业承包经营、承包建设和内部自建自用上述规定的项目，不得享受上述企业所得税优惠。 （2）根据《国家税务总局关于电网企业电网新建项目享受所得税优惠政策问题的公告》规定，自 2013 年 1 月 1 日起，居民企业从事符合《公共基础设施项目企业所得税优惠目录（2008 年版）》规定条件和标准的电网（输变电设施）的新建项目，可依法享受“三免三减半”的企业所得税优惠政策。基于企业电网新建项目的核算特点，暂以资产比例法，即以企业新增输变电固定资产原值占企业总输变电固定资产原值的比例，合理计算电网新建项目的应纳税所得额，并据此享受“三免三减半”的企业所得税优惠政策。电网企业新建项目享受优惠的具体计算方法如下： ①对于企业能独立核算收入的 330KV 以上跨省及长度超过 200KM 的交流输变电新建项

续表

目和500KV以上直流输变电新建项目，应在项目投运后，按该项目营业收入、营业成本等单独计算其应纳税所得额；该项目应分摊的期间费用，可按照企业期间费用与分摊比例计算确定，计算公式为： 应分摊的期间费用 = 企业期间费用 × 分摊比例 第一年分摊比例 = 该项目输变电资产原值/［（当年企业期初总输变电资产原值 + 当年企业期末总输变电资产原值）/2］ ×（当年取得第一笔生产经营收入至当年底的月份数/12） 第二年及以后年度分摊比例 = 该项目输变电资产原值/［（当年企业期初总输变电资产原值 + 当年企业期末总输变电资产原值）/2］ ②对于企业符合优惠条件但不能独立核算收入的其他新建输变电项目，可先依照《企业所得税法》及相关规定计算出企业的应纳税所得额，再按照项目投运后的新增输变电固定资产原值占企业总输变电固定资产原值的比例，计算得出该新建项目减免的应纳税所得额。享受减免的应纳税所得额计算公式为： 当年减免的应纳税所得额 = 当年企业应纳税所得额 × 减免比例 减免比例 =［当年新增输变电资产原值/（当年企业期初总输变电资产原值 + 当年企业期末总输变电资产原值）/2］ ×1/2 +（符合税法规定、享受到第二年和第三年输变电资产原值之和）/［（当年企业期初总输变电资产原值 + 当年企业期末总输变电资产原值）2］ +［（符合税法规定、享受到第四年至第六年输变电资产原值之和）/（当年企业期初总输变电资产原值 + 当年企业期末总输变电资产原值）/2］ ×1/2 ③居民企业符合条件的2013年1月1日前的电网新建项目，已经享受企业所得税优惠的不再调整；未享受企业所得税优惠的可依照上述规定享受剩余年限的企业所得税优惠政策。
（三）从事符合条件的环境保护、节能节水项目的所得
企业从事符合条件的环境保护、节能节水项目的所得，自项目取得第一笔生产经营收入所属纳税年度起，第一年至第三年免征企业所得税，第四年至第六年减半征收企业所得税。 符合条件的环境保护、节能节水项目，包括公共污水处理、公共垃圾处理、沼气综合开发利用、节能减排技术改造、海水淡化等。项目的具体条件和范围见《财政部、国家税务总局、国家发展改革委关于公布环境保护节能节水项目企业所得税优惠目录（试行）的通知》。如纳税人从事沼气综合开发利用项目中“畜禽养殖场和养殖小区沼气工程项目”的所得，自项目取得第一笔生产经营收入所属纳税年度起，第一年至第三年免征企业所得税，第四年至第六年减半征收企业所得税。 以上规定享受减免优惠的项目，在减免税期限内转让的，受让方自受让之日起，可以在剩余期限内享受规定的减免税优惠；减免税期限届满后转让的，受让方不得就该项目重复享受减免税优惠。

续表

（四）符合条件的技术转让所得
符合条件的技术转让所得免征、减征企业所得税，是指一个纳税年度内，居民企业转让技术所有权所得不超过500万元的部分，免征企业所得税；超过500万元的部分，减半征收企业所得税。自2015年10月1日起，全国范围内的居民企业转让5年（含，下同）以上非独占许可使用权取得的技术转让所得，也纳入上述享受企业所得税优惠的技术转让所得范围。 （1）技术转让的范围，包括居民企业转让专利技术、计算机软件著作权、集成电路布图设计权、植物新品种、生物医药新品种，以及财政部和国家税务总局确定的其他技术。 其中：专利技术，是指法律授予独占权的发明、实用新型和非简单改变产品图案的外观设计。 （2）技术转让，是指居民企业转让其拥有的技术所有权或5年以上非独占许可使用权的行为。 符合条件的5年以上非独占许可使用权技术转让所得应按以下方法计算： 技术转让所得＝技术转让收入－无形资产摊销费用－相关税费－应分摊期间费用 技术转让收入是指转让方履行技术转让合同后获得的价款，不包括销售或转让设备、仪器、零部件、原材料等非技术性收入。不属于与技术转让项目密不可分的技术咨询、服务、培训等收入，不得计入技术转让收入。技术许可使用权转让收入，应按转让协议约定的许可使用权人应付许可使用权使用费的日期确认收入的实现。 （3）技术转让应签订技术转让合同。其中，境内的技术转让须经省级以上（含省级）科技部门认定登记，跨境的技术转让须经省级以上（含省级）商务部门认定登记，涉及财政经费支持产生技术的转让，需省级以上（含省级）科技部门审批。 居民企业技术出口应由有关部门按照商务部、科技部发布的《中国禁止出口限制出口技术目录》进行审查。居民企业取得禁止出口和限制出口技术转让所得，不享受技术转让减免企业所得税优惠政策。 （4）居民企业从直接或间接持有股权之和达到100%的关联方取得的技术转让所得，不享受技术转让减免企业所得税优惠政策。 （5）享受减免企业所得税优惠的技术转让应符合以下条件： ①享受优惠的技术转让主体是《企业所得税法》规定的居民企业； ②技术转让属于财政部、国家税务总局规定的范围； ③境内技术转让经省级以上科技部门认定； ④向境外转让技术经省级以上商务部门认定； ⑤国务院税务主管部门规定的其他条件。

续表

（6）符合条件的技术转让所得应按以下方法计算： 技术转让所得＝技术转让收入－技术转让成本－相关税费 技术转让收入是指当事人履行技术转让合同后获得的价款，不包括销售或转让设备、仪器、零部件、原材料等非技术性收入。不属于与技术转让项目密不可分的技术咨询、技术服务、技术培训等收入，不得计入技术转让收入。 根据《国家税务总局关于技术转让所得减免企业所得税有关问题的公告》的规定，可以计入技术转让收入的技术咨询、技术服务、技术培训收入，是指转让方为使受让方所转让的技术投入使用、实现产业化而提供的必要的技术咨询、技术服务、技术培训所产生的收入，并应同时符合以下条件： ①在技术转让合同中约定的与该技术转让相关的技术咨询、技术服务、技术培训； ②技术咨询、技术服务、技术培训收入与该技术转让项目收入一并收取价款。 技术转让成本是指转让的无形资产的净值，即该无形资产的计税基础减除在资产使用期间按照规定计算的摊销扣除额后的余额。 相关税费是指技术转让过程中实际发生的有关税费，包括除企业所得税和允许抵扣的增值税以外的各项税金及其附加、合同签订费用、律师费等相关费用及其他支出。 （7）享受技术转让所得减免企业所得税优惠的企业，应单独计算技术转让所得，并合理分摊企业的期间费用；没有单独计算的，不得享受技术转让所得企业所得税优惠。 （8）企业发生技术转让，应在纳税年度终了后至报送年度纳税申报表以前，向主管税务机关办理减免税备案手续。 ①企业发生境内技术转让，向主管税务机关备案时应报送以下资料： a. 技术转让合同（副本）； b. 省级以上科技部门出具的技术合同登记证明； c. 技术转让所得归集、分摊、计算的相关资料； d. 实际缴纳相关税费的证明资料； e. 主管税务机关要求提供的其他资料。 ②企业向境外转让技术，向主管税务机关备案时应报送以下资料： a. 技术出口合同（副本）； b. 省级以上商务部门出具的技术出口合同登记证书或技术出口许可证； c. 技术出口合同数据表； d. 技术转让所得归集、分摊、计算的相关资料； e. 实际缴纳相关税费的证明资料； f. 主管税务机关要求提供的其他资料。

续表

（五）非居民企业优惠
非居民企业减按10%的税率征收企业所得税。享受10%优惠税率的非居民企业是指在中国境内未设立机构、场所的，或者虽设立机构、场所但取得的所得与其所设机构、场所没有实际联系的企业。该类非居民企业取得下列所得免征企业所得税： （1）外国政府向中国政府提供贷款取得的利息所得； （2）国际金融组织向中国政府和居民企业提供优惠贷款取得的利息所得； （3）经国务院批准的其他所得。

13. 哪些企业可以享受创投额抵扣、加速折旧、减计收入、税额抵免等法定优惠？

根据《企业所得税法》第三十一条至第三十四条规定：

（1）创业投资企业从事国家需要重点扶持和鼓励的创业投资，可以按投资额的一定比例抵扣应纳税所得额。

（2）企业的固定资产由于技术进步等原因，确需加速折旧的，可以缩短折旧年限或者采取加速折旧的方法。

（3）企业综合利用资源，生产符合国家产业政策规定的产品所取得的收入，可以在计算应纳税所得额时减计收入。

（4）企业购置用于环境保护、节能节水、安全生产等专用设备的投资额，可以按一定比例实行税额抵免。

创投额抵扣、加速折旧、减计收入、税额抵免等法定优惠明细一览表

（一）创业投资企业
创业投资企业从事国家需要重点扶持和鼓励的创业投资，可以按投资额的一定比例抵扣应纳税所得额。 根据《国家税务总局关于实施创业投资企业所得税优惠问题的通知》，创业投资企业所得税优惠规定有： （1）创业投资企业是指依照《创业投资企业管理暂行办法》（以下简称《暂行办法》）和《外商投资创业投资企业管理规定》在中华人民共和国境内设立的专门从事创业投资活动

续表

的企业或其他经济组织。 （2）创业投资企业采取股权投资方式投资于未上市的中小高新技术企业2年（24个月）以上，凡符合以下条件的，可以按照其对中小高新技术企业投资额的70%，在股权持有满2年的当年抵扣该创业投资企业的应纳税所得额；当年不足抵扣的，可以在以后纳税年度结转抵扣。 ①经营范围符合《暂行办法》规定，且工商登记为“创业投资有限责任公司”“创业投资股份有限公司”等专业性法人创业投资企业。 ②按照《暂行办法》规定的条件和程序完成备案，经备案管理部门年度检查核实，投资运作符合《暂行办法》的有关规定。 ③创业投资企业投资的中小高新技术企业，除应按照规定，通过高新技术企业认定以外，还应符合职工人数不超过500人，年销售（营业）额不超过2亿元，资产总额不超过2亿元的条件。 ④财政部、国家税务总局规定的其他条件。 **【例】**A创业投资企业2017年1月1日向B企业（未上市的中小高新技术企业）投资100万元，股权持有到2018年12月31日。A创业投资企业2018年度可抵扣的应纳税所得额为70万元。 （3）中小企业接受创业投资之后，经认定符合高新技术企业标准的，应自其被认定为高新技术企业的年度起，计算创业投资企业的投资期限。该期限内中小企业接受创业投资后，企业规模超过中小企业标准，但仍符合高新技术企业标准的，不影响创业投资企业享受有关税收优惠。
（二）固定资产加速折旧
（1）根据《财政部、国家税务总局关于完善固定资产加速折旧企业所得税政策的通知》，有关固定资产加速折旧企业所得税政策问题规定如下： ①对生物药品制造业，专用设备制造业，铁路、船舶、航空航天和其他运输设备制造业，计算机、通信和其他电子设备制造业，仪器仪表制造业，信息传输、软件和信息技术服务业等6个行业的企业2014年1月1日后新购进的固定资产，可缩短折旧年限或采取加速折旧的方法。 对上述6个行业的小型微利企业2014年1月1日后新购进的研发和生产经营共用的仪器、设备，单位价值不超过100万元的，允许一次性计入当期成本费用在计算应纳税所得额时扣除，不再分年度计算折旧；单位价值超过100万元的，可缩短折旧年限或采取加速折旧的方法。

续表

②对所有行业企业2014年1月1日后新购进的专门用于研发的仪器、设备，单位价值不超过100万元的，允许一次性计入当期成本费用在计算应纳税所得额时扣除，不再分年度计算折旧；单位价值超过100万元的，可缩短折旧年限或采取加速折旧的方法。 【注】2018年4月25日国务院常务会议决定，将享受当年一次性税前扣除优惠的企业新购进研发仪器、设备单位价值上限，从100万元提高到500万元，实施期限为2018年1月1日至2020年12月31日。 ③对所有行业企业持有的单位价值不超过5000元的固定资产，允许一次性计入当期成本费用在计算应纳税所得额时扣除，不再分年度计算折旧。 ④企业按上述①、②规定缩短折旧年限的，最低折旧年限不得低于《企业所得税法实施条例》第六十条规定折旧年限的60%；采取加速折旧方法的，可采取双倍余额递减法或者年数总和法。第①至③条规定之外的企业固定资产加速折旧所得税处理问题，继续按照《企业所得税法》及其实施条例和现行税收政策规定执行。 ⑤企业的固定资产采取加速折旧方法的，可以采用双倍余额递减法或者年数总和法。加速折旧方法一经确定，一般不得变更。 ⑥企业的固定资产既符合上述优惠政策条件，同时又符合《国家税务总局关于企业固定资产加速折旧所得税处理有关问题的通知》《财政部、国家税务总局关于进一步鼓励软件产业和集成电路产业发展企业所得税政策的通知》中相关加速折旧政策条件的，可由企业选择其中最优惠的政策执行，且一经选择，不得改变。 ⑦企业固定资产采取一次性税前扣除、缩短折旧年限或加速折旧方法的，预缴申报时，须同时报送《固定资产加速折旧（扣除）预缴情况统计表》，年度申报时，实行事后备案管理，并按要求报送相关资料。 企业应将购进固定资产的发票、记账凭证等有关凭证、凭据（购入已使用过的固定资产，应提供已使用年限的相关说明）等资料留存备查，并应建立台账，准确核算税法与会计差异情况。 （2）根据《财政部、国家税务总局关于进一步完善固定资产加速折旧企业所得税政策的通知》规定： ①对轻工、纺织、机械、汽车等四个领域重点行业的企业2015年1月1日后新购进的固定资产，可由企业选择缩短折旧年限或采取加速折旧的方法。 ②对上述行业的小型微利企业2015年1月1日后新购进的研发和生产经营共用的仪器、设备，单位价值不超过100万元的，允许一次性计入当期成本费用在计算应纳税所得额时扣除，不再分年度计算折旧；单位价值超过100万元的，可由企业选择缩短折旧年限或采取加速折旧的方法。

续表

③企业按上述①、②规定缩短折旧年限的，最低折旧年限不得低于《企业所得税法实施条例》第六十条规定折旧年限的60%；采取加速折旧方法的，可采取双倍余额递减法或者年数总和法。 按照《企业所得税法》及其实施条例有关规定，企业根据自身生产经营需要，也可选择不实行加速折旧政策。 （3）依据《财政部、税务总局关于扩大固定资产加速折旧优惠政策适用范围的公告》规定： ①自2019年1月1日起，适用《财政部、国家税务总局关于完善固定资产加速折旧企业所得税政策的通知》和《财政部、国家税务总局关于进一步完善固定资产加速折旧企业所得税政策的通知》规定固定资产加速折旧优惠的行业范围，扩大至全部制造业领域。 ②制造业按照国家统计局《国民经济行业分类和代码（GB/T 4754－2017）》确定。今后国家有关部门更新国民经济行业分类和代码，从其规定。 ③本公告发布前，制造业企业未享受固定资产加速折旧优惠的，可自本公告发布后在月（季）度预缴申报时享受优惠或在2019年度汇算清缴时享受优惠。 （4）根据《财政部、税务总局关于支持新型冠状病毒感染的肺炎疫情防控有关税收政策的公告》的规定：对疫情防控重点保障物资生产企业为扩大产能新购置的相关设备，允许一次性计入当期成本费用在企业所得税税前扣除。
（三）综合利用资源等减计收入优惠
（1）企业综合利用资源，生产符合国家产业政策规定的产品所取得的收入，可以在计算应纳税所得额时减计收入。 综合利用资源指企业以《资源综合利用企业所得税优惠目录》（2008年版）规定的资源作为主要原材料，生产国家非限制和禁止并符合国家和行业相关标准的产品取得的收入，减按90%计入收入总额。如，对企业以农作物秸秆及壳皮（包括粮食作物秸秆、农业经济作物秸秆、粮食壳皮、玉米芯）为主要原料，生产的代木产品、电力、热力及燃气取得的收入，减按90%计入收入总额；对企业以锯末、树皮、枝丫材为主要原材料，生产的人造板及其制品取得的收入，减按90%计入收入总额。 上述所称原材料占生产产品材料的比例不得低于《资源综合利用企业所得税优惠目录》规定的标准。 （2）金融、保险等减计收入优惠。 ①2023年12月31日前，对金融机构农户小额贷款的利息收入，在计算应纳税所得额时，按90%计入收入总额。农户，是指长期（一年以上）居住在乡镇（不包括城关镇）行政

续表

管理区域内的住户，还包括长期居住在城关镇所辖行政村范围内的住户和户口不在本地而在本地居住一年以上的住户，国有农场的职工和农村个体工商户。位于乡镇（不包括城关镇）行政管理区域内和在城关镇所辖行政村范围内的国有经济的机关、团体、学校、企事业单位的集体户；有本地户口，但举家外出谋生一年以上的住户，无论是否保留承包耕地均不属于农户。农户以户为统计单位，既可以从事农业生产经营，也可以从事非农业生产经营。农户贷款的判定应以贷款发放时的承贷主体是否属于农户为准。小额贷款，是指单笔且该农户贷款余额总额在 10 万元（含本数）以下的贷款。 ②2023 年 12 月 31 日前，对经省级金融管理部门（金融办、局等）批准成立的小额贷款公司取得的农户小额贷款利息收入，在计算应纳税所得额时，按 90% 计入收入总额。 ③2023 年 12 月 31 日前，对保险公司为种植业、养殖业提供保险业务取得的保费收入，在计算应纳税所得额时，按 90% 计入收入总额。保费收入，是指原保险保费收入加上分保费收入减去分出保费后的余额。
（四）环保、节能节水、安全生产等专用设备的投资额抵免税额优惠
税额抵免，是指企业购置并实际使用《环境保护专用设备企业所得税优惠目录》《节能节水专用设备企业所得税优惠目录》和《安全生产专用设备企业所得税优惠目录》规定的环境保护、节能节水、安全生产等专用设备的，该专用设备的投资额的 10% 可以从企业当年的应纳税额中抵免；当年不足抵免的，可以在以后 5 个纳税年度结转抵免。 享受上述企业所得税优惠的企业，应当实际购置并自身实际投入使用前款规定的专用设备；企业购置上述专用设备在 5 年内转让、出租的，应当停止享受企业所得税优惠，并补缴已经抵免的企业所得税税款。转让的受让方可以按照该专用设备投资额的 10% 抵免当年企业所得税应纳税额；当年应纳税额不足抵免的，可以在以后 5 个纳税年度结转抵免。 企业所得税优惠目录，由国务院财政、税务主管部门商国务院有关部门制定，报国务院批准后公布施行。 企业同时从事适用不同企业所得税待遇的项目的，其优惠项目应当单独计算所得，并合理分摊企业的期间费用；没有单独计算的，不得享受企业所得税优惠。 自 2009 年 1 月 1 日起，增值税一般纳税人购进固定资产发生的进项税额可从其销项税额中抵扣。如增值税进项税额允许抵扣，其专用设备投资额不再包括增值税进项税额；如增值税进项税额不允许抵扣，其专用设备投资额应为增值税专用发票上注明的价税合计金额。企业购买专用设备取得普通发票的，其专用设备投资额为普通发票上注明的金额。

第二节 特定减免

一、高新技术行业的优惠政策

14. 认定为高新技术企业需同时满足什么条件？

认定为高新技术企业须同时满足以下条件：

（1）企业申请认定时须注册成立一年以上；

（2）企业通过自主研发、受让、受赠、并购等方式，获得对其主要产品（服务）在技术上发挥核心支持作用的知识产权的所有权；

（3）对企业主要产品（服务）发挥核心支持作用的技术属于《国家重点支持的高新技术领域》规定的范围；

（4）企业从事研发和相关技术创新活动的科技人员占企业当年职工总数的比例不低于10%；

（5）企业近三个会计年度（实际经营期不满三年的按实际经营时间计算，下同）的研究开发费用总额占同期销售收入总额的比例符合如下要求：最近一年销售收入小于5000万元（含）的企业，比例不低于5%；最近一年销售收入在5000万元至2亿元（含）的企业，比例不低于4%；最近一年销售收入在2亿元以上的企业，比例不低于3%。其中，企业在中国境内发生的研究开发费用总额占全部研究开发费用总额的比例不低于60%；

（6）近一年高新技术产品（服务）收入占企业同期总收入的比例不低于60%；

（7）企业创新能力评价应达到相应要求；

（8）企业申请认定前一年内未发生重大安全、重大质量事故或严重环境违法行为。

15. 企业在什么情况下会被取消高新技术企业资格?

已认定的高新技术企业有下列行为之一的，由认定机构取消其高新技术企业资格：

（1）在申请认定过程中存在严重弄虚作假行为的；

（2）发生重大安全、重大质量事故或有严重环境违法行为的；

（3）未按期报告与认定条件有关重大变化情况，或累计两年未填报年度发展情况报表的。

16. 企业获得高新技术资格后，还需经税务机关审批才能享受优惠政策吗?

为落实国务院简政放权、放管结合、优化服务要求，国家税务总局下发了《企业所得税优惠政策事项办理办法》，明确企业享受优惠事项采取“自行判别、申报享受、相关资料留存备查”的办理方式。因此，企业在获得高新技术企业资格后，不需要经过税务机关许可审批。

17. 高新技术企业认定程序是如何规定的?

高新技术企业认定程序：

（1）企业申请。企业对照规定进行自我评价。认为符合认定条件的在“高新技术企业认定管理工作网”注册登记，向认定机构提出认定申请。申请时提交下列材料：

①高新技术企业认定申请书；

②证明企业依法成立的相关注册登记证件；

③知识产权相关材料、科研项目立项证明、科技成果转化、研究开发的组织管理等相关材料；

④企业高新技术产品（服务）的关键技术和技术指标、生产批文、认证认可和相关资质证书、产品质量检验报告等相关材料；

⑤企业职工和科技人员情况说明材料；

⑥经具有资质的中介机构出具的企业近三个会计年度研究开发费用和近一个会计年度高新技术产品（服务）收入专项审计或鉴证报告，并附研究开发活动说明材料；

⑦经具有资质的中介机构鉴证的企业近三个会计年度的财务会计报告（包括会计报表、会计报表附注和财务情况说明书）；

⑧近三个会计年度企业所得税年度纳税申报表。

（2）专家评审。认定机构应在符合评审要求的专家中，随机抽取组成专家组。专家组对企业申报材料进行评审，提出评审意见。

（3）审查认定。认定机构结合专家组评审意见，对申请企业进行综合审查，提出认定意见并报领导小组办公室。认定企业由领导小组办公室在高新技术企业认定管理工作网公示10个工作日，无异议的，予以备案，并在高新技术企业认定管理工作网公告，由认定机构向企业颁发统一印制的高新技术企业证书；有异议的，由认定机构进行核实处理。

企业获得高新技术企业资格后，应于每年5月底前在高新技术企业认定管理工作网填报上一年度知识产权、科技人员研发费用、经营收入等年度发展情况报表。

18. 国家重点扶持的高新技术企业按什么税率征收企业所得税？

国家需要重点扶持的高新技术企业，减按15%的税率征收企业所得税。

19. 经济特区和上海浦东新区新设立高新技术企业过渡性优惠政策有哪些规定？

（1）对经济特区和上海浦东新区内在2008年1月1日（含）之后完成登记注册的国家需要重点扶持的高新技术企业（以下简称新设高新技术企业），在经济特区和上海浦东新区内取得的所得，自取得第一笔生产经营收入所属纳税年度起，第一年至第二年免征企业所得税，第三年至第五年按照25%的法定税率减半征收企业所得税。

（2）经济特区和上海浦东新区内新设高新技术企业同时在经济特区和上海浦东新区以外的地区从事生产经营的，应当单独计算其在经济特区和上海浦东新区内取得的所得，并合理分摊企业的期间费用；没有单独计算的，不得享受企业所得税优惠。

（3）经济特区和上海浦东新区内新设高新技术企业在按照《国务院关于经济特区和上海浦东新区新设立高新技术企业实行过渡性税收优惠的通知》的规定享受过渡性税收优惠期间，由于复审或抽查不合格而不再具有高新技术企业资格的，从其不再具有高新技术企业资格年度起，停止享受过渡性税收优惠；以后再次被认定为高新技术企业的，不得继续享受或者重新享受过渡性税收优惠。

20. 高新技术企业和科技型中小企业亏损结转年限如何延长？

自 2018 年 1 月 1 日起，当年具备高新技术企业或科技型中小企业资格（以下统称资格）的企业，其具备资格年度之前 5 个年度发生的尚未弥补完的亏损，准予结转以后年度弥补，最长结转年限由 5 年延长至 10 年。

21. 技术先进型服务企业所得税优惠政策如何规定？

（1）自 2017 年 1 月 1 日起，在全国范围内实行以下企业所得税优惠政策：

①对经认定的技术先进型服务企业，减按 15% 的税率征收企业所得税。

②经认定的技术先进型服务企业发生的职工教育经费支出，不超过工资薪金总额 8% 的部分，准予在计算应纳税所得额时扣除；超过部分，准予在以后纳税年度结转扣除。

（2）享受企业所得税优惠政策的技术先进型服务企业必须同时符合以下条件：

①在中国境内（不包括港、澳、台地区）注册的法人企业；

②从事《技术先进型服务业务认定范围（试行）》中的一种或多种技术先进型服务业务，采用先进技术或具备较强的研发能力；

③具有大专以上学历的员工占企业职工总数的 50% 以上；

④从事《技术先进型服务业务认定范围（试行)》中的技术先进型服务业务取得的收入占企业当年总收入的50%以上；

⑤从事离岸服务外包业务取得的收入不低于企业当年总收入的35%。

二、节能、环保等产业的优惠政策

22. 节能服务公司企业所得税优惠政策如何规定?

（1）对符合条件的节能服务公司实施合同能源管理项目，符合企业所得税税法有关规定的，自项目取得第一笔生产经营收入所属纳税年度起，第一年至第三年免征企业所得税，第四年至第六年按照25%的法定税率减半征收企业所得税(三免三减半)。

（2）对符合条件的节能服务公司，以及与其签订节能效益分享型合同的用能企业，实施合同能源管理项目有关资产的企业所得税税务处理按以下规定执行：

①用能企业按照能源管理合同实际支付给节能服务公司的合理支出，均可以在计算当期应纳税所得额时扣除，不再区分服务费用和资产价款进行税务处理；

②能源管理合同期满后，节能服务公司转让给用能企业的因实施合同能源管理项目形成的资产，按折旧或摊销期满的资产进行税务处理，用能企业从节能服务公司接受有关资产的计税基础也应按折旧或摊销期满的资产进行税务处理；

③能源管理合同期满后，节能服务公司与用能企业办理有关资产的权属转移时，用能企业已支付的资产价款，不再另行计入节能服务公司的收入。

（3）所称“符合条件”是指同时满足以下条件：

①具有独立法人资格，注册资金不低于100万元，且能够单独提供用能状况诊断、节能项目设计、融资、改造（包括施工、设备安装、调试、验收等)、运行管理、人员培训等服务的专业化节能服务公司；

②节能服务公司实施合同能源管理项目相关技术应符合国家质量监督检验检疫总局和国家标准化管理委员会发布的《合同能源管理技术通则》（GB/T24915－2010）规定的技术要求；

③节能服务公司与用能企业签订《节能效益分享型》合同，其合同格式和内容，符合《合同法》和国家质量监督检验检疫总局和国家标准化管理委员会发布的《合同能源管理技术通则》（GB/T24915－2010）等规定；

④节能服务公司实施合同能源管理的项目符合《财政部、国家税务总局、国家发展改革委关于公布环境保护节能节水项目企业所得税优惠目录（试行）的通知》“4、节能减排技术改造”类中第一项至第八项规定的项目和条件；

⑤节能服务公司投资额不低于实施合同能源管理项目投资总额的70%；

⑥节能服务公司拥有匹配的专职技术人员和合同能源管理人才，具有保障项目顺利实施和稳定运行的能力。

（4）节能服务公司与用能企业之间的业务往来，应当按照独立企业之间的业务往来收取或者支付价款、费用。不按照独立企业之间的业务往来收取或者支付价款、费用，而减少其应纳税所得额的，税务机关有权进行合理调整。

（5）用能企业对从节能服务公司取得的与实施合同能源管理项目有关的资产，应与企业其他资产分开核算，并建立辅助账或明细账。

（6）节能服务公司同时从事适用不同税收政策待遇项目的，其享受税收优惠项目应当单独计算收入、扣除，并合理分摊企业的期间费用；没有单独计算的，不得享受税收优惠政策。

23. 节能服务企业合同能源管理项目企业所得税优惠政策有关征收管理问题是如何规定的？

（1）对实施节能效益分享型合同能源管理项目（以下简称项目）的节能服务企业，凡实行查账征收所得税的居民企业并符合有关规定的，该项目可享受《财政部、国家税务总局关于促进节能服务产业发展增值税、营业税和企业所得税政策问题的通知》规定的企业所得税“三免三减半”优惠政策。如节能服务企业的分享型合同约定的效益分享期短于6年的，按实际分享期享受优惠。

（2）节能服务企业享受“三免三减半”项目的优惠期限，应连续计算。对在优惠期限内转让所享受优惠的项目给其他符合条件的节能服务企业，受让企业承续经营该项目的，可自项目受让之日起，在剩余期限内享受规定的优惠；优惠期限届满后转让的，受让企业不得就该项目重复享受优惠。

（3）节能服务企业投资项目所发生的支出，应按税法规定作资本化或费用化处理。形成的固定资产或无形资产，应按合同约定的效益分享期计提折旧或摊销。

节能服务企业应分别核算各项目的成本费用支出额。对在合同约定的效益分享期内发生的期间费用划分不清的，应合理进行分摊，期间费用的分摊应按照项目投资额和销售（营业）收入额两个因素计算分摊比例，两个因素的权重各为50%。

（4）节能服务企业、节能效益分享型能源管理合同和合同能源管理项目应符合《财政部、国家税务总局关于促进节能服务产业发展增值税、营业税和企业所得税政策问题的通知》第二条第（三）项所规定的条件。

（5）享受企业所得税优惠政策的项目应属于《财政部、国家税务总局、国家发展改革委关于公布环境保护节能节水项目企业所得税优惠目录（试行）的通知》规定的节能减排技术改造项目，包括余热余压利用、绿色照明等节能效益分享型合同能源管理项目。

（6）合同能源管理项目优惠的留存备查。根据《企业所得税优惠事项办理办法》第四条的规定：企业享受优惠事项采取“自行判别、申报享受、相关资料留存备查”的办理方式。企业应当根据经营情况以及相关税收规定自行判断是否符合优惠事项规定的条件，符合条件的，可以按照《企业所得税优惠事项管理目录（2017年）》列示的时间自行计算减免税额，并通过填报企业所得税纳税申报表享受税收优惠。同时，按照规定归集和留存相关资料备查。

（7）企业享受优惠条件发生变化的，应当自发生变化之日起15日内向主管税务机关书面报告。如不再符合享受优惠条件的，应停止享受优惠，并依法缴纳企业所得税。对节能服务企业采取虚假手段获取税收优惠的、享受优惠条件发生变化而未及时向主管税务机关报告的以及未按《国家税务总局、国家发展改革委关于落实节能服务企业合同能源管理项目企业所得税优惠政策有关征收管理问题的公告》规定报送备案资料而自行减免税的，主管税务机关应按照税收征管法等有关规定进行处理。税务部门应设立节能服务企业项目管理台账和统计制度，并会同节能主管部门建立监管机制。

（8）合同能源管理项目确认由国家发展改革委、财政部公布的第三方节能量审核机构负责，并出具《合同能源管理项目情况确认表》，或者由政府节能主管部门出具合同能源管理项目确认意见。第三方机构在合同能源管理项目确认过程中应严格按照国家有关要求认真审核把关，确保审核结果客观、真实。对在审核过程中把关不严、弄虚作假的第三方机构，一经查实，将取消其审核资质，并按相关法律规定追究责任。

24. 从事污染防治的第三方企业所得税有什么优惠政策？

根据《财政部、税务总局、国家发展改革委、生态环境部关于从事污染防治的第三方企业所得税政策问题的公告》规定：

（1）对符合条件的从事污染防治的第三方企业（以下简称第三方防治企业）减按15%的税率征收企业所得税。

第三方防治企业是指受排污企业或政府委托，负责环境污染治理设施（包括自动连续监测设施，下同）运营维护的企业。

（2）第三方防治企业应当同时符合以下条件：

①在中国境内（不包括港、澳、台地区）依法注册的居民企业；

②具有1年以上连续从事环境污染治理设施运营实践，且能够保证设施正常运行；

③具有至少5名从事本领域工作且具有环保相关专业中级及以上技术职称的技术人员，或者至少2名从事本领域工作且具有环保相关专业高级及以上技术职称的技术人员；

④从事环境保护设施运营服务的年度营业收入占总收入的比例不低于60%；

⑤具备检验能力，拥有自有实验室，仪器配置可满足运行服务范围内常规污染物指标的检测需求；

⑥保证其运营的环境保护设施正常运行，使污染物排放指标能够连续稳定达

到国家或者地方规定的排放标准要求；

⑦具有良好的纳税信用，近三年内纳税信用等级未被评定为C级或D级。

（3）第三方防治企业，自行判断其是否符合上述条件，符合条件的可以申报享受税收优惠，相关资料留存备查。税务部门依法开展后续管理过程中，可转请生态环境部门进行核查，生态环境部门可以委托专业机构开展相关核查工作，具体办法由税务总局会同国家发展改革委、生态环境部制定。

（4）上述规定执行期限自2019年1月1日起至2021年12月31日止。

三、小型微利企业的优惠政策

25. 小型微利企业普惠性所得税减免政策是如何规定的？小型微利企业所得税预缴业务如何处理？

（一）小型微利企业普惠性所得税减免政策基本规定

根据《财政部、税务总局关于实施小微企业普惠性税收减免政策的通知》规定，自2019年1月1日至2021年12月31日，对小型微利企业年应纳税所得额不超过100万元的部分，减按25%计入应纳税所得额，按20%的税率缴纳企业所得税（相当于按5%纳税）；对年应纳税所得额超过100万元但不超过300万元的部分，减按50%计入应纳税所得额，按20%的税率缴纳企业所得税（相当于按10%纳税）。

上述小型微利企业是指从事国家非限制和禁止行业，且同时符合年度应纳税所得额不超过300万元、从业人数不超过300人、资产总额不超过5000万元等三个条件的企业。

从业人数，包括与企业建立劳动关系的职工人数和企业接受的劳务派遣用工人数。所称从业人数和资产总额指标，应按企业全年的季度平均值确定。具体计算公式如下：

季度平均值＝（季初值＋季末值）÷2

全年季度平均值＝全年各季度平均值之和÷4

年度中间开业或者终止经营活动的，以其实际经营期作为一个纳税年度确定上述相关指标。

【例 1】以年应纳税所得额为 101 万元的小型微利企业为例，如采用上述政策（全额累进计税方法），在其他优惠政策不变的情况下，该小型微利企业应纳企业所得税为 10.1 万元（101×10%），相比其年应纳税所得额为 100 万元的情形，应纳税所得额仅增加了 1 万元，但应纳税额增加了 5.1 万元。而按照超额累进计税方法，企业应纳企业所得税为 5.1 万元（100×5% +1×10%），与其年应纳税所得额为 100 万元的情形相比，应纳税所得额增加 1 万元，应纳税额仅增加 0.1 万元。可见，采用超额累进计税方法后，企业税负进一步降低，为小型微利企业健康发展创造了更加良好的税收政策环境。

【例 2】假设一企业 2019 年度的应纳税所得额是 280 万元，在享受小型微利企业所得税优惠政策后，其当年需缴纳的企业所得税是多少？

解析：按照政策规定，年应纳税所得额超过 100 万元的，需要分段计算。具体计算方法是：100 万元以下的部分，需要缴纳 5 万元（100×5%），100 万元至 280 万元的部分，需要缴纳 18 万元［（280－100）×10%］，加在一起，该企业当年需要缴纳企业所得税 23 万元。

【例 3】一家年应纳税所得额为 320 万元的企业，其应纳税所得额 300 万元以内的部分，可以减免税款吗？

解析：不能。按现行政策规定，小型微利企业是指从事国家非限制和禁止行业，且同时符合年度应纳税所得额不超过 300 万元、从业人数不超过 300 人、资产总额不超过 5000 万元等三个条件的企业。问题中提到的企业年应纳税所得额已经超过了 300 万元，是不符合小型微利企业条件的，因此不能享受小型微利企业所得税优惠政策。

【例 4】某企业既属于高新技术企业又属于小型微利企业，是否可以同时享受这两项优惠政策？

解析：不能。若企业既符合高新技术企业所得税优惠条件，又符合小型微利企业所得税优惠条件，可按照自身实际情况由纳税人从优选择适用优惠税率，但不得叠加享受。

（二）小型微利企业所得税统一实行按季度预缴，实际操作中如何处理相关问题

问题	处理
1. 小型微利企业，可以按月预缴申报企业所得税吗？	答：不能。小型微利企业所得税统一实行按季度预缴。
2. 小型微利企业的企业所得税预缴期限如何确定？	答：为了推进办税便利化改革，从2016年4月开始，小型微利企业统一实行按季度预缴企业所得税。因此，按月度预缴企业所得税的企业，在年度中间4月、7月、10月的纳税申报期进行预缴申报时，如果按照规定判断为小型微利企业的，自下一个申报期起，其纳税期限将统一调整为按季度预缴。同时，为了避免年度内频繁调整纳税期限，《国家税务总局关于实施小型微利企业普惠性所得税减免政策有关问题的公告》规定，一经调整为按季度预缴，当年度内不再变更。
3. 按月预缴企业所得税的企业如何调整为按季度预缴？	答：根据《企业所得税法实施条例》有关规定，企业所得税分月或者分季预缴，由税务机关具体核定。纳税人在4月、7月、10月申报时，符合小型微利企业条件的，系统将提示按季预征。申报期结束后，主管税务机关将根据申报情况筛查需要调整纳税期限的纳税人，并联系纳税人办理调整事项；纳税人也可联系主管税务机关进行调整。
4. 按月度预缴企业所得税的企业，在当年度4月份预缴申报时，符合小型微利企业条件，按规定调整为按季度预缴申报。问，次年度所得税预缴申报期限怎么执行？是默认继续按月预缴申报，还是若企业不自行提出申请，则一直按照按季度预缴申报？	答：企业本年度调整为按季度预缴申报后，次年度及以后年度原则上继续默认为按季度预缴申报。

续表

问题	处理
5. 小型微利企业在预缴时可以享受优惠吗？	答：符合条件的小型微利企业，在预缴时可以享受税收优惠政策，年度结束后，再统一汇算清缴，多退少补。
6. 预缴企业所得税时，如何享受小型微利企业所得税优惠政策？	答：从 2019 年度开始，在预缴企业所得税时，企业可直接按当年度截至本期末的资产总额、从业人数、应纳税所得额等情况判断是否为小型微利企业，与此前需要结合企业上一个纳税年度是否为小型微利企业的情况进行判断相比，方法更简单、确定性更强。具体而言，资产总额、从业人数指标按照《财政部、税务总局关于实施小微企业普惠性税收减免政策的通知》第二条中“全年季度平均值”的计算公式，计算截至本期申报所属期末的季度平均值；应纳税所得额指标暂按截至本期申报所属期末不超过 300 万元的标准判断。
7. 企业预缴时享受了小型微利企业所得税优惠，汇算清缴时发现不符合小型微利企业条件的怎么办？	答：企业在预缴时符合小型微利企业条件，《国家税务总局关于实施小型微利企业普惠性所得税减免政策有关问题的公告》已经做出了明确规定，只要企业符合这些规定，预缴时均可以预先享受优惠政策。但是，由于小型微利企业判断条件，如资产总额、从业人员、应纳税所得额等是年度性指标，需要按照企业全年情况进行判断，也只有到汇算清缴时才能最终判断。因此，企业在汇算清缴时需要准确计算相关指标并进行判断，符合条件的企业可以继续享受税收优惠政策，不符合条件的企业，不得享受优惠，正常进行汇算清缴即可。
8. 《国家税务总局关于实施小型微利企业普惠性所得税减免政策有关问题的公告》第四条规定“当年度此前期间因不符合小型微利企业条件而多预缴的企业所得税税款，可在以后季度应预缴的企业所得税税款中抵减”，纳税人是否可以选择退税？	答：根据《企业所得税汇算清缴管理办法》和《国家税务总局关于实施小型微利企业普惠性所得税减免政策有关问题的公告》的相关规定，当年度此前期间因不符合小型微利企业条件而多预缴的企业所得税税款，可在以后季度应预缴的企业所得税税款中抵减，不足抵减的在汇算清缴时按有关规定办理退税，或者经纳税人同意后抵缴其下一年度应缴企业所得税税款。

续表

问题	处理
9. 上一季度不符合小型微利企业条件已由分支机构就地预缴分摊的税款，本季度按现有规定符合条件，其二级分支机构本季度不就地分摊预缴企业所得税。问：上季度已就地分摊预缴的企业所得税如何处理？	答：根据《跨地区经营汇总纳税企业所得税征收管理办法》第五条第（二）项规定，上年度认定为小型微利企业的跨地区经营企业，其二级分支机构不就地分摊缴纳企业所得税。这里是指本年度小型微利企业预缴时，如果上年度也是小型微利企业的，本年度小型微利企业的二级分支机构不就地预缴。因此，小型微利企业二级分支机构是否就地预缴，依据的条件是上年度是否也是小型微利企业。如果是，其二级分支机构不就地预缴；如果不是，其二级分支机构需要就地预缴。如果上季度不符合小型微利企业条件，本季度符合条件，其多预缴的税款，根据《国家税务总局关于实施小型微利企业普惠性所得税减免政策有关问题的公告》规定，可在以后季度应预缴的企业所得税税款中抵减。
10. 修订后的预缴纳税申报表增加了“按季度填报信息”部分，按月度预缴的企业是否需要每月填报这部分内容？	答：不需要每月填报。预缴纳税申报表中“按季度填报信息”部分的所有项目均按季度填报。按月申报的纳税人，在预缴申报当季度最后一个月份企业所得税时进行填报。如在4月份征期申报3月的税款时，才需要填报这部分信息，而在其他月份申报时，是不需要填报的。
11. 为什么新修订的预缴申报表要求填写“资产总额”“从业人数”的季初值、季末值，而并非是季度平均值？	答：将小型微利企业条件中的“资产总额”“从业人数”等需要计算的指标细化为“季初资产总额（万元）”“季末资产总额（万元）”“季初从业人数”“季末从业人数”项目，主要是考虑尽量减轻企业自行计算的负担。一般来说，“资产总额”“从业人数”的季初值、季末值是企业在会计核算、人员管理等日常生产经营活动中既有的数据，直接填列可以免去企业为享受税收优惠而特别计算的工作量，也避免出现计算错误。

（三）小型微利企业所得税延缓缴纳政策

1. 2020年5月1日至2020年12月31日，小型微利企业在2020年剩余申报期按规定办理预缴申报后，可以暂缓缴纳当期的企业所得税，延迟至2021年首个申报期内一并缴纳。在预缴申报时，小型微利企业通过填写预缴纳税申报表相关行次，即可享受小型微利企业所得税延缓缴纳政策。无论实行查账征收方式还是核定征收方式的企业，只要符合小型微利企业条件，均可以享受企业所得税延缓缴纳政策。

2. 明确预缴申报时小型微利企业的判断方法。根据《国家税务总局关于实施小型微利企业普惠性所得税减免政策有关问题的公告》规定，自 2019 年度起，在预缴企业所得税时，企业可直接按当年度截至本期末的资产总额、从业人数、应纳税所得额等情况判断是否为小型微利企业。小型微利企业享受企业所得税延缓缴纳政策时，仍然沿用上述判断方法。预缴申报时符合小型微利企业条件的企业，既可以享受小型微利企业普惠性所得税减免政策，也可以同时享受企业所得税延缓缴纳政策。

3. 明确小型微利企业所得税延缓缴纳政策的时间要求。小型微利企业在 2020 年剩余申报期完成预缴申报后，可暂不缴纳当期的企业所得税款，延迟至 2021 年首个申报期内一并缴纳。

4. 明确享受小型微利企业所得税延缓缴纳政策的办理方式。为减轻纳税人办税负担，便利纳税人操作，小型微利企业所得税延缓缴纳政策采用"自行判别、申报享受"的办理方式。企业根据经营情况以及相关税收规定自行判断是否符合小型微利企业的条件，并自主选择是否享受延缓缴纳政策。符合条件且选择享受延缓缴纳政策的小型微利企业，自行计算延缓缴纳税额，并通过填报企业所得税预缴纳税申报表享受延缓缴纳政策。2020 年 5 月 1 日至《国家税务总局关于小型微利企业和个体工商户延缓缴纳 2020 年所得税有关事项的公告》发布前，纳税人已经缴纳符合该公告规定缓缴税款的，可申请退还，一并至 2021 年首个申报期内缴纳。

26. 享受普惠性所得税减免政策的小型微利企业，需要准备哪些留存备查资料？是否需要办理优惠手续？

（1）根据《企业所得税优惠事项管理目录（2017 年版）》规定，小型微利企业享受优惠政策，需准备以下资料留存备查：

①所从事行业不属于限制和禁止行业的说明；

②从业人数的计算过程；

③资产总额的计算过程。

（2）按照税务系统深化“放管服”改革有关要求，全面取消了对企业所得税优惠事项备案管理，小型微利企业在预缴和汇算清缴企业所得税时，通过填写纳税申报表相关内容，即可享受小型微利企业所得税减免政策。同时，在申报表中设计了“从业人数”“资产总额”“限制或禁止行业”等相关指标，进行电子申报的企业，征管系统将根据申报表相关数据，自动判断企业是否符合小型微利企业条件；符合条件的，系统还将进一步自动计算减免税金额，自动生成表单，为企业减轻计算、填报负担。企业无需向税务机关办理享受企业所得税优惠政策的手续。

四、集成电路与软件产业的优惠政策

27. 集成电路设计和软件产业企业所得税优惠政策如何规定？

（1）依法成立且符合条件的集成电路设计企业和软件企业，在 2019 年 12 月 31 日前自获利年度起计算优惠期，第一年至第二年免征企业所得税，第三年至第五年按照 25% 的法定税率减半征收企业所得税，并享受至期满为止（两免三减半）。

（2）上述所称“符合条件”，是指符合《财政部、国家税务总局关于进一步鼓励软件产业和集成电路产业发展企业所得税政策的通知》和《财政部、国家税务总局、发展改革委、工业和信息化部关于软件和集成电路产业企业所得税优惠政策有关问题的通知》规定的条件。

①集成电路线宽小于 0. 8 微米（含）的集成电路生产企业，经认定后，在 2017 年 12 月 31 日前自获利年度起计算优惠期，第一年至第二年免征企业所得税，第三年至第五年按照 25% 的法定税率减半征收企业所得税，并享受至期满为止。

②集成电路线宽小于 0. 25 微米或投资额超过 80 亿元的集成电路生产企业，

经认定后，减按 15% 的税率征收企业所得税，其中经营期在 15 年以上的，在 2017 年 12 月 31 日前自获利年度起计算优惠期，第一年至第五年免征企业所得税，第六年至第十年按照 25% 的法定税率减半征收企业所得税，并享受至期满为止。

③我国境内新办的集成电路设计企业和符合条件的软件企业，经认定后，在 2017 年 12 月 31 日前自获利年度起计算优惠期，第一年至第二年免征企业所得税，第三年至第五年按照 25% 的法定税率减半征收企业所得税，并享受至期满为止。

④国家规划布局内的重点软件企业和集成电路设计企业，如当年未享受免税优惠的，可减按 10% 的税率征收企业所得税。

⑤符合条件的软件企业按照《财政部、国家税务总局关于软件产品增值税政策的通知》规定取得的即征即退增值税款，由企业专项用于软件产品研发和扩大再生产并单独进行核算，可以作为不征税收入，在计算应纳税所得额时从收入总额中减除。

⑥集成电路设计企业和符合条件软件企业的职工培训费用，应单独进行核算并按实际发生额在计算应纳税所得额时扣除。

⑦企业外购的软件，凡符合固定资产或无形资产确认条件的，可以按照固定资产或无形资产进行核算，其折旧或摊销年限可以适当缩短，最短可为 2 年（含）。

⑧集成电路生产企业的生产设备，其折旧年限可以适当缩短，最短可为 3 年（含）。

五、股票市场交易与证券投资基金、保险保障基金的优惠政策

28. 沪港股票市场交易互联互通机制试点有关企业所得税征免规定有哪些?

根据《财政部、国家税务总局、证监会关于沪港股票市场交易互联互通机制试点有关税收政策的通知》，内地企业通过沪港通投资香港联合交易所有限公司（以下简称香港联交所）上市股票的企业所得税征免规定如下：

（1）对内地企业投资者通过沪港通投资香港联交所上市股票取得的转让差价所得，计入其收入总额，依法征收企业所得税。

（2）对内地企业投资者通过沪港通投资香港联交所上市股票取得的股息红利所得，计入其收入总额，依法计征企业所得税。其中，内地居民企业连续持有H股满12个月取得的股息红利所得，依法免征企业所得税。

（3）香港联交所上市H股公司应向中国结算提出申请，由中国结算向H股公司提供内地企业投资者名册，H股公司对内地企业投资者不代扣股息红利所得税款，应纳税款由企业自行申报缴纳。

（4）内地企业投资者自行申报缴纳企业所得税时，对香港联交所非H股上市公司已代扣代缴的股息红利所得税，可依法申请税收抵免。

（5）对香港市场投资者（包括企业和个人）投资上交所上市A股取得的转让差价所得，暂免征收所得税。

（6）对香港市场投资者（包括企业和个人）投资上交所上市A股取得的股息红利所得，在香港中央结算有限公司（以下简称香港结算）不具备向中国结算提供投资者的身份及持股时间等明细数据的条件之前，暂不执行按持股时间实行差别化征税政策，由上市公司按照10%的税率代扣所得税，并向其主管税务机关办理扣缴申报。对于香港投资者中属于其他国家税收居民且其所在国与中国签订的税收协定规定股息红利所得税率低于10%的，企业或个人可以自行或委托代扣代缴义务人，向上市公司主管税务机关提出享受税收协定待遇的申请，主管税务机关审核后，应按已征税款和根据税收协定税率计算的应纳税款的差额予以退税。

29. 鼓励证券投资基金发展的企业所得税优惠政策有哪些？

（1）对证券投资基金从证券市场中取得的收入，包括买卖股票、债券的差价收入，股权的股息、红利收入，债券的利息收入及其他收入，暂不征收企业所得税。

（2）对投资者从证券投资基金分配中取得的收入，暂不征收企业所得税。

（3）对证券投资基金管理人运用基金买卖股票、债券的差价收入，暂不征收企业所得税。

30. 保险保障基金哪些收入可以免征企业所得税？

根据《财政部、税务总局关于保险保障基金有关税收政策问题的通知》的规定，对中国保险保障基金有限责任公司（以下简称保险保障基金公司）根据《保险保障基金管理办法》取得的下列收入，免征企业所得税：

（1）境内保险公司依法缴纳的保险保障基金；

（2）依法从撤销或破产保险公司清算财产中获得的受偿收入和向有关责任方追偿所得，以及依法从保险公司风险处置中获得的财产转让所得；

（3）接受捐赠收入；

（4）银行存款利息收入；

（5）购买政府债券、中央银行、中央企业和中央级金融机构发行债券的利息收入；

（6）国务院批准的其他资金运用取得的收入。

31. 永续债企业所得税优惠政策如何规定？

根据《财政部、税务总局关于永续债企业所得税政策问题的公告》的规定，自 2019 年 1 月 1 日起，企业发行的永续债，可以适用股息、红利企业所得税政策，即：投资方取得的永续债利息收入属于股息、红利性质，按照现行企业所得税政策相关规定进行处理，其中，发行方和投资方均为居民企业的，永续债利息收入可以适用企业所得税法规定的居民企业之间的股息、红利等权益性投资收益免征企业所得税规定；同时发行方支付的永续债利息支出不得在企业所得税税前扣除。

企业发行符合规定条件的永续债，也可以按照债券利息适用企业所得税政策，即：发行方支付的永续债利息支出准予在其企业所得税税前扣除；投资方取得的永续债利息收入应当依法纳税。

六、西部大开发与民族自治地方的优惠政策

32. 西部地区鼓励类产业企业所得税优惠政策有哪些？

自2011年1月1日至2020年12月31日，对设在西部地区的鼓励类产业企业减按15%的税率征收企业所得税。

鼓励类产业企业是指以《西部地区鼓励类产业目录》中规定的产业项目为主营业务，且其主营业务收入占企业收入总额70%以上的企业。

西部地区包括重庆市、四川省、贵州省、云南省、西藏自治区、陕西省、甘肃省、宁夏回族自治区、青海省、新疆维吾尔自治区、新疆生产建设兵团、内蒙古自治区和广西壮族自治区。湖南省湘西土家族苗族自治州、湖北省恩施土家族苗族自治州、吉林省延边朝鲜族自治州，可以比照西部地区的税收政策执行。

根据《财政部、税务总局、国家发展改革委关于延续西部大开发企业所得税政策的公告》（以下简称财政部公告2020年第23号）的规定：

（1）自2021年1月1日至2030年12月31日，对设在西部地区的鼓励类产业企业减按15%的税率征收企业所得税。鼓励类产业企业是指以《西部地区鼓励类产业目录》中规定的产业项目为主营业务，且其主营业务收入占企业收入总额60%以上的企业。

（2）《西部地区鼓励类产业目录》由发展改革委牵头制定。该目录在财政部公告2020年第23号执行期限内修订的，自修订版实施之日起按新版本执行。

（3）税务机关在后续管理中，不能准确判定企业主营业务是否属于国家鼓励类产业项目时，可提请发展改革等相关部门出具意见。对不符合税收优惠政策规定条件的，由税务机关按税收征收管理法及有关规定进行相应处理。具体办法由省级发展改革、税务部门另行制定。

（4）西部地区包括内蒙古自治区、广西壮族自治区、重庆市、四川省、贵州省、云南省、西藏自治区、陕西省、甘肃省、青海省、宁夏回族自治区、新疆维吾尔自治区和新疆生产建设兵团。湖南省湘西土家族苗族自治州、湖北省恩施土

家族苗族自治州、吉林省延边朝鲜族自治州和江西省赣州市，可以比照西部地区的企业所得税政策执行。

33. 民族自治地方企业所得税有何优惠政策？

根据《企业所得税法》（以下简称新税法）第二十九条有关“民族自治地方的自治机关对本民族自治地方的企业应缴纳的企业所得税中属于地方分享的部分，可以决定减征或者免征”的规定，对2008年1月1日后民族自治地方批准享受减免税的企业，一律按新税法第二十九条的规定执行，即对民族自治地方的企业减免企业所得税，仅限于减免企业所得税中属于地方分享的部分，不得减免属于中央分享的部分。

对民族自治地方内国家限制和禁止行业的企业，不得减征或者免征企业所得税。

自治州、自治县决定减征或者免征的，须报省、自治区、直辖市人民政府批准。

七、有关行业的优惠政策

34. 铁路债券利息收入企业所得税有什么优惠规定？

根据《财政部、税务总局关于铁路债券利息收入所得税政策的公告》规定，对企业投资者持有2019－2023年发行的铁路债券取得的利息收入，减半征收企业所得税。铁路债券是指以中国铁路总公司为发行和偿还主体的债券，包括中国铁路建设债券、中期票据、短期融资券等债务融资工具。

35. 关于QFII和RQFII取得中国境内的股票等权益性投资资产转让所得如何免征收企业所得税？

根据《财政部、国家税务总局、证监会关于QFII和RQFII取得中国境内的股票等权益性投资资产转让所得暂免征收企业所得税问题的通知》的规定，从2014

年11月17日起，对合格境外机构投资者（简称QFII）、人民币合格境外机构投资者（简称RQFII）取得来源于中国境内的股票等权益性投资资产转让所得，暂免征收企业所得税。在2014年11月17日之前QFII和RQFII取得的上述所得应依法征收企业所得税。

上述规定适用于在中国境内未设立机构、场所，或者在中国境内虽设立机构、场所，但取得的上述所得与其所设机构、场所没有实际联系的QFII、RQFII。

对合格境外机构投资者、人民币合格境外机构投资者转让创新企业境内发行存托凭证（以下简称创新企业CDR）取得的差价所得和持有创新企业CDR取得的股息红利所得，视同转让或持有据以发行创新企业CDR的基础股票取得的权益性资产转让所得和股息红利所得征免企业所得税。

36. 经营性文化事业单位转制为企业如何享受企业所得税优惠政策？

根据《财政部、税务总局、中央宣传部关于继续实施文化体制改革中经营性文化事业单位转制为企业若干税收政策的通知》的规定：

（1）经营性文化事业单位转制为企业，自转制注册之日起五年内免征企业所得税。2018年12月31日之前已完成转制的企业，自2019年1月1日起可继续免征五年企业所得税。

（2）对经营性文化事业单位转制中资产评估增值、资产转让或划转涉及的企业所得税、增值税、城市维护建设税、契税、印花税等，符合现行规定的享受相应税收优惠政策。

上述所称“经营性文化事业单位”，是指从事新闻出版、广播影视和文化艺术的事业单位。转制包括整体转制和剥离转制。其中，整体转制包括：（图书、音像、电子）出版社、非时政类报刊出版单位、新华书店、艺术院团、电影制片厂、电影（发行放映）公司、影剧院、重点新闻网站等整体转制为企业；剥离转制包括：新闻媒体中的广告、印刷、发行、传输网络等部分，以及影视剧等节目制作与销售机构，从事业体制中剥离出来转制为企业。

上述所称“转制注册之日”，是指经营性文化事业单位转制为企业并进行企业法人登记之日。对于经营性文化事业单位转制前已进行企业法人登记，则按注销事业单位法人登记之日，或核销事业编制的批复之日（转制前未进行事业单位法人登记的）确定转制完成并享受本通知所规定的税收优惠政策。

上述所称“2018 年 12 月 31 日之前已完成转制”，是指经营性文化事业单位在 2018 年 12 月 31 日及以前已转制为企业、进行企业法人登记，并注销事业单位法人登记或批复核销事业编制（转制前未进行事业单位法人登记的）。

上述规定下发之前已经审核认定享受《财政部、国家税务总局、中宣部关于继续实施文化体制改革中经营性文化事业单位转制为企业若干税收政策的通知》税收优惠政策的转制文化企业，可按上述规定享受税收优惠政策。

（3）享受税收优惠政策的转制文化企业应同时符合以下条件：

①根据相关部门的批复进行转制。

②转制文化企业已进行企业法人登记。

③整体转制前已进行事业单位法人登记的，转制后已核销事业编制、注销事业单位法人；整体转制前未进行事业单位法人登记的，转制后已核销事业编制。

④已同在职职工全部签订劳动合同，按企业办法参加社会保险。

⑤转制文化企业引入非公有资本和境外资本的，须符合国家法律法规和政策规定；变更资本结构依法应经批准的，需经行业主管部门和国有文化资产监管部门批准。

上述规定适用于所有转制文化单位。中央所属转制文化企业的认定，由中央宣传部会同财政部、税务总局确定并发布名单；地方所属转制文化企业的认定，按照登记管理权限，由地方各级宣传部门会同同级财政、税务部门确定和发布名单，并按程序抄送中央宣传部、财政部和税务总局。

已认定发布的转制文化企业名称发生变更的，如果主营业务未发生变化，可持同级文化体制改革和发展工作领导小组办公室出具的同意变更函，到主管税务机关履行变更手续；如果主营业务发生变化，依照本条规定的条件重新认定。

（4）经认定的转制文化企业，应按有关税收优惠事项管理规定办理优惠手续，申报享受税收优惠政策。企业应将转制方案批复函，企业营业执照，同级机构编制管理机关核销事业编制、注销事业单位法人的证明，与在职职工签订劳动合同、按企业办法参加社会保险制度的有关材料，相关部门对引入非公有资本和境外资本、变更资本结构的批准文件等留存备查，税务部门依法加强后续管理。

（5）未经认定的转制文化企业或转制文化企业不符合上述规定的，不得享受相关税收优惠政策。已享受优惠的，主管税务机关应追缴其已减免的税款。

（6）对已转制企业按照本通知规定应予减免的税款，在上述规定下发以前已经征收入库的，可抵减以后纳税期应缴税款或办理退库。

（7）上述规定的税收政策执行期限为 2019 年 1 月 1 日至 2023 年 12 月 31 日。企业在 2023 年 12 月 31 日享受上述第（1）项税收政策不满五年的，可继续享受至五年期满为止。

37. 公司制创业投资企业采取股权投资方式投资于种子期、初创期科技型企业有何税收优惠政策？

根据《财政部、税务总局关于创业投资企业和天使投资个人有关税收政策的通知》《财政部、税务总局关于实施小微企业普惠性税收减免政策的通知》的相关规定，自 2018 年 1 月 1 日起，公司制创业投资企业采取股权投资方式直接投资于种子期、初创期科技型企业满 2 年（24 个月）的，可以按照投资额的 70% 在股权持有满 2 年的当年抵扣该公司制创业投资企业的应纳税所得额；当年不足抵扣的，可以在以后纳税年度结转抵扣。初创期科技型企业，应同时符合以下条件：

（1）在中国境内（不包括港、澳、台地区）注册成立、实行查账征收的居民企业；

（2）接受投资时，从业人数不超过 200 人，其中具有大学本科以上学历的从业人数不低于 30%；资产总额和年销售收入均不超过 3000 万元；

（3）接受投资时设立时间不超过 5 年（60 个月）；

（4）接受投资时以及接受投资后 2 年内未在境内外证券交易所上市；

（5）接受投资当年及下一纳税年度，研发费用总额占成本费用支出的比例不低于 20%。

第三章　企业所得税应纳税额的计算实务

第一节　企业所得税收入与扣除项目

一、收入确定

38. 企业收入如何确定?

根据《企业所得税法》规定，企业所得税计税依据为应纳税所得额，应纳税所得额的计算，主要包括收入总额、扣除范围和标准、资产的税务处理、亏损弥补等内容。

企业的收入总额是指以货币形式和非货币形式从各种来源取得的收入，具体包括：销售货物收入，提供劳务收入，转让财产收入，股息、红利等权益性投资收益，利息收入，租金收入，特许权使用费收入，接受捐赠收入，其他收入。

(1) 企业取得收入的货币形式，包括现金、存款、应收账款、应收票据、准备持有至到期的债券投资以及债务的豁免等;

(2) 企业以非货币形式取得的收入，包括固定资产、生物资产、无形资产、股权投资、存货、不准备持有至到期的债券投资、劳务以及有关权益等。这些非货币资产应当按照公允价值确定收入额，公允价值是指按照市场价格确定的价值。

收入的具体确认如下表:

（一）一般收入的确认

1. 销售货物收入，是指企业销售商品、产品、原材料、包装物、低值易耗品以及其他存货取得的收入。

2. 提供劳务收入，是指企业从事建筑安装、修理修配、交通运输、仓储租赁、金融保险、邮电通信、咨询经纪、文化体育、科学研究、技术服务、教育培训、餐饮住宿、中介代理、卫生保健、社区服务、旅游、娱乐、加工以及其他劳务服务活动取得的收入。

3. 转让财产收入，是指企业转让固定资产、生物资产、无形资产、股权、债权等财产取得的收入。

企业转让股权收入，应于转让协议生效且完成股权变更手续时，确认收入的实现。转让股权收入扣除为取得该股权所发生的成本后，为股权转让所得。企业在计算股权转让所得时，不得扣除被投资企业未分配利润等股东留存收益中按该项股权所可能分配的金额。

例：2019年7月甲企业将持有乙企业10%的股权以1000万元的价格转让，转让价格中包含乙企业未分配利润中归属于该股权的50万元，股权的购置成本为880万元。甲企业应确认的股权转让所得为多少万元？

解析：企业计算股权转让所得时，不得扣除被投资企业未分配利润等股东留存收益中按该项股权所可能分配的金额。股权转让所得 = 1000 - 880 = 120（万元）

4. 股息、红利等权益性投资收益，是指企业因权益性投资从被投资方取得的收入。股息、红利等权益性投资收益，除国务院财政、税务主管部门另有规定外，应以被投资企业股东会或股东大会作出利润分配或转股决定的日期确认收入的实现。

【注】符合条件的居民企业之间的股息、红利等权益性投资收益，为企业所得税免税收入。“符合条件”是指：（1）居民企业之间，不包括投资到“个人独资企业、合伙企业、非居民企业”（适用个税的企业）；（2）直接投资，不包括“间接投资”；（3）连续持有居民企业公开发行并上市流通的股票在一年（12个月）以上取得的投资收益。（即不包括对居民企业公开发行并上市流通的股票进行短期炒作而取得的权益性投资收益。）

被清算企业的股东分得的剩余资产的金额，其中相当于被清算企业累计未分配利润和累计盈余公积中按该股东所占股份比例计算的部分，应确认为股息所得；剩余资产减除股息所得后的余额，超过或低于股东投资成本的部分，应确认为股东的投资转让所得或损失。

被投资企业将股权（票）溢价所形成的资本公积转为股本的，不作为投资方企业的股息、红利收入，投资方企业也不得增加该项长期投资的计税基础。

5. 利息收入，是指企业将资金提供他人使用但不构成权益性投资，或者因他人占用本企业资金取得的收入，包括存款利息、贷款利息、债券利息、欠款利息等收入。利息收入，按照合同约定的债务人应付利息的日期确认收入的实现。

续表

根据《国家税务总局关于企业混合性投资业务企业所得税处理问题的公告》规定，企业混合性投资业务企业所得税处理如下： （1）企业混合性投资业务，是指兼具权益和债权双重特性的投资业务。同时符合下列条件的混合性投资业务，按下列规定进行企业所得税处理： ①被投资企业接受投资后，需要按投资合同或协议约定的利率定期支付利息（或定期支付保底利息、固定利润、固定股息，下同）； ②有明确的投资期限或特定的投资条件，并在投资期满或者满足特定投资条件后，被投资企业需要赎回投资或偿还本金； ③投资企业对被投资企业净资产不拥有所有权； ④投资企业不具有选举权和被选举权； ⑤投资企业不参与被投资企业日常生产经营活动。 （2）符合上述第（1）条规定的混合性投资业务，按下列规定进行企业所得税处理： ①对于被投资企业支付的利息，投资企业应于被投资企业应付利息的日期，确认收入的实现并计入当期应纳税所得额；被投资企业应于应付利息的日期，确认利息支出，并按税法和《国家税务总局关于企业所得税若干问题的公告》第一条的规定，即“非金融企业向非金融企业借款利息支出”的规定进行税前扣除。 ②对于被投资企业赎回的投资，投资双方应于赎回时将赎价与投资成本之间的差额确认为债务重组损益，分别计入当期应纳税所得额。 （3）公告自2013年9月1日起执行。此前发生的已进行税务处理的混合性投资业务，不再进行纳税调整。 6. 租金收入，是指企业提供固定资产、包装物或者其他有形资产的使用权取得的收入。租金收入，按照合同约定的承租人应付租金的日期确认收入的实现。 如果交易合同或协议中规定租赁期限跨年度，且租金提前一次性支付的，根据《企业所得税法实施条例》第九条规定的收入与费用配比原则，出租人可对上述已确认的收入，在租赁期内，分期均匀计入相关年度收入。 **【例】** A公司于2019年11月1日出租房产给B公司，租期12个月，月租金3万元，合同约定每月20日支付租金。B公司于2019年11月10日，一次性支付全部租金36万元。计算A公司2019年应计算企业所得税的租金收入。 解析：A公司2019年应计算企业所得税的租金收入 $=2\times3=6$（万元） 7. 特许权使用费收入，是指企业提供专利权、非专利技术、商标权、著作权以及其他特许权的使用权取得的收入。特许权使用费收入，按照合同约定的特许权使用人应付特许权使用费的日期确认收入的实现。

续表

8. 接受捐赠收入，是指企业接受的来自其他企业、组织或者个人无偿给予的货币性资产、非货币性资产，接受捐赠收入，按照实际收到捐赠资产的日期确认收入的实现。 9. 其他收入，是指企业取得的除上述收入外的其他收入，包括企业资产溢余收入、逾期未退包装物押金收入、确实无法偿付的应付款项、已作坏账损失处理后又收回的应收款项、债务重组收入、补贴收入、违约金收入、汇兑收益等。
（二）特殊收入的确认
1. 以分期收款方式销售货物的，按照合同约定的收款日期确认收入的实现。 2. 企业受托加工制造大型机械设备、船舶、飞机，以及从事建筑、安装、装配工程业务或者提供其他劳务等，持续时间超过 12 个月的，按照纳税年度内完工进度或者完成的工作量确认收入的实现。 3. 采取产品分成方式取得收入的，按照企业分得产品的日期确认收入的实现，其收入额按照产品的公允价值确定。 4. 企业发生非货币性资产交换，以及将货物、财产、劳务用于捐赠、偿债、赞助、集资、广告、样品、职工福利或者利润分配等用途的，应当视同销售货物、转让财产或者提供劳务，但国务院财政、税务主管部门另有规定的除外。
（三）处置资产收入的确认
自 2008 年 1 月 1 日起，企业处置资产的所得税处理根据《企业所得税法实施条例》第二十五条的规定执行，对 2008 年 1 月 1 日以前发生的处置资产，2008 年 1 月 1 日以后尚未进行税务处理的，也按此规定执行。 1. 企业发生下列情形的处置资产，除将资产转移至境外以外，由于资产所有权属在形式和实质上均不发生改变，可作为内部处置资产，不视同销售确认收入，相关资产的计税基础延续计算： （1）将资产用于生产、制造、加工另一产品； （2）改变资产形状、结构或性能； （3）改变资产用途（如，自建商品房转为自用或经营）； （4）将资产在总机构及其分支机构之间转移； （5）上述两种或两种以上情形的混合； （6）其他不改变资产所有权属的用途。 2. 企业将资产移送他人的下列情形，因资产所有权属已发生改变而不属于内部处置资产，应按规定视同销售确定收入： （1）用于市场推广或销售；

续表

（2）用于交际应酬； （3）用于职工奖励或福利； （4）用于股息分配； （5）用于对外捐赠； （6）其他改变资产所有权属的用途。 3. 企业发生第2种情形时，属于企业自制的资产，应按企业同类资产同期对外销售价格确定销售收入；属于外购的资产，不以销售为目的，具有替代职工福利等费用支出性质，且购买后在一个纳税年度内处置的，可按购入时的价格确定销售收入。
（四）相关收入实现的确认
除《企业所得税法》及其实施条例前述关于收入的规定外，企业销售收入的确认，必须遵循权责发生制原则和实质重于形式原则。 1. 企业销售商品同时满足下列条件的，应确认收入的实现： （1）商品销售合同已经签订，企业已将商品所有权相关的主要风险和报酬转移给购货方； （2）企业对已售出的商品既没有保留通常与所有权相联系的继续管理权，也没有实施有效控制； （3）收入的金额能够可靠地计量； （4）已发生或将发生的销售方的成本能够可靠地核算。 2. 符合上款收入确认条件，采取下列商品销售方式的，应按以下规定确认收入实现时间： （1）销售商品采用托收承付方式的，在办妥托收手续时确认收入。 （2）销售商品采取预收款方式的，在发出商品时确认收入。 （3）销售商品需要安装和检验的，在购买方接受商品以及安装和检验完毕时确认收入。如果安装程序比较简单，可在发出商品时确认收入。 （4）销售商品采用支付手续费方式委托代销的，在收到代销清单时确认收入。 3. 采用售后回购方式销售商品的，销售的商品按售价确认收入，回购的商品作为购进商品处理。有证据表明不符合销售收入确认条件的，如以销售商品方式进行融资，收到的款项应确认为负债，回购价格大于原售价的，差额应在回购期间确认为利息费用。 上述“有证据表明不符合销售收入确认条件的，如以销售商品方式进行融资”，一般情况是指甲方以商品作抵押或质押向乙方进行借款，在此期间乙方接受的商品拥有所有权，但不能处置，在一定期间内甲方再以高于抵押或质押借款的金额将商品取回。

续表

【例】 甲公司把一台机床出售给乙公司，售价为60万元，并同时约定乙公司在获得该台机床后，只拥有使用权或拥有所有权但不能进行处置；五个月后，甲公司又以65万元的价格把该台机床购回。

解析：例中情形体现的是以机床为抵押的融资关系，差额5万元相当于利息，所以确认为利息费用。

4. 销售商品以旧换新的，销售商品应当按照销售商品收入确认条件确认收入，回收的商品作为购进商品处理。

5. 企业为促进商品销售而在商品价格上给予的价格扣除属于商业折扣，商品销售涉及商业折扣的，应当按照扣除商业折扣后的金额确定销售商品收入金额。

债权人为鼓励债务人在规定的期限内付款而向债务人提供的债务扣除属于现金折扣，销售商品涉及现金折扣的，应当按扣除现金折扣前的金额确定销售商品收入金额，现金折扣在实际发生时作为财务费用扣除。

企业因售出商品的质量不合格等原因而在售价上给予的减让属于销售折让；企业因售出商品质量、品种不符合要求等原因而发生的退货属于销售退回。企业已经确认销售收入的售出商品发生销售折让和销售退回，应当在发生当期冲减当期销售商品收入。

6. 企业以“买一赠一”等方式组合销售本企业商品的，不属于捐赠，应将总的销售金额按各项商品的公允价值的比例来分摊确认销售收入。

【例】 某品牌手机专卖店商场2019年9月15日推出买手机送一块原装电池的优惠活动，其中手机的价格为1500元，电池的价格为500元。当月，该专卖店共销售了100台手机并送了100块电池，共取得收入150000元。如何确认当期手机和电池的收入？

解析；

手机收入＝150000×（1500÷2000）＝112500（元）

电池收入＝150000×（500÷2000）＝37500（元）

7. 企业在各个纳税期末，提供劳务交易的结果能够可靠估计的，应采用完工进度（完工百分比）法确认提供劳务收入。

（1）提供劳务交易的结果能够可靠估计，是指同时满足下列条件：

①收入的金额能够可靠地计量；

②交易的完工进度能够可靠地确定；

③交易中已发生和将发生的成本能够可靠地核算。

（2）企业提供劳务完工进度的确定，可选用下列方法：

①已完工作的测量；

②已提供劳务占劳务总量的比例；

续表

③发生成本占总成本的比例。 （3）企业应按照从接受劳务方已收或应收的合同或协议价款确定劳务收入总额，根据纳税期末提供劳务收入总额乘以完工进度扣除以前纳税年度累计已确认提供劳务收入后的金额，确认为当期劳务收入；同时，按照提供劳务估计总成本乘以完工进度扣除以前纳税期间累计已确认劳务成本后的金额，结转为当期劳务成本。 （4）下列提供劳务满足收入确认条件的，应按规定确认收入： ①安装费。应根据安装完工进度确认收入。安装工作是商品销售附带条件的，安装费在确认商品销售实现时确认收入。 ②宣传媒介的收费。应在相关的广告或商业行为出现于公众面前时确认收入。广告的制作费，应根据制作广告的完工进度确认收入。 ③软件费。为特定客户开发软件的收费，应根据开发的完工进度确认收入。 ④服务费。包含在商品售价内可区分的服务费，在提供服务的期间分期确认收入。 ⑤艺术表演、招待宴会和其他特殊活动的收费。在相关活动发生时确认收入。收费涉及几项活动的，预收的款项应合理分配给每项活动，分别确认收入。 ⑥会员费。申请入会或加入会员，只允许取得会籍，所有其他服务或商品都要另行收费的，在取得该会员费时确认收入。申请入会或加入会员后，会员在会员期内不再付费就可得到各种服务或商品，或者以低于非会员的价格销售商品或提供服务的，该会员费应在整个受益期内分期确认收入。 ⑦特许权费。属于提供设备和其他有形资产的特许权费，在交付资产或转移资产所有权时确认收入；属于提供初始及后续服务的特许权费，在提供服务时确认收入。 ⑧劳务费。长期为客户提供重复的劳务收取的劳务费，在相关劳务活动发生时确认收入。 8. 企业取得财产（包括各类资产、股权、债权等）转让收入、债务重组收入、接受捐赠收入、无法偿付的应付款收入等，不论是以货币形式还是非货币形式体现，除另有规定外，均应一次性计入确认收入的年度计算缴纳企业所得税。

39. 企业所得税的视同销售如何确定？

（一）企业所得税中的视同销售主要以所有权是否转移作为判定标准：

所有权是否转移	会计处理	情形举例
所有权转移	(1) 确认收入，按销售征企业所得税。	销售产品、转让不动产。
	(2) 未确认收入，按视同销售征企业所得税。	将资产用于市场推广、交际应酬、对外捐赠。
所有权未转移，除将资产转移至境外以外	不视同销售，不征企业所得税。	将本企业生产的水泥用于修建厂房；将自产电脑用于企业办公。

（二）视同销售收入与视同销售成本的确定：

具体情形	视同销售收入	视同销售成本
企业自制的资产	企业同类资产同期对外销售价格	生产成本
外购的资产	被移送资产的公允价值	购入时的价格
【注】(1) 会计上已经确认销售收入，企业所得税计税时无需再视同销售； (2) 企业所得税的视同销售与增值税的视同销售有所不同； (3) 有视同销售收入，一定有视同销售成本。		

【例】 某被服厂，一般纳税人，2019年12月将自产被服计30万元捐赠给某老年福利院（经审核，该批被服生产成本为30万元；同类产品不含税销售价格为40万元），就该笔捐赠企业所得税如何处理？

解析：某被服厂以自产被服对外捐赠计算企业所得税时应视同销售处理。

应按捐赠产品的公允价值作为计税收入，调增应纳税所得额。

视同销售收入为40万元；视同销售成本为30万元。另，应补计增值税销项税额5.2万元。

40. 企业接受政府和股东划入资产的企业所得税是如何处理的？

根据《国家税务总局关于企业所得税应纳税所得额若干问题的公告》的规定：

（1）企业接收政府划入资产的企业所得税处理。

①县级以上人民政府（包括政府有关部门，下同）将国有资产明确以股权投资方式投入企业，企业应作为国家资本金（包括资本公积）处理。该项资产如为非货币性资产，应按政府确定的接收价值确定计税基础。

②县级以上人民政府将国有资产无偿划入企业，凡指定专门用途并按《财政部、国家税务总局关于专项用途财政性资金企业所得税处理问题的通知》规定进行管理的，企业可作为不征税收入进行企业所得税处理。其中，该项资产属于非货币性资产的，应按政府确定的接收价值计算不征税收入。

③县级以上人民政府将国有资产无偿划入企业，属于上述①、②项以外情形的，应按政府确定的接收价值计入当期收入总额计算缴纳企业所得税。政府没有确定接收价值的，按资产的公允价值计算确定应税收入。

（2）企业接收股东划入资产的企业所得税处理。

①企业接收股东划入资产（包括股东赠与资产、上市公司在股权分置改革过程中接收原非流通股股东和新非流通股股东赠与的资产、股东放弃本企业的股权，下同），凡合同、协议约定作为资本金（包括资本公积）且在会计上已做实际处理的，不计入企业的收入总额，企业应按公允价值确定该项资产的计税基础。

②企业接收股东划入资产，凡作为收入处理的，应按公允价值计入收入总额，计算缴纳企业所得税，同时按公允价值确定该项资产的计税基础。

二、扣除项目

41. 企业所得税税前扣除项目的原则和范围是什么？

（1）企业进行所得税纳税申报须做到真实和合法，除税收法律法规另有规定外，企业所得税税前扣除应遵循如下原则：

①权责发生制原则。企业费用须在发生的所属期扣除。

②配比原则。企业发生的费用应当与收入配比扣除。除特殊规定外，企业发生的费用不得提前或者滞后申报扣除。

③合理性原则。符合生产经营活动常规，应当计入当期损益或者有关资产成本的必要和正常支出。

（2）扣除项目的范围。根据《企业所得税法》规定，企业实际发生的与取得收入有关的、合理的支出，包括成本、费用、税金、损失和其他支出，准予在计算应纳税所得额时扣除。企业所得税计税时，应注意：①企业发生的支出应当区分收益性支出和资本性支出。收益性支出在发生当期直接扣除；资本性支出应当分期扣除或者计入有关资产成本，不得在发生当期直接扣除。②企业的不征税收入用于支出所形成的费用或者财产，不得扣除或者计算对应的折旧、摊销扣除。③除《企业所得税法》及其实施条例另有规定外，企业实际发生的成本、费用、税金、损失和其他支出，不得重复扣除。

扣除范围	内容
1. 成本	成本是指企业在生产经营活动中发生的销售成本、销货成本、业务支出以及其他耗费，即企业销售商品（产品、材料、下脚料、废料、废旧物资等）、提供劳务、转让固定资产、无形资产（包括技术转让）的成本。 企业必须将经营活动中发生的成本合理划分为直接成本和间接成本。直接成本是指可直接计入有关成本计算对象或劳务的经营成本中的直接材料、直接人工等。间接成本是指多个部门为同一成本对象提供服务的共同成本，或者同一种投入可以制造、提供两种或两种以上的产品或劳务的联合成本。 直接成本可根据有关会计凭证、资料等直接计入有关成本计算对象或劳务的经营成本中。间接成本必须根据与成本计算对象之间的因果关系、成本计算对象的产量等，以合理的方法分配计入有关成本计算对象中。

续表

扣除范围	内容
2. 费用	费用是指企业每一个纳税年度为生产、经营商品和提供劳务等所发生的销售（经营）费用、管理费用和财务费用。已经计入成本的有关费用除外。 销售费用是指应由企业负担的为销售商品而发生的费用，包括广告费、运输费、装卸费、包装费、展览费、保险费、销售佣金（能直接认定的进口佣金调整商品进价成本）、代销手续费、经营性租赁费及销售部门发生的差旅费、工资、福利费等费用。 管理费用是指企业的行政管理部门为管理组织经营活动提供各项支援性服务而发生的费用。 财务费用是指企业筹集经营性资金而发生的费用，包括利息净支出、汇兑净损失、金融机构手续费以及其他非资本化支出。 企业当年度实际发生的相关成本、费用，由于各种原因未能及时取得该成本、费用的有效凭证，企业在预缴季度所得税时，可暂按账面发生金额进行核算；但在汇算清缴时，应补充提供该成本、费用的有效凭证。
3. 税金	税金是指企业发生的除企业所得税和允许抵扣的增值税以外的企业缴纳的各项税金及其附加，即企业按规定缴纳的消费税、城市维护建设税、关税、资源税、土地增值税、房产税、车船税、城镇土地使用税、印花税、教育费附加等产品销售税金及附加。这些已纳税金准予税前扣除。扣除的方式有两种：（1）在发生当期扣除；（2）在发生当期计入相关资产的成本，在以后各期分摊扣除。
4. 损失	损失是指企业在生产经营活动中发生的固定资产和存货的盘亏、毁损、报废损失，转让财产损失，呆账损失，坏账损失，自然灾害等不可抗力因素造成的损失以及其他损失。 企业发生的损失，减除责任人赔偿和保险赔款后的余额，依照国务院财政、税务主管部门的规定扣除。 企业已经作为损失处理的资产，在以后纳税年度又全部收回或者部分收回时，应当计入当期收入。
5. 其他支出	其他支出是指除成本、费用、税金、损失外，企业在生产经营活动中发生的与生产经营活动有关的、合理的支出。

42. 企业所得税税前扣除项目的标准是如何规定的？

根据现行税法规定，在计算应纳税所得额时，下列项目可按照实际发生额或规定的标准扣除：

1. 工资、薪金支出
企业发生的合理的工资、薪金支出准予据实扣除。工资、薪金支出是企业每一纳税年度支付给本企业任职或与其有雇佣关系的员工的所有现金或非现金形式的劳动报酬，包括基本工资、奖金、津贴、补贴、年终加薪、加班工资，以及与任职或者是受雇有关的其他支出。 （1）“合理的工资、薪金”，是指企业按照股东大会、董事会、薪酬委员会或相关管理机构制定的工资、薪金制度规定实际发放给员工的工资、薪金。税务机关在对工资、薪金进行合理性确认时，按以下原则： ①企业制定了较为规范的员工工资、薪金制度。 ②企业所制定的工资、薪金制度符合行业及地区水平。 ③企业在一定时期发放的工资、薪金是相对固定的，工资、薪金的调整是有序进行的。 ④企业对实际发放的工资、薪金，已依法履行了代扣代缴个人所得税义务。 ⑤有关工资、薪金的安排，不以减少或逃避税款为目的。 （2）属于国有性质的企业，其工资、薪金，不得超过政府有关部门给予的限定数额；超过部分，不得计入企业工资、薪金总额，也不得在计算企业应纳税所得额时扣除。 （3）企业因雇用季节工、临时工、实习生、返聘离退休人员以及接受外部劳务派遣用工所实际发生的费用，应区分为工资薪金支出和职工福利费支出，并按《企业所得税法》规定在企业所得税税前扣除。其中属于工资薪金支出的，准予计入企业工资薪金总额的基数作为计算其他各项相关费用扣除的依据。 （4）企业接受外部劳务派遣用工所实际发生的费用，应分两种情况按规定在税前扣除： 按照协议（合同）约定直接支付给劳务派遣公司的费用，应作为劳务费支出；直接支付给员工个人的费用，应作为工资薪金支出和职工福利费支出。其中属于工资薪金支出的费用准予计入企业工资薪金总额的基数，作为计算其他各项相关费用扣除的依据。
2. 职工福利费、工会经费、职工教育经费
企业发生的职工福利费、工会经费、职工教育经费按标准扣除，未超过标准的按实际数扣除，超过标准的当年只能按标准扣除，除职工教育经费外超出标准的部分不得扣除，也不得在以后年度结转扣除。

续表

（1）企业发生的职工福利费支出，不超过工资、薪金总额14%的部分准予扣除。 企业职工福利费是指企业为职工提供的除职工工资、奖金、津贴、纳入工资总额管理的补贴、职工教育经费、社会保险费和补充养老保险费（年金）、补充医疗保险费及住房公积金以外的福利待遇支出，包括发放给职工或为职工支付的以下各项现金补贴和非货币性集体福利。 ①为职工卫生保健、生活等发放或支付的各项现金补贴和非货币性福利，包括职工因公外地就医费用、暂未实行医疗统筹企业职工医疗费用、职工供养直系亲属医疗补贴、职工疗养费用、自办职工食堂经费补贴或未办职工食堂统一供应午餐支出、符合国家有关财务规定的供暖费补贴、防暑降温费等。 ②企业尚未分离的内设集体福利部门所发生的设备、设施和人员费用，包括职工食堂、职工浴室、理发室、医务所、托儿所、疗养院、集体宿舍等集体福利部门设备、设施的折旧、维修保养费用以及集体福利部门工作人员的工资薪金、社会保险费、住房公积金、劳务费等人工费用。 ③职工困难补助，或者企业统筹建立和管理的专门用于帮助、救济困难职工的基金支出。 ④离退休人员统筹外费用，包括离休人员的医疗费及离退休人员其他统筹外费用。企业重组涉及的离退休人员统筹外费用，按照《财政部关于企业重组有关职工安置费用财务管理问题的通知》执行。国家另有规定的，从其规定。 ⑤按规定发生的其他职工福利费，包括丧葬补助费、抚恤费、职工异地安家费、独生子女费、探亲假路费，以及符合企业职工福利费定义但没有包括在上述各条款项目中的其他支出。 企业发生的职工福利费，应该单独设置账册，进行准确核算。没有单独设置账册准确核算的，税务机关应责令企业在规定的期限内进行改正。逾期仍未改正的税务机关可对企业发生的职工福利费进行合理的核定。 （2）企业拨缴的工会经费，不超过工资、薪金总额2%的部分准予扣除。 自2010年1月1日起，在委托税务机关代收工会经费的地区，企业拨缴的工会经费，也可凭合法、有效的工会经费代收凭据依法在税前扣除。 （3）除国务院财政、税务主管部门另有规定外，企业发生的职工教育经费支出，不超过工资、薪金总额2.5%的部分准予扣除，超过部分准予结转以后纳税年度扣除。 软件生产企业发生的职工教育经费中的职工培训费用，根据《财政部、国家税务总局关于进一步鼓励软件产业和集成电路产业发展企业所得税政策的通知》规定，可以全额在企业所得税前扣除。软件生产企业应准确划分职工教育经费中的职工培训费支出，对于不能准确划分的，以及准确划分后职工教育经费中扣除职工培训费用的余额，一律按照工资、薪金总额2.5%的比例扣除。

续表

自 2015 年 1 月 1 日起，高新技术企业发生的职工教育经费支出，不超过工资薪金总额 8% 的部分，准予在计算企业所得税应纳税所得额时扣除；超过部分，准予在以后纳税年度结转扣除。其中，高新技术企业，是指注册在中国境内、实行查账征收、经认定的高新技术企业。 经认定的技术先进型服务企业发生的职工教育经费支出，不超过工资薪金总额 8% 的部分，准予在计算应纳税所得额时扣除；超过部分，准予在以后纳税年度结转扣除。 2018 年 4 月 25 日国务院常务会议决定，自 2018 年 1 月 1 日起，将一般企业的职工教育经费税前扣除限额与高新技术企业的限额统一从 2.5% 提高至 8%。 上述计算职工福利费、工会经费、职工教育经费的“工资、薪金总额”，是指企业按照上述第（1）项规定实际发放的工资、薪金总和，不包括企业的职工福利费、职工教育经费、工会经费以及养老保险费、医疗保险费、失业保险费、工伤保险费、生育保险费等社会保险费和住房公积金。
3. 社会保险费
（1）企业依照国务院有关主管部门或者省级人民政府规定的范围和标准为职工缴纳的“五险一金”、即基本养老保险费、基本医疗保险费、失业保险费、工伤保险费、生育保险费等基本社会保险费和住房公积金，准予扣除。 （2）企业为在本企业任职或受雇的全体员工支付的补充养老保险费、补充医疗保险费，分别在不超过职工工资总额 5% 标准内的部分，准予扣除。超过部分，不得扣除。企业依照国家有关规定为特殊工种职工支付的人身安全保险费和符合国务院财政、税务主管部门规定可以扣除的商业保险费准予扣除。如职工因公出差乘坐规定的交通工具而购买的人身意外保险。 （3）企业参加财产保险，按照规定缴纳的保险费，准予扣除。企业为投资者或者职工支付的商业保险费，不得扣除。
4. 利息费用
企业在生产经营活动中发生的利息费用，按下列规定扣除： （1）非金融企业向金融企业借款的利息支出、金融企业的各项存款利息支出和同业拆借利息支出、企业经批准发行债券的利息支出可据实扣除。 其中，所谓金融机构，是指各类银行、保险公司及经中国人民银行批准从事金融业务的非银行金融机构。包括国家专业银行、区域性银行、股份制银行、外资银行、中外合资银行以及其他综合性银行；还包括全国性保险企业、区域性保险企业、股份制保险企业、

续表

中外合资保险企业以及其他专业性保险企业；城市、农村信用社、各类财务公司以及其他从事信托投资、租赁等业务的专业和综合性非银行金融机构。非金融机构，是指除上述金融机构以外的所有企业、事业单位以及社会团体等企业或组织。 （2）非金融企业向非金融企业借款的利息支出，不超过按照金融企业同期同类贷款利率计算的数额的部分可据实扣除，超过部分不允许扣除。 企业在按照合同要求首次支付利息并进行税前扣除时，应提供“金融企业的同期同类贷款利率情况说明”，以证明其利息支出的合理性。 “金融企业的同期同类贷款利率情况说明”中，应包括在签订该借款合同当时，本省任何一家金融企业提供同期同类贷款利率情况。该金融企业应为经政府有关部门批准成立的可以从事贷款业务的企业，包括银行、财务公司、信托公司等金融机构。“同期同类贷款利率”是指在贷款期限、贷款金额、贷款担保以及企业信誉等条件基本相同时，金融企业提供贷款的利率。既可以是金融企业公布的同期同类平均利率，也可以是金融企业对某些企业提供的实际贷款利率。 （3）关联企业利息费用的扣除。 企业从其关联方接受的债权性投资与权益性投资的比例超过规定标准而发生的利息支出，不得在计算应纳税所得额时扣除。 ①在计算应纳税所得额时，企业实际支付给关联方的利息支出，不超过以下规定比例和税法及其实施条例有关规定计算的部分，准予扣除，超过的部分不得在发生当期和以后年度扣除。 企业实际支付给关联方的利息支出，除符合下面第②条规定外，其接受关联方债权性投资与其权益性投资比例为：金融企业，为5:1；其他企业，为2:1。 ②企业如果能够按照税法及其实施条例的有关规定提供相关资料，并证明相关交易活动符合独立交易原则；或者该企业的实际税负不高于境内关联方的，其实际支付给境内关联方的利息支出，在计算应纳税所得额时准予扣除。 ③企业同时从事金融业务和非金融业务，其实际支付给关联方的利息支出，应按照合理方法分开计算；没有按照合理方法分开计算的，一律按前述有关其他企业的比例计算准予税前扣除的利息支出。 ④企业自关联方取得的不符合规定的利息收入应按照有关规定缴纳企业所得税。 （4）企业向自然人借款的利息支出在企业所得税税前的扣除。 ①企业向股东或其他与企业有关联关系的自然人借款的利息支出，应根据《企业所得税法》第四十六条及《财政部、国家税务总局关于企业关联方利息支出税前扣除标准有关税收政策问题的通知》规定的条件，计算企业所得税扣除额。

续表

②企业向除①规定以外的内部职工或其他人员借款的利息支出，其借款情况同时符合以下条件的，其利息支出在不超过按照金融企业同期同类贷款利率计算的数额的部分，准予扣除：企业与个人之间的借贷是真实、合法、有效的，并且不具有非法集资目的或其他违反法律、法规的行为；企业与个人之间签订了借款合同。 （5）企业投资者投资未到位发生利息支出的扣除问题。根据《国家税务总局关于企业投资者投资未到位而发生的利息支出企业所得税前扣除问题的批复》，企业投资者在规定期限内未缴足其应缴资本额的，该企业对外借款所发生的利息，相当于投资者实缴资本额与在规定期限内应缴资本额的差额应计付的利息，其不属于企业合理的支出，应由企业投资者负担，不得在计算企业应纳税所得额时扣除。 具体计算不得扣除的利息，应以企业一个年度内每一账面实收资本与借款余额保持不变的期间作为一个计算期，每一计算期内不得扣除的借款利息按该期间借款利息发生额乘以该期间企业未缴足的注册资本占借款总额的比例计算，公式为： 企业每一计算期不得扣除的借款利息 = 该期间借款利息额 × 该期间未缴足注册资本额 ÷ 该期间借款额 企业一个年度内不得扣除的借款利息总额为该年度内每一计算期不得扣除的借款利息额之和。
5. 借款费用
（1）企业在生产经营活动中发生的合理的不需要资本化的借款费用，准予扣除。 （2）企业为购置、建造固定资产、无形资产和经过12个月以上的建造才能达到预定可销售状态的存货发生借款的，在有关资产购置、建造期间发生的合理的借款费用，应予以资本化，作为资本性支出计入有关资产的成本；有关资产交付使用后发生的借款利息，可在发生当期扣除。 （3）企业通过发行债券、取得贷款、吸收保户储金等方式融资而发生的合理的费用支出，符合资本化条件的，应计入相关资产成本；不符合资本化条件的，应作为财务费用，准予在企业所得税前据实扣除。
6. 汇兑损失
企业在货币交易中，以及纳税年度终了时将人民币以外的货币性资产、负债按照期末即期人民币汇率中间价折算为人民币时产生的汇兑损失，除已经计入有关资产成本以及与向所有者进行利润分配相关的部分外，准予扣除。

续表

7. 业务招待费
（1）企业发生的与生产经营活动有关的业务招待费支出，按照发生额的60%扣除，但最高不得超过当年销售（营业）收入的5‰。当年销售（营业）收入包括《企业所得税法实施条例》第二十五条规定的视同销售（营业）收入额。 （2）对从事股权投资业务的企业（包括集团公司总部、创业投资企业等），其从被投资企业所分配的股息、红利以及股权转让收入，可以按规定的比例计算业务招待费扣除限额。 （3）企业在筹建期间，发生的与筹办活动有关的业务招待费支出，可按实际发生额的60%计入企业筹办费，并按有关规定在税前扣除。 **【注】**业务招待费超过限额部分，不得结转以后年度扣除。
8. 广告费和业务宣传费
企业发生的符合条件的广告费和业务宣传费支出，除国务院财政、税务主管部门另有规定外，不超过当年销售（营业）收入15%的部分，准予扣除；超过部分，准予结转以后纳税年度扣除。当年销售（营业）收入包括《企业所得税法实施条例》第二十五条规定的视同销售（营业）收入额。 企业申报扣除的广告费支出应与赞助支出严格区分。企业申报扣除的广告费支出，必须符合下列条件：广告是通过市场监督管理部门批准的专门机构制作的；已实际支付费用，并已取得相应发票；通过一定的媒体传播。 对部分行业广告费和业务宣传费税前扣除的特殊规定： （1）自2016年1月1日起至2020年12月31日，对化妆品制造与销售、医药制造和饮料制造（不含酒类制造，下同）企业发生的广告费和业务宣传费支出，不超过当年销售（营业）收入30%的部分，准予扣除；超过部分，准予在以后纳税年度结转扣除。 （2）对签订广告费和业务宣传费分摊协议（以下简称分摊协议）的关联企业，其中一方发生的不超过当年销售（营业）收入税前扣除限额比例内的广告费和业务宣传费支出可以在本企业扣除，也可以将其中的部分或全部按照分摊协议归集至另一方扣除。另一方在计算本企业广告费和业务宣传费支出企业所得税税前扣除限额时，可将按照上述办法归集至本企业的广告费和业务宣传费不计算在内。 （3）烟草企业的烟草广告费和业务宣传费支出，一律不得在计算应纳税所得额时扣除。 （4）企业在筹建期间发生的广告费和业务宣传费，可按实际发生额计入企业筹办费，并按有关规定在税前扣除。

续表

9. 环境保护专项资金
企业依照法律、行政法规有关规定提取的用于环境保护、生态恢复等方面的专项资金，准予扣除。上述专项资金提取后改变用途的，不得扣除。
10. 租赁费
企业根据生产经营活动的需要租入固定资产支付的租赁费，按照以下方法扣除： （1）以经营租赁方式租入固定资产发生的租赁费支出，按照租赁期限均匀扣除。经营性租赁是指所有权不转移的租赁。 （2）以融资租赁方式租入固定资产发生的租赁费支出，按照规定构成融资租入固定资产价值的部分应当提取折旧费用，分期扣除。融资租赁是指在实质上转移与一项资产所有权有关的全部风险和报酬的一种租赁。
11. 劳动保护费
企业发生的合理的劳动保护支出，准予扣除。 企业根据其工作性质和特点，由企业统一制作并要求员工工作时统一着装所发生的工作服饰费用，根据《企业所得税法实施条例》第二十七条规定，可以作为企业合理的支出给予税前扣除。
12. 公益性捐赠支出
根据《财政部、税务总局、民政部关于公益性捐赠税前扣除有关事项的公告》的规定： 1. 企业或个人通过公益性社会组织、县级以上人民政府及其部门等国家机关，用于符合法律规定的公益慈善事业捐赠支出，准予按税法规定在计算应纳税所得额时扣除。 2. 公益慈善事业，应当符合《公益事业捐赠法》第三条对公益事业范围的规定或者《慈善法》第三条对慈善活动范围的规定。 3. 公益性社会组织，包括依法设立或登记并按规定条件和程序取得公益性捐赠税前扣除资格的慈善组织、其他社会组织和群众团体。公益性群众团体的公益性捐赠税前扣除资格确认及管理按照现行规定执行。依法登记的慈善组织和其他社会组织的公益性捐赠税前扣除资格确认及管理按本公告执行。 4. 在民政部门依法登记的慈善组织和其他社会组织（以下统称社会组织），取得公益性捐赠税前扣除资格应当同时符合以下规定： （1）符合企业所得税法实施条例第五十二条第一项到第八项规定的条件。

续表

（2）每年应当在3月31日前按要求向登记管理机关报送经审计的上年度专项信息报告。报告应当包括财务收支和资产负债总体情况、开展募捐和接受捐赠情况、公益慈善事业支出及管理费用情况［包括本条第（3）项、第（4）项规定的比例情况］等内容。 首次确认公益性捐赠税前扣除资格的，应当报送经审计的前两个年度的专项信息报告。 （3）具有公开募捐资格的社会组织，前两年度每年用于公益慈善事业的支出占上年总收入的比例均不得低于70%。计算该支出比例时，可以用前三年收入平均数代替上年总收入。 不具有公开募捐资格的社会组织，前两年度每年用于公益慈善事业的支出占上年末净资产的比例均不得低于8%。计算该比例时，可以用前三年年末净资产平均数代替上年末净资产。 （4）具有公开募捐资格的社会组织，前两年度每年支出的管理费用占当年总支出的比例均不得高于10%。 不具有公开募捐资格的社会组织，前两年每年支出的管理费用占当年总支出的比例均不得高于12%。 （5）具有非营利组织免税资格，且免税资格在有效期内。 （6）前两年度未受到登记管理机关行政处罚（警告除外）。 （7）前两年度未被登记管理机关列入严重违法失信名单。 （8）社会组织评估等级为3A以上（含3A）且该评估结果在确认公益性捐赠税前扣除资格时仍在有效期内。 公益慈善事业支出、管理费用和总收入的标准和范围，按照《民政部、财政部、国家税务总局关于印发〈关于慈善组织开展慈善活动年度支出和管理费用的规定〉的通知》（民发〔2016〕189号）关于慈善活动支出、管理费用和上年总收入的有关规定执行。 按照《慈善法》新设立或新认定的慈善组织，在其取得非营利组织免税资格的当年，只需要符合本条第（1）项、第（6）项、第（7）项条件即可。 5. 公益性捐赠税前扣除资格的确认按以下规定执行： （1）在民政部登记注册的社会组织，由民政部结合社会组织公益活动情况和日常监督管理、评估等情况，对社会组织的公益性捐赠税前扣除资格进行核实，提出初步意见。根据民政部初步意见，财政部、税务总局和民政部对照本公告相关规定，联合确定具有公益性捐赠税前扣除资格的社会组织名单，并发布公告。 （2）在省级和省级以下民政部门登记注册的社会组织，由省、自治区、直辖市和计划单列市财政、税务、民政部门参照本条第（1）项规定执行。 （3）公益性捐赠税前扣除资格的确认对象包括：

续表

①公益性捐赠税前扣除资格将于当年末到期的公益性社会组织； ②已被取消公益性捐赠税前扣除资格但又重新符合条件的社会组织； ③登记设立后尚未取得公益性捐赠税前扣除资格的社会组织。 （4）每年年底前，省级以上财政、税务、民政部门按权限完成公益性捐赠税前扣除资格的确认和名单发布工作，并按本条第三项规定的不同审核对象，分别列示名单及其公益性捐赠税前扣除资格起始时间。 6. 公益性捐赠税前扣除资格在全国范围内有效，有效期为三年。 本公告第5条第（3）项规定的第①种情形，其公益性捐赠税前扣除资格自发布名单公告的次年1月1日起算。本公告第5条第（3）项规定的第②种和第③种情形，其公益性捐赠税前扣除资格自发布公告的当年1月1日起算。 7. 公益性社会组织存在以下情形之一的，应当取消其公益性捐赠税前扣除资格： （1）未按本公告规定时间和要求向登记管理机关报送专项信息报告的； （2）最近一个年度用于公益慈善事业的支出不符合本公告第4条第（3）项规定的； （3）最近一个年度支出的管理费用不符合本公告第4条第（4）项规定的； （4）非营利组织免税资格到期后超过六个月未重新获取免税资格的； （5）受到登记管理机关行政处罚（警告除外）的； （6）被登记管理机关列入严重违法失信名单的； （7）社会组织评估等级低于3A或者无评估等级的。 8. 公益性社会组织存在以下情形之一的，应当取消其公益性捐赠税前扣除资格，且取消资格的当年及之后三个年度内不得重新确认资格： （1）违反规定接受捐赠的，包括附加对捐赠人构成利益回报的条件、以捐赠为名从事营利性活动、利用慈善捐赠宣传烟草制品或法律禁止宣传的产品和事项、接受不符合公益目的或违背社会公德的捐赠等情形； （2）开展违反组织章程的活动，或者接受的捐赠款项用于组织章程规定用途之外的； （3）在确定捐赠财产的用途和受益人时，指定特定受益人，且该受益人与捐赠人或公益性社会组织管理人员存在明显利益关系的。 9. 公益性社会组织存在以下情形之一的，应当取消其公益性捐赠税前扣除资格且不得重新确认资格： （1）从事非法政治活动的； （2）从事、资助危害国家安全或者社会公共利益活动的。 10. 对应当取消公益性捐赠税前扣除资格的公益性社会组织，由省级以上财政、税务、民政部门核实相关信息后，按权限及时向社会发布取消资格名单公告。自发布公告的次月

续表

起，相关公益性社会组织不再具有公益性捐赠税前扣除资格。 11. 公益性社会组织、县级以上人民政府及其部门等国家机关在接受捐赠时，应当按照行政管理级次分别使用由财政部或省、自治区、直辖市财政部门监（印）制的公益事业捐赠票据，并加盖本单位的印章。 企业或个人将符合条件的公益性捐赠支出进行税前扣除，应当留存相关票据备查。 12. 公益性社会组织登记成立时的注册资金捐赠人，在该公益性社会组织首次取得公益性捐赠税前扣除资格的当年进行所得税汇算清缴时，可按规定对其注册资金捐赠额进行税前扣除。 13. 除另有规定外，公益性社会组织、县级以上人民政府及其部门等国家机关在接受企业或个人捐赠时，按以下原则确认捐赠额： （1）接受的货币性资产捐赠，以实际收到的金额确认捐赠额。 （2）接受的非货币性资产捐赠，以其公允价值确认捐赠额。捐赠方在向公益性社会组织、县级以上人民政府及其部门等国家机关捐赠时，应当提供注明捐赠非货币性资产公允价值的证明；不能提供证明的，接受捐赠方不得向其开具捐赠票据。 14. 为方便纳税主体查询，省级以上财政、税务、民政部门应当及时在官方网站上发布具备公益性捐赠税前扣除资格的公益性社会组织名单公告。企业或个人可通过上述渠道查询社会组织公益性捐赠税前扣除资格及有效期。 15. 本公告自 2020 年 1 月 1 日起执行。尚未完成 2019 年度及以前年度社会组织公益性捐赠税前扣除资格确认工作的，各级财政、税务、民政部门按照原政策规定执行。2020 年度及以后年度的公益性捐赠税前扣除资格的确认及管理按本公告规定执行。 自 2019 年 1 月 1 日至 2022 年 12 月 31 日，企业通过公益性社会组织或者县级（含县级）以上人民政府及其组成部门和直属机构，用于目标脱贫地区的扶贫捐赠支出，准予在计算企业所得税应纳税所得额时据实扣除。在政策执行期限内，目标脱贫地区实现脱贫的，可继续适用上述政策。 自 2020 年 1 月 1 日起（截止日期视疫情情况另行公告），企业通过公益性社会组织或者县级以上人民政府及其部门等国家机关，捐赠用于应对新型冠状病毒感染的肺炎疫情的现金和物品，允许在计算应纳税所得额时全额扣除。企业直接向承担疫情防治任务的医院捐赠用于应对新型冠状病毒感染的肺炎疫情的物品，允许在计算应纳税所得额时全额扣除。捐赠人凭承担疫情防治任务的医院开具的捐赠接收函办理税前扣除事宜。

续表

13. 总机构分摊的费用
非居民企业在中国境内设立的机构、场所，就其中国境外总机构发生的与该机构、场所生产经营有关的费用，能够提供总机构出具的费用汇集范围、定额、分配依据和方法等证明文件，并合理分摊的，准予扣除。
14. 资产损失
企业当期发生的固定资产和流动资产盘亏、毁损净损失，由其提供清查盘存资料经向主管税务机关备案后，准予扣除；企业因存货盘亏、毁损、报废等原因不得从销项税金中抵扣的进项税金，应视同企业财产损失，准予与存货损失一起在所得税前按规定扣除。
15. 依照有关法律、行政法规和国家有关税法规定准予扣除的其他项目
如会员费、合理的会议费、差旅费、违约金、诉讼费用等。
16. 手续费及佣金支出
（1）企业发生与生产经营有关的手续费及佣金支出，不超过以下规定计算限额以内的部分，准予扣除；超过部分，不得扣除： ①保险企业：《财政部、税务总局关于保险企业手续费及佣金支出税前扣除政策的公告》规定，自2019年1月1日起，保险企业发生与其经营活动有关的手续费及佣金支出，不超过当年全部保费收入扣除退保金等后余额的18%（含本数）的部分，在计算应纳税所得额时准予扣除；超过部分，允许结转以后年度扣除。 ②电信企业在发展客户、拓展业务等过程中，需向经纪人、代办商支付手续费及佣金的，其实际发生的相关手续费及佣金支出，不超过企业当年收入总额5%的部分，准予在企业所得税前据实扣除。 《国家税务总局关于企业所得税应纳税所得额若干税务处理问题的公告》第四条所称电信企业手续费及佣金支出，仅限于电信企业在发展客户、拓展业务等过程中因委托销售电话入网卡、电话充值卡等所发生的手续费及佣金支出。 ③其他企业：按与具有合法经营资格中介服务机构或个人（不含交易双方及其雇员、代理人和代表人等）所签订服务协议或合同确认的收入金额的5%计算限额。 （2）企业应与具有合法经营资格的中介服务企业或个人签订代办协议或合同，并按国家有关规定支付手续费及佣金。除委托个人代理外，企业以现金等非转账方式支付的手续费及佣金不得在税前扣除。企业为发行权益性证券支付给有关证券承销机构的手续费及佣金不得在税前扣除。 （3）企业不得将手续费及佣金支出计入回扣、业务提成、返利、进场费等费用。

续表

(4) 企业已计入固定资产、无形资产等相关资产的手续费及佣金支出，应当通过折旧、摊销等方式分期扣除，不得在发生当期直接扣除。 (5) 企业支付的手续费及佣金不得直接冲减服务协议或合同金额，并如实入账。 (6) 企业应当如实向当地主管税务机关提供当年手续费及佣金计算分配表和其他相关资料，并依法取得合法真实凭证。 (7) 从事代理服务、主营业务收入为手续费、佣金的企业（如证券、期货、保险代理等企业），其为取得该类收入而实际发生的营业成本（包括手续费及佣金支出），准予在企业所得税前据实扣除。
17. 航空企业空勤训练费、核电厂操纵员培训费
航空企业实际发生的飞行员养成费、飞行训练费、乘务训练费、空中保卫员训练费等空勤训练费用，根据《企业所得税法实施条例》第二十七条规定，可以作为航空企业运输成本在税前扣除。 核力发电企业为培养核电厂操纵员发生的培养费用，依据《国家税务总局关于企业所得税应纳税所得额若干问题的公告》第四条规定，可作为企业的发电成本在税前扣除。企业应将核电厂操纵员培养费与员工的职工教育经费严格区分，单独核算，员工实际发生的职工教育经费支出不得计入核电厂操纵员培养费直接扣除。
18. 投资企业撤回或减少投资
投资企业从被投资企业撤回或减少投资，其取得的资产中，相当于初始出资的部分，应确认为投资收回；相当于被投资企业累计未分配利润和累计盈余公积按减少实收资本比例计算的部分，应确认为股息所得；其余部分确认为投资资产转让所得。 被投资企业发生的经营亏损，由被投资企业按规定结转弥补；投资企业不得调整减低其投资成本，也不得将其确认为投资损失。
19. 保险公司缴纳的保险保障基金
保险保障基金，是指按照《保险法》和《保险保障基金管理办法》规定缴纳形成的，在规定情形下用于救助保单持有人、保单受让公司或者处置保险业风险的非政府性行业风险救助基金。 (1) 保险公司按下列规定缴纳的保险保障基金，准予据实税前扣除： ①非投资型财产保险业务，不得超过保费收入的0.8%；投资型财产保险业务，有保证收益的，不得超过业务收入的0.08%，无保证收益的，不得超过业务收入的0.05%。

续表

非投资型财产保险业务，是指仅具有保险保障功能而不具有投资理财功能的财产保险业务。 投资型财产保险业务，是指兼具有保险保障与投资理财功能的财产保险业务。 有保证收益，是指保险产品在投资收益方面提供固定收益或最低收益保障。 无保证收益，是指保险产品在投资收益方面不提供收益保证，投保人承担全部投资风险。 ②有保证收益的人寿保险业务，不得超过业务收入的 0.15%；无保证收益的人寿保险业务，不得超过业务收入的 0.05%。 ③短期健康保险业务，不得超过保费收入的 0.8%；长期健康保险业务，不得超过保费收入的 0.15%。 ④非投资型意外伤害保险业务，不得超过保费收入的 0.8%；投资型意外伤害保险业务，有保证收益的，不得超过业务收入的 0.08%，无保证收益的，不得超过业务收入的 0.05%。 上述保费收入，是指投保人按照保险合同约定，向保险公司支付的保险费。上述业务收入，是指投保人按照保险合同约定，为购买相应的保险产品支付给保险公司的全部金额。 （2）保险公司有下列情形之一的，其缴纳的保险保障基金不得在税前扣除： ①财产保险公司的保险保障基金余额达到公司总资产 6% 的。 ②人身保险公司的保险保障基金余额达到公司总资产 1% 的。 （3）保险公司按国务院财政部门的相关规定提取的未到期责任准备金、寿险责任准备金、长期健康险责任准备金、已发生已报案未决赔款准备金和已发生未报案未决赔款准备金，准予在税前扣除。 ①未到期责任准备金、寿险责任准备金、长期健康险责任准备金依据经中国保监会核准任职资格的精算师或出具专项审计报告的中介机构确定的金额提取。 未到期责任准备金，是指保险人为尚未终止的非寿险保险责任提取的准备金。 寿险责任准备金，是指保险人为尚未终止的人寿保险责任提取的准备金。 长期健康险责任准备金，是指保险人为尚未终止的长期健康保险责任提取的准备金。 ②已发生已报案未决赔款准备金，按最高不超过当期已经提出的保险赔款或者给付金额的 100% 提取；已发生未报案未决赔款准备金按不超过当年实际赔款支出额的 8% 提取。 已发生已报案未决赔款准备金，是指保险人为非寿险保险事故已经发生并已向保险人提出索赔、尚未结案的赔案提取的准备金。 已发生未报案未决赔款准备金，是指保险人为非寿险保险事故已经发生、尚未向保险人提出索赔的赔案提取的准备金。

续表

③根据《财政部、国家税务总局关于保险公司准备金支出企业所得税税前扣除有关政策问题的通知》有关规定，保险企业未到期责任准备金、寿险责任准备金、长期健康险责任准备金、已发生已报案未决赔款准备金和已发生未报案未决赔款准备金应按财政部下发的企业会计有关规定计算扣除。 保险企业在计算扣除上述各项准备金时，凡未执行财政部有关会计规定仍执行中国保险监督管理委员会有关监管规定的，应将两者之间的差额调整当期应纳税所得额。 （4）保险公司实际发生的各种保险赔款、给付，应首先冲抵按规定提取的准备金，不足冲抵部分，准予在当年税前扣除。
20. 关于我国居民企业实行股权激励计划有关企业所得税的税务处理
为推进我国资本市场改革，促进企业建立健全激励与约束机制，根据国务院证券管理委员会发布的《上市公司股权激励管理办法》（以下简称《管理办法》）的规定，一些在我国境内上市的居民企业（以下简称上市公司）为其职工建立了股权激励计划。根据《企业所得税法》及其实施条例的有关规定，对上市公司实施股权激励计划有关企业所得税处理规定如下，自 2012 年 7 月 1 日起施行： （1）股权激励是指《管理办法》中规定的上市公司以本公司股票为标的，对其董事、监事、高级管理人员及其他员工（以下简称激励对象）进行的长期性激励。股权激励实行方式包括授予限制性股票、股票期权以及其他法律法规规定的方式。 限制性股票，是指《管理办法》中规定的激励对象按照股权激励计划规定的条件，从上市公司获得的一定数量的本公司股票。 股票期权，是指《管理办法》中规定的上市公司按照股权激励计划授予激励对象在未来一定期限内，以预先确定的价格和条件购买本公司一定数量股票的权利。 （2）上市公司依照《管理办法》要求建立职工股权激励计划，并按我国企业会计准则的有关规定，在股权激励计划授予激励对象时，按照该股票的公允价格及数量，计算确定作为上市公司相关年度的成本或费用，作为换取激励对象提供服务的对价。上述企业建立的职工股权激励计划，其企业所得税的处理，按以下规定执行： ①对股权激励计划实行后立即可以行权的，上市公司可以根据实际行权时该股票的公允价格与激励对象实际行权支付价格的差额和数量，计算确定作为当年上市公司工资薪金支出，依照税法规定进行税前扣除。 ②对股权激励计划实行后，需待一定服务年限或者达到规定业绩条件（以下简称等待期）方可行权的。上市公司等待期内会计上计算确认的相关成本费用，不得在对应年度计算缴纳企业所得税时扣除。在股权激励计划可行权后，上市公司方可根据该股票实际行权

续表

时的公允价格与当年激励对象实际行权支付价格的差额及数量，计算确定作为当年上市公司工资薪金支出，依照税法规定进行税前扣除。 ③股票实际行权时的公允价格，以实际行权日该股票的收盘价格确定。 （3）在我国境外上市的居民企业和非上市公司，凡比照《管理办法》的规定建立职工股权激励计划，且在企业会计处理上，也按我国会计准则的有关规定处理的，其股权激励计划有关企业所得税处理问题，可以按照上述规定执行。 **【例】** 2017 年 1 月某上市公司对本公司 20 名管理人员实施股票期权激励政策，约定如在公司连续服务 2 年，即可以 4 元/股的价格购买本公司股票 1000 股。假设 2019 年 1 月，20 名管理人员全部行权，行权日股票收盘价 20 元/股。根据企业所得税相关规定，行权时该公司所得税前应扣除的费用金额是多少元？ 解析：扣除费用 = （20 - 4） × 1000 × 20 = 320000（元）
21. 企业参与政府统一组织的棚户区改造有关企业所得税政策
（1）企业参与政府统一组织的工矿（含中央下放煤矿）棚户区改造、林区棚户区改造、垦区危房改造并同时符合一定条件的棚户区改造支出，准予在企业所得税前扣除。 （2）同时符合一定条件的棚户区改造支出，是指同时满足以下条件的棚户区改造支出。 ①棚户区位于远离城镇、交通不便，市政公用、教育医疗等社会公共服务缺乏城镇依托的独立矿区、林区或垦区； ②该独立矿区、林区或垦区不具备商业性房地产开发条件； ③棚户区市政排水、给水、供电、供暖、供气、垃圾处理、绿化、消防等市政服务或公共配套设施不齐全； ④棚户区房屋集中连片户数不低于 50 户，其中，实际在该棚户区居住且在本地区无其他住房的职工（含离退休职工）户数占总户数的比例不低于 75%； ⑤棚户区房屋按照《房屋完损等级评定标准》和《危险房屋鉴定标准》评定属于危险房屋、严重损坏房屋的套内面积不低于该片棚户区建筑面积的 25%； ⑥棚户区改造已纳入地方政府保障性安居工程建设规划和年度计划，并由地方政府牵头按照保障性住房标准组织实施；异地建设的，原棚户区土地由地方政府统一规划使用或者按规定实行土地复垦、生态恢复。 （3）在企业所得税年度纳税申报时，企业应向主管税务机关提供其棚户区改造支出同时符合上述第（2）条规定条件的书面说明材料。

续表

22. 关于以前年度发生应扣未扣支出的税务处理
根据《税收征收管理法》的有关规定，对企业发现以前年度实际发生的、按照税收规定应在企业所得税前扣除而未扣除或者少扣除的支出，企业作出专项申报及说明后，准予追补至该项目发生年度计算扣除，但追补确认期限不得超过5年。 企业由于上述原因多缴的企业所得税税款，可以在追补确认年度企业所得税应纳税款中抵扣，不足抵扣的，可以向以后年度递延抵扣或申请退税。 亏损企业追补确认以前年度未在企业所得税前扣除的支出，或盈利企业经过追补确认后出现亏损的，应首先调整该项支出所属年度的亏损额，然后再按照弥补亏损的原则计算以后年度多缴的企业所得税款，并按前款规定处理。
23. 关于税前扣除规定与企业实际会计处理之间的税务处理
根据《企业所得税法》第二十一条规定，对企业依据财务会计制度规定，并实际在财务会计处理上已确认的支出，凡没有超过《企业所得税法》和有关税收法规规定的税前扣除范围和标准的可按企业实际会计处理确认的支出，在企业所得税前扣除，计算其应纳税所得额。
24. 企业税务检查调增的应纳税所得额弥补以前年度亏损
根据《国家税务总局关于查增应纳税所得额弥补以前年度亏损处理问题的公告》第一条的规定，税务机关对企业以前年度纳税情况进行检查时调增的应纳税所得额，凡企业以前年度发生亏损、且该亏损属于企业所得税法规定允许弥补的，应允许调增的应纳税所得额弥补该亏损。弥补该亏损后仍有余额的，按照《企业所得税法》规定计算缴纳企业所得税。

43. 金融企业涉农贷款和中小企业贷款损失准备金税前扣除有何政策规定？

就金融企业涉农贷款和中小企业贷款损失准备金的企业所得税税前扣除政策，《财政部、税务总局关于金融企业涉农贷款和中小企业贷款损失准备金税前扣除有关政策的公告》（简称《公告》）的规定如下：

一、金融企业根据《贷款风险分类指引》，对其涉农贷款和中小企业贷款进行风险分类后，按照以下比例计提的贷款损失准备金，准予在计算应纳税所得额时扣除：

（一）关注类贷款，计提比例为2%；

（二）次级类贷款，计提比例为25%；

（三）可疑类贷款，计提比例为50%；

（四）损失类贷款，计提比例为100%。

二、《公告》所称涉农贷款，是指《涉农贷款专项统计制度》统计的以下贷款：

（一）农户贷款；

（二）农村企业及各类组织贷款。

本条所称农户贷款，是指金融企业发放给农户的所有贷款。农户贷款的判定应以贷款发放时的承贷主体是否属于农户为准。农户，是指长期（一年以上）居住在乡镇（不包括城关镇）行政管理区域内的住户，还包括长期居住在城关镇所辖行政村范围内的住户和户口不在本地而在本地居住一年以上的住户，国有农场的职工和农村个体工商户。位于乡镇（不包括城关镇）行政管理区域内和在城关镇所辖行政村范围内的国有经济的机关、团体、学校、企事业单位的集体户；有本地户口，但举家外出谋生一年以上的住户，无论是否保留承包耕地均不属于农户。农户以户为统计单位，既可以从事农业生产经营，也可以从事非农业生产经营。

本条所称农村企业及各类组织贷款，是指金融企业发放给注册地位于农村区域的企业及各类组织的所有贷款。农村区域，是指除地级及以上城市的城市行政区及其市辖建制镇之外的区域。

三、《公告》所称中小企业贷款，是指金融企业对年销售额和资产总额均不超过2亿元的企业的贷款。

四、金融企业发生的符合条件的涉农贷款和中小企业贷款损失，应先冲减已在税前扣除的贷款损失准备金，不足冲减部分可据实在计算应纳税所得额时扣除。

五、上述规定自2019年1月1日起执行至2023年12月31日。

44. 金融企业贷款损失准备金企业所得税税前扣除有何政策规定？

就政策性银行、商业银行、财务公司、城乡信用社和金融租赁公司等金融企业提取的贷款损失准备金的企业所得税税前扣除政策，《财政部、税务总局关于金融企业贷款损失准备金企业所得税税前扣除有关政策的公告》的规定如下：

一、准予税前提取贷款损失准备金的贷款资产范围包括：

（一）贷款（含抵押、质押、保证、信用等贷款）；

（二）银行卡透支、贴现、信用垫款（含银行承兑汇票垫款、信用证垫款、担保垫款等）、进出口押汇、同业拆出、应收融资租赁款等具有贷款特征的风险资产；

（三）由金融企业转贷并承担对外还款责任的国外贷款，包括国际金融组织贷款、外国买方信贷、外国政府贷款、日本国际协力银行不附条件贷款和外国政府混合贷款等资产。

二、金融企业准予当年税前扣除的贷款损失准备金计算公式如下：

准予当年税前扣除的贷款损失准备金＝本年末准予提取贷款损失准备金的贷款资产余额×1%－截至上年末已在税前扣除的贷款损失准备金的余额

金融企业按上述公式计算的数额如为负数，应当相应调增当年应纳税所得额。

三、金融企业的委托贷款、代理贷款、国债投资、应收股利、上交央行准备金以及金融企业剥离的债权和股权、应收财政贴息、央行款项等不承担风险和损失的资产，以及除本公告第一条列举资产之外的其他风险资产，不得提取贷款损失准备金在税前扣除。

四、金融企业发生的符合条件的贷款损失，应先冲减已在税前扣除的贷款损失准备金，不足冲减部分可据实在计算当年应纳税所得额时扣除。

五、金融企业涉农贷款和中小企业贷款损失准备金的税前扣除政策，凡按照《财政部、税务总局关于金融企业涉农贷款和中小企业贷款损失准备金税前扣除有关政策的公告》的规定执行的，不再适用本《公告》第一条至第四条的规定。

六、上述规定自2019年1月1日起执行至2023年12月31日。

45. 不得税前扣除的企业支出有哪些？

在计算应纳税所得额时，下列支出不得扣除：

（1）向投资者支付的股息、红利等权益性投资收益款项。

（2）企业所得税税款。

（3）税收滞纳金，指纳税人违反税收法规，被税务机关处以的滞纳金。

（4）罚金、罚款和被没收财物的损失，指纳税人违反国家有关法律、法规规定，被有关部门处以的罚款，以及被司法机关处以的罚金和被没收财物。

（5）超过规定标准的捐赠支出。

（6）赞助支出，指企业发生的与生产经营活动无关的各种非广告性质支出。

（7）未经核定的准备金支出，指不符合国务院财政、税务主管部门规定的各项资产减值准备、风险准备等准备金支出。

根据《企业所得税法实施条例》第五十五条，除财政部和国家税务总局核准计提的准备金可以税前扣除外，其他行业、企业计提的各项资产减值准备、风险准备等均不得税前扣除。

（8）企业之间支付的管理费、企业内营业机构之间支付的租金和特许权使用费，以及非银行企业内营业机构之间支付的利息，不得扣除。

（9）与取得收入无关的其他支出。

46. 企业亏损弥补是如何规定的？

（1）亏损是指企业将每一纳税年度的收入总额减除不征税收入、免税收入和各项扣除后小于零的数额。根据《企业所得税法》第十八条规定，企业纳税年度发生的亏损，可以用下一年度的所得弥补，下一年度的所得不足以弥补的，可以逐年延续弥补，但最长不得超过 5 年。

企业在汇总计算缴纳企业所得税时，其境外营业机构的亏损不得抵减境内营业机构的盈利。

①根据《财政部、税务总局关于支持新型冠状病毒感染的肺炎疫情防控有关税收政策的公告》的规定，受疫情影响较大的困难行业企业 2020 年度发生的亏损，最长结转年限由 5 年延长至 8 年。困难行业企业，包括交通运输、餐饮、住宿、旅游（指旅行社及相关服务、游览景区管理两类）四大类，具体判断标准按照现行《国民经济行业分类》执行。困难行业企业 2020 年度主营业务收入占当年收入总额扣除不征税收入和投资收益后余额的比例，应在 50% 以上。

纳税人应自行判断是否属于困难行业企业，且主营业务收入占比符合要求。

2020 年度发生亏损享受亏损结转年限由 5 年延长至 8 年政策的，应在 2020 年度企业所得税汇算清缴时，通过电子税务局提交《适用延长亏损结转年限政策声明》（以下简称《声明》）。纳税人应在《声明》填入纳税人名称、纳税人识别号（统一社会信用代码）、所属的具体行业三项信息，并对其符合政策规定、主营业务收入占比符合要求、勾选的所属困难行业等信息的真实性、准确性、完整性负责。

②根据《财政部、税务总局关于电影等行业税费支持政策的公告》的规定，自 2020 年 1 月 1 日至 2020 年 12 月 31 日，对纳税人提供电影放映服务取得的收入免征增值税。电影放映服务，是指持有《电影放映经营许可证》的单位利用专业的电影院放映设备，为观众提供的电影视听服务。

（2）根据《国家税务总局关于发布〈企业资产损失所得税税前扣除管理办法〉的公告》第六条规定："企业以前年度发生的资产损失未能在当年税前扣除的，可以按照办法旳规定，向税务机关说明并进行专项申报扣除。其中，属于实际资产损失，准予追补至该项损失发生年度扣除，其追补确认期限一般不得超过五年，但因计划经济体制转轨过程中遗留的资产损失、企业重组上市过程中因权属不清出现争议而未能及时扣除的资产损失、因承担国家政策性任务而形成的资产损失以及政策定性不明确而形成资产损失等特殊原因形成的资产损失，其追补确认期限经国家税务总局批准后可适当延长。属于法定资产损失，应在申报年度扣除。企业因以前年度实际资产损失未在税前扣除而多缴的企业所得税税款，可在追补确认年度企业所得税应纳税款中予以抵扣，不足抵扣的，向以后年度递延抵扣。企业实际资产损失发生年度扣除追补确认的损失后出现亏损的，先调整资产损失发生年度的亏损额，再按弥补亏损的原则计算以后年度多缴的企业所得税税款，并按前款办法进行税务处理。"

（3）企业筹办期间不计算为亏损年度。企业开始生产经营的年度，为开始计算企业损益的年度。企业从事生产经营之前进行筹办活动期间发生筹办费用支出，不得计算为当期的亏损，企业可以在开始经营之日的当年一次性扣除，也可以按照税法有关长期待摊费用的规定处理，但一经选定，不得改变。

（4）税务机关对企业以前年度纳税情况进行检查时调增的应纳税所得额，凡企业以前年度发生亏损，且该亏损属于《企业所得税法》规定允许弥补的，应允许调增的应纳税所得额弥补该亏损。弥补该亏损后仍有余额的，按照《企业所得税法》规定计算缴纳企业所得税。对检查调增的应纳税所得额应根据其情节，依照《税收征收管理法》有关规定进行处理或处罚。

第二节　居民企业应纳税额的计算方法

47. 现行企业所得税申报表采用何种应纳税所得额计算方法？

现行企业所得税年度纳税申报表采取的是间接计算法，用公式表示：

应纳税所得额 = 会计利润 ± 纳税调整项目金额

【例】某设备制造厂，一般纳税人，注册资金 8000 万元，在册职工 500 人，2019 年会计账册反映数据如下表：

会计科目明细		金额
产品销售收入		5100 万元
产品销售成本		3500 万元
期间费用	销售费用	860 万元（其中：广告费 785 万元）
	管理费用	570 万元（其中：业务招待费 30 万元，新技术开发费 50 万元）
	财务费用	70 万元
销售税金		220 万元（其中：增值税 180 万元）
营业外收入		95 万元
营业外支出		60 万元（其中，通过市扶贫办向扶贫地区捐款 30 万元，教育公益性捐赠 16 万元，支付行政罚款 8 万元）
已计入成本、费用	工资总额	300 万元
	工会经费	10 万元
	职工福利费	50 万元
	职工教育经费	12 万元

根据上表数据，计算该设备制造厂 2019 年度应申报缴纳的企业所得税额。

解析；

（1）会计利润总额 = 5100 + 95 - 3500 - 860 - 570 - 70 - 40 - 60 = 95（万元）

（2）纳税调整项目应调增金额：

①广告费调增所得额 = 785 - 5100 × 15% = 785 - 765 = 20（万元）

②业务招待费调增所得额 = 30 - 30 × 60% = 30 - 18 = 12（万元）

按销售收入的 5‰计算限额 = 5100 × 5‰ = 25.5（万元）> 30 × 60% = 18（万元）

③捐赠支出调增所得额 = 16 - 95 × 12% = 16 - 11.4 = 4.6（万元）

根据现行税法规定，向扶贫地区捐赠的 30 万元，可全额税前扣除。

④工会经费调增所得额 = 10 - 300 × 2% = 10 - 6 = 4（万元）

⑤职工福利费调增所得额 = 50 - 300 × 14% = 50 - 42 = 8（万元）

⑥职工教育经费限额 = 300 × 8% = 24（万元），实际发生额 12 万元，无需纳税调整。

⑦支付行政罚款 8 万元应调增所得额。

（3）纳税调整项目应调减金额：

新技术开发费用 = 50 × 75% = 37.5（万元）

（4）应纳税所得额 = 95 + 20 + 12 + 4.6 + 4 + 8 + 8 - 37.5 = 114.1（万元）

（5）该设备制造厂 2019 年度应纳企业所得税 = 114.10 × 25% = 28.53（万元）

48. 居民企业所得税应纳税所得额有几种计算方法?

居民企业所得税应纳所得税额基本计算公式为：

应纳税额 = 应纳税所得额 × 适用税率 - 减免税额 - 抵免税额

应纳税所得额计算方法有两种：

（1）直接计算法。企业每一纳税年度的收入总额减去不征税收入、免税收入、各项准许扣除及以前年底亏损后的余额为应纳税所得额。即：

应纳税所得额 = 收入总额 - 不征税收入 - 免税收入 - 各项准许扣除金额 - 弥补亏损

（2）间接计算法。企业会计利润的基础上加或减按税法规定调整的项目余额后，为应纳税所得额。计算公式为：

应纳税所得额 = 会计利润总额 ± 纳税调整项目金额

①会计利润是根据会计准则计算的结果。计算的基本方法是，按照实现原则确认企业在一定会计期内的收入，按照配比原则确定在同一期间内的费用成本，将收入与相关的费用成本相减，即为企业在这一会计期间的利润。用公式简单表述为：

会计利润总额 = 会计期内总收入 - 相关的总费用成本

②纳税调整项目的内容：一是企业财务会计制度规定的项目范围与税收法律法规规定的项目范围不一致应予调整的金额；二是企业财务会计制度规定扣除标准与税收法律法规规定的扣除标准不一致的差异应予调整的金额。

【例】2019 年某居民企业取得主营业务收入 4000 万元，发生主营业务成本 2600 万元，发生销售费用 770 万元（其中广告费 650 万元），管理费用 480 万元，财务费用 60 万元，营业税金 160 万元（含增值税 120 万元），用上述两种方法计算该企业的应纳税所得额。

解析：

1. 直接法：

广告费和业务宣传费 = 4000 × 15% = 600（万元）

应纳税所得额 = 4000 - 2600 - [（770 - 650）+ 600] - 480 - 60 -（160 - 120）= 100（万元）

2. 间接法：

会计利润 = 4000 - 2600 - 770 - 480 - 60 -（160 - 120）= 50（万元）

广告费和业务宣传费调增应纳税所得额 =

650 - 4000 × 15% = 650 - 600 = 50（万元）

应纳税所得额 = 50 + 50 = 100（万元）

第三节　居民企业核定征收应纳税额的计算

49. 企业在什么情形下，税务机关可以核定征收企业所得税？

（1）根据《国家税务总局关于印发〈企业所得税核定征收办法〉（试行）的通知》第三条的规定，纳税人具有下列情形之一的，核定征收企业所得税：

①依照法律、行政法规的规定可以不设置账簿的；

②依照法律、行政法规的规定应当设置但未设置账簿的；

③擅自销毁账簿或者拒不提供纳税资料的；

④虽设置账簿，但账目混乱或者成本资料、收入凭证、费用凭证残缺不全，难以查账的；

⑤发生纳税义务，未按照规定的期限办理纳税申报，经税务机关责令限期申报，逾期仍不申报的；

⑥申报的计税依据明显偏低，又无正当理由的。

特殊行业、特殊类型的纳税人和一定规模以上的纳税人不适用上述规定。特定类型的纳税人包括以下类型的企业：

①享受《企业所得税法》及其实施条例和国务院规定的一项或几项企业所得税优惠政策的企业（不包括仅享受《企业所得税法》第二十六条规定免税收入优惠政策的企业、第二十八条规定的符合条件的小型微利企业）；

②汇总纳税企业；

③上市公司；

④银行、信用社、小额贷款公司、保险公司、证券公司、期货公司、信托投资公司、金融资产管理公司、融资租赁公司、担保公司、财务公司、典当公司等金融企业；

⑤会计、审计、资产评估、税务、房地产估价、土地估价、工程造价、律师、价格鉴证、公证机构、基层法律服务机构、专利代理、商标代理以及其他经济鉴

证类社会中介机构；

⑥国家税务总局规定的其他企业。

（2）根据《国家税务总局关于企业所得税核定征收有关问题的公告》规定，自 2012 年 1 月 1 日起：

①专门从事股权（股票）投资业务的企业，不得核定征收企业所得税。

②依法按核定应税所得率方式核定征收企业所得税的企业，取得的转让股权（股票）收入等转让财产收入，应全额计入应税收入额，按照主营项目（业务）确定适用的应税所得率计算征税；若主营项目（业务）发生变化，应在当年汇算清缴时，按照变化后的主营项目（业务）重新确定适用的应税所得率计算征税。

50. 如何核定征收企业所得税？

（1）税务机关应根据纳税人具体情况，对核定征收企业所得税的纳税人，核定应税所得率或者核定应纳所得税额。

具有下列情形之一的，核定其应税所得率：

①能正确核算（查实）收入总额，但不能正确核算（查实）成本费用总额的；

②能正确核算（查实）成本费用总额，但不能正确核算（查实）收入总额的；

③通过合理方法，能计算和推定纳税人收入总额或成本费用总额的。

纳税人不属于以上情形的，核定其应纳所得税额。

（2）税务机关采用下列方法核定征收企业所得税：

①参照当地同类行业或者类似行业中经营规模和收入水平相近的纳税人的税负水平核定；

②按照应税收入额或成本费用支出额定率核定；

③按照耗用的原材料、燃料、动力等推算或测算核定；

④按照其他合理方法核定。

采用前款所列一种方法不足以正确核定应纳税所得额或应纳税额的，可以同时采用两种以上的方法核定。采用两种以上方法测算的应纳税额不一致时，可按测算的应纳税额从高核定。

（3）采用应税所得率方式核定征收企业所得税的，应纳所得税额计算公式如下：

应纳所得税额 = 应纳税所得额 × 适用税率

应纳税所得额 = 应税收入额 × 应税所得率

或：应纳税所得额 = 成本（费用）支出额/（1 - 应税所得率）×应税所得率

应税收入额 = 收入总额 - 不征税收入 - 免税收入

上式中，收入总额为企业以货币形式和非货币形式从各种来源取得的收入。

（4）实行应税所得率方式核定征收企业所得税的纳税人，经营多业的，无论其经营项目是否单独核算，均由税务机关根据其主营项目确定适用的应税所得率。

主营项目应为纳税人所有经营项目中，收入总额或者成本（费用）支出额或者耗用原材料、燃料、动力数量所占比重最大的项目。

（5）应税所得率按下表规定的幅度标准确定：

行　业	应税所得率（%）
农、林、牧、渔业	3 - 10
制造业	5 - 15
批发和零售贸易业	4 - 15
交通运输业	7 - 15
建筑业	8 - 20
饮食业	8 - 25
娱乐业	15 - 30
其他行业	10 - 30

（6）纳税人的生产经营范围、主营业务发生重大变化，或者应纳税所得额或应纳税额增减变化达到20%的，应及时向税务机关申报调整已确定的应纳税额或应税所得率。

【例】某饮料生产企业，雇佣职工12人，资产总额180万元，税务机关对其

2019 年经营业务进行检查时发现饮料销售收入为 300 万元、转让国债收入 15 万元、国债利息收入 1.6 万元，但无法查实成本费用，税务机关采用核定办法对其征收所得税，应税所得率为 15%。2019 年该饮料生产企业应缴纳企业所得税额如何计算？

解析：根据现行税法规定，成本费用无法核实，可按照应税收入额核定计算所得税。国债利息收入免征企业所得税。应纳所得税额 = （300 + 15） × 15% × 25% = 11.81（万元）

（7）跨境电子商务综合试验区零售出口企业所得税核定征收有关问题。

跨境电子商务综合试验区（以下简称“综试区”）零售出口企业所得税核定征收的有关规定
一、综试区内的跨境电商企业，同时符合下列条件的，试行核定征收企业所得税办法： （一）在综试区注册，并在注册地跨境电子商务线上综合服务平台登记出口货物日期、名称、计量单位、数量、单价、金额的； （二）出口货物通过综试区所在地海关办理电子商务出口申报手续的； （三）出口货物未取得有效进货凭证，其增值税、消费税享受免税政策的。
二、综试区内核定征收的跨境电商企业应准确核算收入总额，并采用应税所得率方式核定征收企业所得税。应税所得率统一按照 4% 确定。
三、税务机关应按照有关规定，及时完成综试区跨境电商企业核定征收企业所得税的鉴定工作。
四、综试区内实行核定征收的跨境电商企业符合小型微利企业优惠政策条件的，可享受小型微利企业所得税优惠政策；其取得的收入属于《企业所得税法》第二十六条规定的免税收入的，可享受免税收入优惠政策。
五、综试区，是指经国务院批准的跨境电子商务综合试验区；本规定所称跨境电商企业，是指自建跨境电子商务销售平台或利用第三方跨境电子商务平台开展电子商务出口的企业。
六、上述规定自 2020 年 1 月 1 日起施行。政策依据：《国家税务总局公告关于跨境电子商务综合试验区零售出口企业所得税核定征收有关问题的公告》。

51. 企业所得税核定征收的程序如何规定？实行核定应纳所得税额方式下，企业如何进行纳税申报？

（1）主管税务机关应及时向纳税人送达《企业所得税核定征收鉴定表》，及时完成对其核定征收企业所得税的鉴定工作。具体程序如下：

①纳税人应在收到《企业所得税核定征收鉴定表》后10个工作日内，填好该表并报送主管税务机关。《企业所得税核定征收鉴定表》一式三联，主管税务机关和县税务机关各执一联，另一联送达纳税人执行。主管税务机关还可根据实际工作需要，适当增加联次备用。

②主管税务机关应在受理《企业所得税核定征收鉴定表》后20个工作日内，分类逐户审查核实，提出鉴定意见，并报县税务机关复核、认定。

③县税务机关应在收到《企业所得税核定征收鉴定表》后30个工作日内，完成复核、认定工作。

纳税人收到《企业所得税核定征收鉴定表》后，未在规定期限内填列、报送的，税务机关视同纳税人已经报送，按上述程序进行复核认定。

④税务机关应在每年6月底前对上年度实行核定征收企业所得税的纳税人进行重新鉴定。重新鉴定工作完成前，纳税人可暂按上年度的核定征收方式预缴企业所得税；重新鉴定工作完成后，按重新鉴定的结果进行调整。

⑤主管税务机关应当分类逐户公示核定的应纳所得税额或应税所得率。主管税务机关应当按照便于纳税人及社会各界了解、监督的原则确定公示地点、方式。

纳税人对税务机关确定的企业所得税征收方式、核定的应纳所得税额或应税所得率有异议的，应当提供合法、有效的相关证据，税务机关经核实认定后调整有异议的事项。

（2）纳税人实行核定应税所得率方式的，按下列规定申报纳税：

①主管税务机关根据纳税人应纳税额的大小确定纳税人按月或者按季预缴，年终汇算清缴。预缴方法一经确定，一个纳税年度内不得改变。

②纳税人应依照确定的应税所得率计算纳税期间实际应缴纳的税额，进行预

缴。按实际数额预缴有困难的，经主管税务机关同意，可按上一年度应纳税额的1/12或1/4预缴，或者按经主管税务机关认可的其他方法预缴。

③纳税人预缴税款或年终进行汇算清缴时，应按规定填写《中华人民共和国企业所得税月（季）度预缴纳税申报表（B类）》，在规定的纳税申报时限内报送主管税务机关。

（3）纳税人实行核定应纳所得税额方式的，按下列规定申报纳税：

①纳税人在应纳所得税额尚未确定之前，可暂按上年度应纳所得税额的1/12或1/4预缴，或者按经主管税务机关认可的其他方法，按月或按季分期预缴。

②在应纳所得税额确定以后，减除当年已预缴的所得税额，余额按剩余月份或季度均分，以此确定以后各月或各季的应纳税额，由纳税人按月或按季填写《中华人民共和国企业所得税月（季）度预缴纳税申报表（B类）》，在规定的纳税申报期限内进行纳税申报。

③纳税人年度终了后，在规定的时限内按照实际经营额或实际应纳税额向税务机关申报纳税。申报额超过核定经营额或应纳税额的，按申报额缴纳税款；申报额低于核定经营额或应纳税额的，按核定经营额或应纳税额缴纳税款。

（4）对违反上述规定的行为，按照《税收征收管理法》及其实施细则的有关规定处理。

第四节　非居民企业应纳所得税的计算与核定征收

52. 如何计算非居民企业应纳税所得额与应纳税额？

其一，应纳税所得额的计算：

（一）一般规定
根据《企业所得税法》第十九条规定，非居民企业取得本法第三条第三款规定的所得，按照下列方法计算其应纳税所得额： 1. 股息、红利等权益性投资收益和利息、租金、特许权使用费所得，以收入全额为应

续表

纳税所得额； 2. 转让财产所得，以收入全额减除财产净值后的余额为应纳税所得额（详阅本书第四章“非居民企业源泉扣除”相关内容）； 3. 其他所得，参照前两项规定的方法计算应纳税所得额。 根据《企业所得税法实施条例》第一百零三条有关规定，《企业所得税法》第十九条所称收入全额，是指非居民企业向支付人收取的全部价款和价外费用。 根据《财政部、国家税务总局关于非居民企业征收企业所得税有关问题的通知》有关规定，在对非居民企业取得《企业所得税法》第三条第三款规定的所得计算征收企业所得税时，不得扣除上述条款规定以外的其他税费支出。 根据《国家税务总局关于营业税改征增值税试点中非居民企业缴纳企业所得税有关问题的公告》有关规定，营业税改征增值税试点中的非居民企业，取得《企业所得税法》第三条第三款规定的所得，在计算缴纳企业所得税时，应以不含增值税的收入全额计算应纳税所得额。
（二）包税情形
根据《国家税务总局关于非居民企业所得税源泉扣缴有关问题的公告》第六条有关规定，扣缴义务人与非居民企业签订与《企业所得税法》第三条第三款规定的所得有关的业务合同时，凡合同中约定由扣缴义务人实际承担应纳税款的，应将非居民企业取得的不含税所得换算为含税所得计算并解缴应扣税款。
（三）外币折算
根据《国家税务总局关于非居民企业所得税源泉扣缴有关问题的公告》第四条有关规定，扣缴义务人支付或者到期应支付的款项以人民币以外的货币支付或计价的，分别按以下情形进行外币折算： 1. 扣缴义务人扣缴企业所得税的，应当按照扣缴义务发生之日人民币汇率中间价折合成人民币，计算非居民企业应纳税所得额。扣缴义务发生之日为相关款项实际支付或者到期应支付之日。 2. 取得收入的非居民企业在主管税务机关责令限期缴纳税款前自行申报缴纳应源泉扣缴税款的，应当按照填开税收缴款书之日前一日人民币汇率中间价折合成人民币，计算非居民企业应纳税所得额。 3. 主管税务机关责令取得收入的非居民企业限期缴纳应源泉扣缴税款的，应当按照主管税务机关作出限期缴税决定之日前一日人民币汇率中间价折合成人民币，计算非居民企业应纳税所得额。

其二，应纳税额的计算：

根据《企业所得税法》第二十二条和我国对外签署的避免双重征税协定（含内地与香港、澳门特别行政区签署的税收安排，以下统称税收协定）有关规定，源泉扣缴非居民企业所得税应纳税额计算公式为：

应纳税额 = 应纳税所得额 × 适用税率

适用税率主要有两类：

（1）法定税率。根据《企业所得税法》第四条、第二十七条和《企业所得税法实施条例》第九十一条有关规定，非居民企业取得《企业所得税法》第三条第三款规定的所得适用税率为20%，减按10%的税率征收企业所得税。

（2）按税收协定规定的其他限制税率。我国与部分国家（地区）签订的税收协定（安排）规定，对符合条件的非居民企业，取得《企业所得税法》第三条第三款规定的部分所得，实行限制税率。

（3）税收协定优惠。根据《企业所得税法》第五十八条、《税收征收管理法》第九十一条有关规定，如果我国政府同外国政府订立的有关税收的协定与国内法有不同规定的，依照协定的规定办理。如果税收协定比国内法规定了更为优惠的税收待遇，纳税人可以按要求享受税收协定待遇。

【例】2019年6月，某化工厂向一非居民企业支付利息30万元、特许权使用费20万元、购置一套旧设备价款160万元（该设备的净值为90万元），该工厂应扣缴的企业所得税是多少？

解析：该公司应扣缴企业所得税 = （30 + 20 + 160 − 90） × 10% = 12（万元）。

53. 非居民企业所得税核定征收办法如何规定？

非居民企业因会计账簿不健全，资料残缺难以查账，或者其他原因不能准确计算并据实申报其应纳税所得额的，税务机关有权采取以下方法核定其应纳税所得额：

（1）按收入总额核定应纳税所得额：适用于能够正确核算收入或通过合理方法推定收入总额，但不能正确核算成本费用的非居民企业。计算公式如下：

应纳税所得额 = 收入总额 × 经税务机关核定的利润率

（2）按成本费用核定应纳税所得额：适用于能够正确核算成本费用，但不能正确核算收入总额的非居民企业。计算公式如下：

应纳税所得额 = 成本费用总额 ÷（1 − 经税务机关核定的利润率）× 经税务机关核定的利润率

（3）按经费支出换算收入核定应纳税所得额：适用于能够正确核算经费支出总额，但不能正确核算收入总额和成本费用的非居民企业。计算公式如下：

应纳所得税额 = 经费支出总额 ÷（1 − 经税务机关核定的利润率 − 相关税率）× 经税务机关核定的利润率

（4）税务机关可按照以下标准确定非居民企业的利润率：

①从事承包工程作业、设计和咨询劳务的，利润率为15% ~30%；

②从事管理服务的，利润率为30% ~50%；

③从事其他劳务或劳务以外经营活动的，利润率不低于15%。

税务机关有根据认为非居民企业的实际利润率明显高于上述标准的，可以按照比上述标准更高的利润率核定其应纳税所得额。

（5）非居民企业与中国居民企业签订机器设备或货物销售合同，同时提供设备安装、装配、技术培训、指导、监督服务等劳务，其销售货物合同中未列明提供上述劳务服务收费金额，或者计价不合理的，主管税务机关可以根据实际情况，参照相同或相近业务的计价标准核定劳务收入。无参照标准的，以不低于销售货物合同总价款的10%为原则，确定非居民企业的劳务收入。

（6）非居民企业为中国境内客户提供劳务取得的收入，凡其提供的服务全部发生在中国境内的，应全额在中国境内申报缴纳企业所得税。凡其提供的服务同时发生在中国境内、外的，应以劳务发生地为原则划分其境内、外收入，并就其在中国境内取得的劳务收入申报缴纳企业所得税。税务机关对其境内、外收入划分的合理性和真实性有疑义的，可以要求非居民企业提供真实有效的证明，并根据工作量、工作时间、成本费用等因素合理划分其境内、外收入；如非居民企业不能提供真实有效的证明，税务机关可视同其提供的服务全部发生在中国境内，确定其劳务收入并据以征收企业所得税。

（7）采取核定征收方式征收企业所得税的非居民企业，在中国境内从事适用不同核定利润率的经营活动，并取得应税所得的，应分别核算并适用相应的利润率计算缴纳企业所得税；凡不能分别核算的，应从高适用利润率，计算缴纳企业所得税。

（8）拟采取核定征收方式的非居民企业应填写《非居民企业所得税征收方式鉴定表》，报送主管税务机关。主管税务机关应对企业报送的鉴定表的适用行业及所适用的利润率进行审核，并签注意见。

对经审核不符合核定征收条件的非居民企业，主管税务机关应自收到企业提交的鉴定表后15个工作日内向其下达《税务事项通知书》，将鉴定结果告知企业。非居民企业未在上述期限内收到《税务事项通知书》的，其征收方式视同已被认可。

（9）税务机关发现非居民企业采用核定征收方式计算申报的应纳税所得额不真实，或者明显与其承担的功能风险不相匹配的，有权予以调整。

【例】 在中国境内设立机构场所的某非居民企业，因会计账簿不健全，不能正确核算收入总额和成本费用，但能正确核算经费支出为88万元，税务机关决定按照核定的方法征收企业所得税，税务机关核定的利润率为20%，则该非居民企业的应纳税所得额为多少？

解析：应纳税所得额＝88÷（1－20%）×20%＝22（万元）

第五节　外国企业常驻代表机构税收管理

54. 外国企业常驻代表机构企业所得税如何征缴？

自2010年1月1日起，代表机构应当就其归属所得依法申报缴纳企业所得税。外国企业常驻代表机构，是指按照国务院有关规定，在工商行政管理部门登记或经有关部门批准，设立在中国境内的外国企业及其他组织（包括港、澳、台企业）的常驻代表机构（以下简称代表机构）。

（1）代表机构应当自领取工商登记证件（或有关部门批准）之日起30日内，持以下资料，向其所在地主管税务机关申报办理税务登记：

①工商营业执照副本或主管部门批准文件的原件及复印件；

②组织机构代码证书副本原件及复印件；

③注册地址及经营地址证明（产权证、租赁协议）原件及其复印件；如为自有房产，应提供产权证或买卖契约等合法的产权证明原件及其复印件；如为租赁的场所，应提供租赁协议原件及其复印件，出租人为自然人的还应提供产权证明的原件及复印件；

④首席代表（负责人）护照或其他合法身份证件的原件及复印件；

⑤外国企业设立代表机构的相关决议文件及在中国境内设立的其他代表机构名单（包括名称、地址、联系方式、首席代表姓名等）；

⑥税务机关要求提供的其他资料。

（2）代表机构税务登记内容发生变化或者驻期届满、提前终止业务活动的，应当按照《税收征收管理法》及相关规定，向主管税务机关申报办理变更登记或者注销登记；代表机构应当在办理注销登记前，就其清算所得向主管税务机关申报并依法缴纳企业所得税。

（3）代表机构应当按照有关法律、行政法规和国务院财政、税务主管部门的规定设置账簿，根据合法、有效凭证记账，进行核算，并应按照实际履行的功能和承担的风险相配比的原则，准确计算其应税收入和应纳税所得额，在季度终了之日起15日内向主管税务机关据实申报缴纳企业所得税。

（4）对账簿不健全，不能准确核算收入或成本费用，以及无法据实申报的代表机构，税务机关有权采取以下两种方式核定其应纳税所得额：

一是按经费支出换算收入适用于能够准确反映经费支出但不能准确反映收入或成本费用的代表机构。计算公式如下：

收入额＝本期经费支出额÷（1－核定利润率－相关税率）

应纳企业所得税额＝收入额×核定利润率×企业所得税税率

代表机构的经费支出额包括：在中国境内、外支付给工作人员的工资薪金、奖金、津贴、福利费、物品采购费（包括汽车、办公设备等固定资产）、通信费、差旅费、房租、设备租赁费、交通费、交际费、其他费用等。

①购置固定资产所发生的支出，以及代表机构设立时或者搬迁等原因所发生的装修费支出，应在发生时一次性作为经费支出额换算收入计税。

②利息收入不得冲抵经费支出额；发生的交际应酬费，以实际发生数额计入经费支出额。

③以货币形式用于我国境内的公益、救济性质的捐赠、滞纳金、罚款，以及为其总机构垫付的不属于其自身业务活动所发生的费用，不应作为代表机构的经费支出额。

④其他费用包括：为总机构从中国境内购买样品所支付的样品费和运输费用；国外样品运往中国发生的中国境内的仓储费用、报关费用；总机构人员来华访问聘用翻译的费用；总机构为中国某个项目投标由代表机构支付的购买标书的费用等。

二是按收入总额核定应纳税所得额适用于可以准确反映收入但不能准确反映成本费用的代表机构。计算公式如下：

应纳企业所得税额 = 收入总额 × 核定利润率 × 企业所得税税率

（5）代表机构的核定利润率不应低于 15%。采取核定征收方式的代表机构，如能建立健全会计账簿，准确计算其应税收入和应纳税所得额，报主管税务机关备案，可调整为据实申报方式。

第六节　境外所得税抵免

55. 居民企业与非居民企业境外抵免所得税额如何计算？

自 2008 年 1 月 1 日起，居民企业以及非居民企业在中国境内设立的机构、场所依照《企业所得税法》第二十三条、第二十四条的有关规定，应在其应纳税额中抵免在境外缴纳的所得税额，按下表中规定执行：

（一）企业应按照《企业所得税法》及其实施条例、税收协定以及相关规定，准确计算下列当期与抵免境外所得税有关的项目后，确定当期实际可抵免分国（地区）别的境外所得税税额和抵免限额： 1. 境内所得的应纳税所得额（以下简称境内应纳税所得额）和分国（地区）别的境外所得的应纳税所得额（以下简称境外应纳税所得额）； 2. 分国（地区）别的可抵免境外所得税税额； 3. 分国（地区）别的境外所得税的抵免限额。 企业不能准确计算上述项目的，在相应国家（地区）缴纳的税收均不得在该企业当期应纳税额中抵免，也不得结转以后年度抵免。
（二）企业应就其按照《企业所得税法实施条例》第七条规定确定的中国境外所得（境外税前所得），按以下规定计算《企业所得税法实施条例》第七十八条规定的境外应纳税所得额： 1. 居民企业在境外投资设立不具有独立纳税地位的分支机构，其来源于境外的所得以境外收入总额扣除与取得境外收入有关的各项合理支出后的余额为应纳税所得额。各项收入、支出按《企业所得税法》及其实施条例的有关规定确定。 居民企业在境外设立不具有独立纳税地位的分支机构取得的各项境外所得，无论是否汇回中国境内，均应计入该企业所属纳税年度的境外应纳税所得额。 2. 居民企业应就其来源于境外的股息、红利等权益性投资收益，以及利息、租金、特许权使用费、转让财产等收入，扣除按照《企业所得税法》及其实施条例等规定计算的与取得该项收入有关的各项合理支出后的余额为应纳税所得额。来源于境外的股息、红利等权益性投资收益，应按被投资方作出利润分配决定的日期确认收入实现；来源于境外的利息、租金、特许权使用费、转让财产等收入，应按有关合同约定应付交易对价款的日期确认收入实现。 3. 非居民企业在境内设立机构、场所的，应就其发生在境外但与境内所设机构、场所有实际联系的各项应税所得，比照上述第 2 项的规定计算相应的应纳税所得额。 4. 在计算境外应纳税所得额时，企业为取得境内、境外所得而在境内、境外发生的共同支出，与取得境外应税所得有关的、合理的部分，应在境内、境外［分国（地区）别，下同］应税所得之间，按照合理比例进行分摊后扣除。 5. 在汇总计算境外应纳税所得额时，企业在境外同一国家（地区）设立不具有独立纳税地位的分支机构，按照《企业所得税法》及其实施条例的有关规定计算的亏损，不得抵减其境内或他国（地区）的应纳税所得额，但可以用同一国家（地区）其他项目或以后年度的所得按规定弥补。

续表

（三）可抵免境外所得税税额，是指企业来源于中国境外的所得依照中国境外税收法律以及相关规定应当缴纳并已实际缴纳的企业所得税性质的税款。但不包括： 1. 按照境外所得税法律及相关规定属于错缴或错征的境外所得税税款； 2. 按照税收协定规定不应征收的境外所得税税款； 3. 因少缴或迟缴境外所得税而追加的利息、滞纳金或罚款； 4. 境外所得税纳税人或者其利害关系人从境外征税主体得到实际返还或补偿的境外所得税税款； 5. 按照我国《企业所得税法》及其实施条例规定，已经免征我国企业所得税的境外所得负担的境外所得税税款； 6. 按照国务院财政、税务主管部门有关规定已经从企业境外应纳税所得额中扣除的境外所得税税款。
（四）居民企业在按照《企业所得税法》第二十四条规定用境外所得间接负担的税额进行税收抵免时，其取得的境外投资收益实际间接负担的税额，是指根据直接或者间接持股方式合计持股20%以上（含20%，下同）的规定层级的外国企业股份，由此应分得的股息、红利等权益性投资收益中，从最低一层外国企业起逐层计算的属于由上一层企业负担的税额，其计算公式如下： 本层企业所纳税额属于由一家上一层企业负担的税额＝（本层企业就利润和投资收益所实际缴纳的税额＋符合规定的由本层企业间接负担的税额）×本层企业向一家上一层企业分配的股息（红利）÷本层企业所得税后利润额
（五）除国务院财政、税务主管部门另有规定外，按照《企业所得税法实施条例》第八十条规定由居民企业直接或者间接持有20%以上股份的外国企业，限于符合以下持股方式的三层外国企业： 第一层：单一居民企业直接持有20%以上股份的外国企业； 第二层：单一第一层外国企业直接持有20%以上股份，且由单一居民企业直接持有或通过一个或多个符合本条规定持股条件的外国企业间接持有总和达到20%以上股份的外国企业； 第三层：单一第二层外国企业直接持有20%以上股份，且由单一居民企业直接持有或通过一个或多个符合本条规定持股条件的外国企业间接持有总和达到20%以上股份的外国企业。 自2010年1月1日起，按照《财政部、国家税务总局关于我国石油企业在境外从事油（气）资源开采所得税收抵免有关问题的通知》规定，石油企业在境外从事油（气）项目

续表

投资、工程技术服务和工程建设的油（气）资源开采活动取得股息所得，在按规定计算该石油企业境外股息所得的可抵免所得税额和抵免限额时，由该企业直接或者间接持有20%以上股份的外国企业，限于按照《财政部、国家税务总局关于企业境外所得税收抵免有关问题的通知》第六条规定的持股方式确定的五层外国企业。
（六）居民企业从与我国政府订立税收协定（或安排）的国家（地区）取得的所得，按照该国（地区）税收法律享受了免税或减税待遇，且该免税或减税的数额按照税收协定规定应视同已缴税额在中国的应纳税额中抵免的，该免税或减税数额可作为企业实际缴纳的境外所得税额用于办理税收抵免。
（七）企业应按照《企业所得税法》及其实施条例和有关规定分国（地区）别计算境外税额的抵免限额。 某国（地区）所得税抵免限额＝中国境内、境外所得依照《企业所得税法》及其实施条例的规定计算的应纳税总额×来源于某国（地区）的应纳税所得额÷中国境内、境外应纳税所得总额 据以计算上述公式中“中国境内、境外所得依照《企业所得税法》及其实施条例的规定计算的应纳税总额”的税率，除国务院财政、税务主管部门另有规定外，应为《企业所得税法》第四条第一款规定的税率（25%）。 《财政部、国家税务总局关于高新技术企业境外所得适用税率及税收抵免问题的通知》规定，以境内、境外全部生产经营活动有关的研究开发费用总额、总收入、销售收入总额、高新技术产品（服务）收入等指标申请并经认定的高新技术企业，其来源于境外的所得可以享受高新技术企业所得税优惠政策，即对来源于境外所得可以按照15%的优惠税率缴纳企业所得税，在计算境外抵免限额时，可按照15%的优惠税率计算境内外应纳税总额。 企业按照《企业所得税法》及其实施条例和有关规定计算的当期境内、境外应纳税所得总额小于零的，应以零计算当期境内、境外应纳税所得总额，其当期境外所得税的抵免限额也为零。
（八）在计算实际应抵免的境外已缴纳和间接负担的所得税税额时，企业在境外一国（地区）当年缴纳和间接负担的符合规定的所得税税额低于所计算的该国（地区）抵免限额的，应以该项税额作为境外所得税抵免额从企业应纳税总额中据实抵免；超过抵免限额的，当年应以抵免限额作为境外所得税抵免额进行抵免，超过抵免限额的余额允许从次年起在连续5个纳税年度内，用每年度抵免限额抵免当年应抵税额后的余额进行抵补。

续表

（九）属于下列情形的，经企业申请，主管税务机关核准，可以采取简易办法对境外所得已纳税额计算抵免： 1. 企业从境外取得营业利润所得以及符合境外税额间接抵免条件的股息所得，虽有所得来源国（地区）政府机关核发的具有纳税性质的凭证或证明，但因客观原因无法真实、准确地确认应当缴纳并已经实际缴纳的境外所得税税额的，除就该所得直接缴纳及间接负担的税额在所得来源国（地区）的实际有效税率低于我国《企业所得税法》第四条第一款规定税率的50%以上的外，可按境外应纳税所得额的12.5%作为抵免限额，企业按该国（地区）税务机关或政府机关核发具有纳税性质凭证或证明的金额，其不超过抵免限额的部分，准予抵免；超过的部分不得抵免。 属于本款规定以外的股息、利息、租金、特许权使用费、转让财产等投资性所得，均应按上述其他规定计算境外税额抵免。 2. 企业从境外取得营业利润所得以及符合境外税额间接抵免条件的股息所得，凡就该所得缴纳及间接负担的税额在所得来源国（地区）的法定税率且其实际有效税率明显高于我国的，可直接以按上述规定计算的境外应纳税所得额和我国《企业所得税法》规定的税率计算的抵免限额作为可抵免的已在境外实际缴纳的企业所得税税额。 属于本款规定以外的股息、利息、租金、特许权使用费、转让财产等投资性所得，均应按上述其他规定计算境外税额抵免。
（十）企业在境外投资设立不具有独立纳税地位的分支机构，其计算生产、经营所得的纳税年度与我国规定的纳税年度不一致的，与我国纳税年度当年度相对应的境外纳税年度，应为在我国有关纳税年度中任何一日结束的境外纳税年度。 企业取得上款以外的境外所得实际缴纳或间接负担的境外所得税，应在该项境外所得实现日所在的我国对应纳税年度的应纳税额中计算抵免。
（十一）企业抵免境外所得税额后实际应纳所得税额的计算公式为： 企业实际应纳所得税额 = 企业境内外所得应纳税总额 − 企业所得税减免、抵免优惠税额 − 境外所得税抵免额
（十二）上述所称不具有独立纳税地位，是指根据企业设立地法律不具有独立法人地位或者按照税收协定规定不认定为对方国家（地区）的税收居民。
（十三）企业取得来源于中国香港、澳门、台湾地区的应税所得，参照上述规定执行。
（十四）中华人民共和国政府同外国政府订立的有关税收的协定与国内有关规定有不同规定的，依照协定的规定办理。

【例】某电子有限公司2018年度境内应纳税所得额为300万元，适用25%的企业所得税税率。此外，该企业分别在A、B两国设有分支机构（我国与A、B两国已经缔结避免双重征税协定），在A国的分支机构的应纳税所得额为80万元，A国税率为20%；在B国的分支机构的应纳税所得额为50万元，B国税率为30%。假设该企业在A、B两国所得按我国税法计算的应纳税所得额和按A、B两国税法计算的应纳税所得额一致，两个分支机构在A、B两国分别缴纳了22万元和10万元的企业所得税。

要求：计算该企业2018年度汇总时在我国应缴纳的企业所得税。

解析：（1）该企业按我国税法计算的境内、境外所得的应纳税额＝（300＋80＋50）×25%＝107.5（万元）

（2）A、B两国的扣除限额

A国扣除限额＝107.5×［80÷（300＋80＋50）］＝107.5×80÷430＝20（万元）

B国扣除限额＝107.5×［50÷（300＋80＋50）］＝107.5×50÷430＝12.5（万元）

在A国缴纳的所得税为22万元，高于扣除限额20万元，其超过扣除限额的部分2万元当年不能扣除。

在B国缴纳的所得税为10万元，低于扣除限额12.5万元，可全额扣除。

（3）汇总时在我国应缴纳的所得税＝107.5－20－10＝77.5（万元）

第七节　企业转让上市公司限售股企业所得税纳税实务

56. 企业转让上市公司限售股企业所得税如何处理？

（1）纳税义务人的范围界定问题

根据《企业所得税法》第一条及《企业所得税法实施条例》第三条的规定，转让限售股取得收入的企业（包括事业单位、社会团体、民办非企业单位等），为企业所得税的纳税义务人。

（2）企业转让代个人持有的限售股征税问题

因股权分置改革造成原由个人出资而由企业代持有的限售股，企业在转让时按以下规定处理：

①企业转让上述限售股取得的收入，应作为企业应税收入计算纳税。

上述限售股转让收入扣除限售股原值和合理税费后的余额为该限售股转让所得。企业未能提供完整、真实的限售股原值凭证，不能准确计算该限售股原值的，主管税务机关一律按该限售股转让收入的15%，核定为该限售股原值和合理税费。

依照本条规定完成纳税义务后的限售股转让收入余额转付给实际所有人时不再纳税。

②依法院判决、裁定等原因，通过证券登记结算公司，企业将其代持的个人限售股直接变更到实际所有人名下的，不视同转让限售股。

（3）企业在限售股解禁前转让限售股征税问题

企业在限售股解禁前将其持有的限售股转让给其他企业或个人（以下简称受让方），其企业所得税问题按以下规定处理：

①企业应按减持在证券登记结算机构登记的限售股取得的全部收入，计入企业当年度应税收入计算纳税。

②企业持有的限售股在解禁前已签订协议转让给受让方，但未变更股权登记、仍由企业持有的，企业实际减持该限售股取得的收入，依照本条第①项规定纳税后，其余额转付给受让方的，受让方不再纳税。

上述规定自2011年7月1日起执行。规定生效后尚未处理的纳税事项，按照上述规定处理；已经处理的纳税事项，不再调整。

第四章　非居民企业源泉扣缴与有关业务的税务处理

第一节　源泉扣缴

57. 居民企业和非居民企业是如何划分的?

企业所得税纳税人分为居民企业和非居民企业。居民企业应当就其来源于中国境内、境外的所得缴纳企业所得税。非居民企业在中国境内设立机构、场所的,应当就其所设机构、场所取得的来源于中国境内的所得,以及发生在中国境外但与其所设机构、场所有实际联系的所得,缴纳企业所得税。非居民企业在中国境内未设立机构、场所的,或者虽设立机构、场所但取得的所得与其所设机构、场所没有实际联系的,应当就其来源于中国境内的所得缴纳企业所得税。

(1)居民企业

根据《企业所得税法》第二条的有关规定,居民企业是指依法在中国境内成立,或者依照外国(地区)法律成立但实际管理机构在中国境内的企业。

根据《企业所得税法实施条例》第三条的有关规定,依法在中国境内成立的企业,包括依照中国法律、行政法规在中国境内成立的企业、事业单位、社会团体以及其他取得收入的组织。

根据《企业所得税法实施条例》第四条的有关规定,实际管理机构是指对企业的生产经营、人员、账务、财产等实施实质性全面管理和控制的机构。

根据《企业所得税法》第一条及《企业所得税法实施条例》第二条的规定,依照中国法律、行政法规成立的个人独资企业、合伙企业不适用《企业所得税法》。

（2）非居民企业

根据《企业所得税法》第二条的有关规定，非居民企业是指依照外国（地区）法律成立且实际管理机构不在中国境内，但在中国境内设立机构、场所的，或者在中国境内未设立机构、场所，但有来源于中国境内所得的企业。

根据《企业所得税法实施条例》第三条的有关规定，依照外国（地区）法律成立的企业，包括依照外国（地区）法律成立的企业和其他取得收入的组织。

58. 非居民企业在什么情况下适用25%的税率？在什么情况下适用10%的税率？

（1）取得《企业所得税法》第三条第二款规定的所得，适用25%的企业所得税率

根据《企业所得税法》第三条第二款的规定，非居民企业在中国境内设立机构、场所的，应当就其所设机构、场所取得的来源于中国境内的所得，以及发生在中国境外但与其所设机构、场所有实际联系的所得，缴纳企业所得税。

非居民企业取得上述所得，适用25%的税率，非居民企业应向机构、场所所在地主管税务机关自行申报缴纳企业所得税。企业所得税按纳税年度计算，分月或分季预缴，年终汇算清缴。

（2）取得《企业所得税法》第三条第三款规定的所得，适用15%的企业所得税率

根据《企业所得税法》第三条第三款的规定，非居民企业在中国境内未设立机构、场所的，或者虽设立机构、场所但取得的所得与其所设机构、场所没有实际联系的，应当就其来源于中国境内的所得缴纳企业所得税。

根据《企业所得税法》第三十七条的规定，对非居民企业取得本法第三条第三款规定的所得应缴纳的所得税，实行源泉扣缴，以支付人为扣缴义务人。税款由扣缴义务人在每次支付或者到期应支付时，从支付或者到期应支付的款项中扣缴。该源泉扣缴的税款也称为预提所得税。源泉扣缴的税款由扣缴义务人向扣缴义务人所在地主管税务机关申报缴纳。

根据《企业所得税法》第二十七条、《企业所得税法实施条例》第九十一条的规定，非居民企业取得《企业所得税法》第三条第三款规定的所得，减按10%

的税率征收企业所得税。

59. 什么是源泉扣缴？谁是扣缴义务人？

根据《企业所得税法》第三十七条的规定，对非居民企业取得本法第三条第三款规定的所得应缴纳的所得税，实行源泉扣缴，以支付人为扣缴义务人。税款由扣缴义务人在每次支付或者到期应支付时，从支付或者到期应支付的款项中扣缴。

根据《企业所得税法》第三十九条的有关规定，应当扣缴的所得税，扣缴义务人未依法扣缴或者无法履行扣缴义务的，由纳税人在所得发生地缴纳。纳税人未依法缴纳的，税务机关可以从该纳税人在中国境内其他收入项目的支付人应付的款项中，追缴该纳税人的应纳税款。

根据《企业所得税法》第三十七条和《企业所得税法实施条例》第一百零四条的有关规定，依照有关法律规定或者合同约定对非居民企业直接负有支付相关款项义务的单位或者个人（以下简称支付人）为扣缴义务人，应履行税款扣缴义务。

根据《企业所得税法实施条例》第一百零五条的有关规定，《企业所得税法》第三十七条所称的支付，包括现金支付、汇拨支付、转账支付和权益兑价支付等货币支付和非货币支付。

根据《国家税务总局关于非居民企业所得税源泉扣缴有关问题的公告》第二条的有关规定，支付人自行委托代理人或指定其他第三方代为支付相关款项，或者因担保合同或法律规定等原因由第三方保证人或担保人支付相关款项的，仍由委托人、指定人或被保证人、被担保人承担扣缴义务。

60. 对非居民企业应缴纳的企业所得税如何实行源泉扣缴？

根据《企业所得税法》第三十七条、第三十九条的有关规定，对非居民企业取得《企业所得税法》第三条第三款规定的所得应缴纳的所得税，实行源泉扣缴，以支付人为扣缴义务人。税款由扣缴义务人在每次支付或者到期应支付时，从支付或者到期应支付的款项中扣缴。

扣缴义务人未依法扣缴或者无法履行扣缴义务的，由纳税人在所得发生地缴纳。纳税人未依法缴纳的，税务机关可以从该纳税人在中国境内其他收入项目的支付人应付的款项中，追缴该纳税人的应纳税款。

（1）纳税期限

①扣缴义务发生时间

一般情况下，根据《国家税务总局关于非居民企业所得税源泉扣缴有关问题的公告》第四条第（一）项的有关规定，扣缴义务发生之日为相关款项实际支付或者到期应支付之日。

根据该公告第七条的有关规定，扣缴义务人发生到期应支付而未支付情形，应按照《国家税务总局关于非居民企业所得税管理若干问题的公告》第一条规定进行税务处理：

中国境内企业（以下简称为企业）和非居民企业签订与利息、租金、特许权使用费等所得有关的合同或协议，如果未按照合同或协议约定的日期支付上述所得款项，或者变更或修改合同或协议延期支付，但已计入企业当期成本、费用，并在企业所得税年度纳税申报中作税前扣除的，应在企业所得税年度纳税申报时按照《企业所得税法》有关规定代扣代缴企业所得税。

如果企业上述到期未支付的所得款项，不是一次性计入当期成本、费用，而是计入相应资产原价或企业筹办费，在该类资产投入使用或开始生产经营后分期摊入成本、费用，分年度在企业所得税前扣除的，应在企业计入相关资产的年度纳税申报时就上述所得全额代扣代缴企业所得税。

如果企业在合同或协议约定的支付日期之前支付上述所得款项的，应在实际支付时按照《企业所得税法》有关规定代扣代缴企业所得税。

②纳税人自行申报期限

根据《国家税务总局关于非居民企业所得税源泉扣缴有关问题的公告》第九条第二款的规定，非居民企业未按照《企业所得税法》第三十九条规定申报缴纳税款的，税务机关可以责令限期缴纳，非居民企业应当按照税务机关确定的期限申报缴纳税款；非居民企业在税务机关责令限期缴纳前自行申报缴纳税款的，视为已按期缴纳税款。

（2）纳税地点

①扣缴申报地点

根据《国家税务总局关于非居民企业所得税源泉扣缴有关问题的公告》第七条的有关规定，扣缴义务人应当向扣缴义务人所在地主管税务机关申报和解缴代扣税款。

根据《国家税务总局关于非居民企业所得税源泉扣缴有关问题的公告》第十六条的有关规定，扣缴义务人所在地主管税务机关为扣缴义务人所得税主管税务机关。

②纳税人自行申报地点

根据《企业所得税法》第三十九条的有关规定，应当源泉扣缴的所得税，扣缴义务人未依法扣缴或者无法履行扣缴义务的，由纳税人在所得发生地缴纳。而根据《国家税务总局关于非居民企业所得税源泉扣缴有关问题的公告》第十六条的有关规定，对《企业所得税法实施条例》第七条规定的不同所得，所得发生地主管税务机关按以下原则确定：

一是不动产转让所得，为不动产所在地主管税务机关。

二是权益性投资资产转让所得，为被投资企业的所得税主管税务机关。

三是股息、红利等权益性投资所得，为分配所得企业的所得税主管税务机关。

四是利息所得、租金所得、特许权使用费所得，为负担、支付所得的单位或个人的所得税主管税务机关。

（3）扣缴税款登记

根据《税收征收管理法实施细则》第十三条的有关规定，扣缴义务人应当自扣缴义务发生之日起30日内，向所在地的主管税务机关申报办理扣缴税款登记。

（4）纳税申报

①扣缴申报

根据《企业所得税法》第四十条的规定，扣缴义务人每次代扣的税款，应当自代扣之日起7日内缴入国库，并向所在地的税务机关报送扣缴企业所得税报告表。根据《国家税务总局关于非居民企业所得税源泉扣缴有关问题的公告》第八条规定，扣缴义务人在申报和解缴应扣税款时，应填报《中华人民共和国扣缴企业所得税报告表》。扣缴义务人可以在申报和解缴应扣税款前报送有关申报资料；已经报送的，在申报时不再重复报送。

②纳税人自行申报

纳税人自行申报的，应填报《中华人民共和国扣缴企业所得税报告表》。

（5）账簿管理

根据《税收征收管理法实施细则》第二十五条、《国家税务总局关于非居民企业所得税源泉扣缴有关问题的公告》第十一条的有关规定，扣缴义务人应当自税收法律、行政法规规定的扣缴义务发生之日起10日内，按照所代扣、代收的税种，分别设立代扣代缴税款账簿和合同资料档案，准确记录非居民企业所得税扣缴情况。根据征管需要，主管税务机关可以要求纳税人、扣缴义务人和其他知晓情况的相关方提供与应扣缴税款有关的合同和其他相关资料。

（6）暂停支付

根据《税收征收管理法实施细则》第九十四条、《国家税务总局关于贯彻〈中华人民共和国税收征收管理法〉及其实施细则若干具体问题的通知》第二条的规定，因非居民企业拒绝代扣税款的，扣缴义务人应当暂停支付相当于纳税人应纳税款的款项，并在1日之内向主管税务机关报告。

（7）税款追征

《企业所得税法》第三十九条有关规定，纳税人未依法缴纳的，税务机关可以从该纳税人在中国境内其他收入项目的支付人应付的款项中，追缴该纳税人的应纳税款。根据《国家税务总局关于非居民企业所得税源泉扣缴有关问题的公告》第十三条规定，税务机关在追缴非居民企业应纳税款时，可以采取以下措施：

①责令该非居民企业限期申报缴纳应纳税款。

②收集、查实该非居民企业在中国境内其他收入项目及其支付人的相关信息，并向该其他项目支付人发出《税务事项通知书》，从该非居民企业其他收入项目款项中依照法定程序追缴欠缴税款及应缴的滞纳金。

61. 扣缴义务人在什么情形下对已扣未缴税款应承担法律责任？

（1）税款已扣但未解缴情形

根据《国家税务总局关于非居民企业所得税源泉扣缴有关问题的公告》第十四条规定，应当源泉扣缴税款的款项已经由扣缴义务人实际支付，但未在规定的期限内解缴应扣税款，并具有以下情形之一的，应作为税款已扣但未解缴情形，按照有关法律、行政法规规定处理：

①扣缴义务人已明确告知收款人已代扣税款的；

②已在财务会计处理中单独列示应扣税款的；

③已在其纳税申报中单独扣除或开始单独摊销扣除应扣税款的；

④其他证据证明已代扣税款的。

除上述规定情形外，应该源泉扣缴的税款未在规定的期限内解缴入库的，均作为应扣未扣税款情形，按照有关法律、行政法规规定处理。

（2）已扣未解缴的法律责任

根据《税收征收管理法》第三十二条和第六十八条的有关规定，扣缴义务人未按照规定期限解缴税款的，税务机关除责令限期缴纳外，从滞纳税款之日起，按日加收滞纳税款万分之五的滞纳金；扣缴义务人在规定期限内不缴或者少缴应解缴的税款，经税务机关责令限期缴纳，逾期仍未缴纳的，税务机关除依照《税收征收管理法》第四十条的规定采取强制执行措施追缴其不缴或者少缴的税款外，可以处不缴或者少缴的税款百分之五十以上五倍以下的罚款。

（3）应扣未扣法律责任

根据《国家税务总局关于非居民企业所得税源泉扣缴有关问题的公告》第十二条规定，扣缴义务人应扣缴税款未扣的，由扣缴义务人所在地主管税务机关依照《行政处罚法》第二十三条规定责令扣缴义务人补扣税款，并依法追究扣缴义务人责任；需要向纳税人追缴税款的，由所得发生地主管税务机关依法执行。根据《税收征收管理法》第六十九条规定，扣缴义务人应扣未扣、应收而不收税款的，对扣缴义务人处应扣未扣、应收未收税款百分之五十以上三倍以下的罚款。

此外，根据《税务登记管理办法》第四十二条规定，扣缴义务人未按照规定办理扣缴税款登记的，税务机关应当自发现之日起 3 日内责令其限期改正，并可处以 1000 元以下的罚款。

第二节　非居民企业有关业务的税收处理

一、非居民企业股息、红利等权益性投资收益

62. 非居民企业取得股息、红利等权益性投资收益，其企业所得税如何处理？

（1）概念

根据《企业所得税法实施条例》第十七条有关规定，非居民企业取得股息、红利等权益性投资收益，是指非居民企业因权益性投资从被投资方取得的收入。

（2）基本分类

股息、红利等权益性投资收益，通常通过利润分配取得，但又不局限于利润分配这种形式，具体包括以下方式：

①利润分配

一是境内居民企业向境外非居民企业股东分配利润或者派发股息。如在中国境内、境外公开发行股票（A 股、B 股和海外股）的中国居民企业向非居民企业股东派发股息；

二是非境内注册居民企业向境外非居民企业股东分配利润或者派发股息。

②留存收益再投资

居民企业将属于非居民企业股东的盈余公积金、未分配利润等留存收益转增本企业资本或以非居民企业名义再投资其他企业。

③清算分配所得

根据《财政部、国家税务总局关于企业清算业务企业所得税处理若干问题的

通知》第五条有关规定，被清算非居民企业的股东分得的剩余资产的金额，其中相当于被清算企业累计未分配利润和累计盈余公积中按该股东所占股份比例计算的部分，应确认为股息所得。

④撤资或减资取得资产

根据《国家税务总局关于企业所得税若干问题的公告》第五条的规定，投资企业从被投资企业撤回或减少投资，其取得的资产中，相当于被投资企业累计未分配利润和累计盈余公积按减少实收资本比例计算的部分，应确认为股息所得。

（3）特别规定

①居民企业向 QFII 支付的股息

根据《国家税务总局关于中国居民企业向 QFII 支付股息、红利、利息代扣代缴企业所得税有关问题的通知》第一条规定，QFII 取得来源于中国境内的股息收入，应当缴纳 10% 的企业所得税，由派发股息的企业代扣代缴。

②非境内注册居民企业的外方投资者

根据《企业所得税法实施条例》第七条第四款的规定，非境内注册居民企业的外方投资者从该居民企业分得的股息红利等权益性投资收益，属于来源于中国境内的所得，应当征收企业所得税。

③香港市场投资者取得上市 A 股的股息红利

根据《财政部、国家税务总局、证监会关于沪港股票市场交易互联互通机制试点有关税收政策的通知》第二条和《财政部、国家税务总局、证监会关于深港股票市场交易互联互通机制试点有关税收政策的通知》第二条有关规定，对香港市场投资者（包括企业和个人）投资上交所和深交所上市 A 股取得的股息红利所得，在香港中央结算有限公司不具备向中国结算提供投资者的身份及持股时间等明细数据的条件之前，暂不执行按持股时间实行差别化征税政策，由上市公司按照 10% 的税率代扣所得税。

④境外关联方取得超过规定关联债资比例的利息

根据《国家税务总局关于印发〈特别纳税调整实施办法（试行）〉的通知》第八十八条规定，企业所得税法第四十六条规定不得在计算应纳税所得额时扣除的利息支出，不得结转到以后纳税年度；应按照实际支付给各关联方利息占关联方利息总额的比例，在各关联方之间进行分配，其中，分配给实际税负高于企业的境内关联方的利息准予扣除；直接或间接实际支付给境外关联方的利息应视同分配的股息，按照股息和利息分别适用的所得税税率差补征企业所得税，如已扣缴的所得税税款多于按股息计算的应征所得税税款，多出的部分不予退税。

63. 境外投资者以分配利润用于境内直接投资的，企业所得税如何处理？

根据《财政部、税务总局、国家发展改革委、商务部关于扩大境外投资者以分配利润直接投资暂不征收预提所得税政策适用范围的通知》的规定，2018 年 1 月 1 日起：

（1）对境外投资者从中国境内居民企业分配的利润，用于境内直接投资暂不征收预提所得税政策的适用范围，由外商投资鼓励类项目扩大至所有非禁止外商投资的项目和领域。

（2）境外投资者暂不征收预提所得税须同时满足以下条件：

①境外投资者以分得利润进行的直接投资，包括境外投资者以分得利润进行的增资、新建、股权收购等权益性投资行为，但不包括新增、转增、收购上市公司股份（符合条件的战略投资除外）。具体是指：

a. 新增或转增中国境内居民企业实收资本或者资本公积；

b. 在中国境内投资新建居民企业；

c. 从非关联方收购中国境内居民企业股权；

d. 财政部、税务总局规定的其他方式。

境外投资者采取上述投资行为所投资的企业统称为被投资企业。

②境外投资者分得的利润属于中国境内居民企业向投资者实际分配已经实现的留存收益而形成的股息、红利等权益性投资收益。

③境外投资者用于直接投资的利润以现金形式支付的，相关款项从利润分配企业的账户直接转入被投资企业或股权转让方账户，在直接投资前不得在境内外

其他账户周转；境外投资者用于直接投资的利润以实物、有价证券等非现金形式支付的，相关资产所有权直接从利润分配企业转入被投资企业或股权转让方，在直接投资前不得由其他企业、个人代为持有或临时持有。

（3）境外投资者符合规定条件的，应按照税收管理要求进行申报并如实向利润分配企业提供其符合政策条件的资料。利润分配企业经适当审核后认为境外投资者符合规定的，可暂不按照《企业所得税法》第三十七条规定扣缴预提所得税，并向其主管税务机关履行备案手续。

（4）税务部门依法加强后续管理。境外投资者已享受暂不征收预提所得税政策，经税务部门后续管理核实不符合规定条件的，除属于利润分配企业责任外，视为境外投资者未按照规定申报缴纳企业所得税，依法追究延迟纳税责任，税款延迟缴纳期限自相关利润支付之日起计算。

（5）境外投资者按照规定可以享受暂不征收预提所得税政策但未实际享受的，可在实际缴纳相关税款之日起三年内申请追补享受该政策，退还已缴纳的税款。

（6）境外投资者通过股权转让、回购、清算等方式实际收回享受暂不征收预提所得税政策待遇的直接投资，在实际收取相应款项后 7 日内，按规定程序向税务部门申报补缴递延的税款。

（7）境外投资者享受规定的暂不征收预提所得税政策待遇后，被投资企业发生重组符合特殊性重组条件，并实际按照特殊性重组进行税务处理的，可继续享受暂不征收预提所得税政策待遇，不补缴递延的税款。

（8）“境外投资者”，是指适用《企业所得税法》第三条第三款规定的非居民企业；“中国境内居民企业”，是指依法在中国境内成立的居民企业。

（9）境外投资者在 2018 年 1 月 1 日（含当日）以后取得的股息、红利等权益性投资收益可适用上述规定，已缴税款按上述第（5）条规定执行。

二、非居民企业的利息收入

64. 非居民企业利息收入的企业所得税如何进行税务处理？

按照《企业所得税法实施条例》第十八条规定，《企业所得税法》第六条第

（五）项所称的利息收入，是指企业将资金提供他人使用但不构成权益性投资，或者因他人占用本企业资金取得的收入，包括存款利息、贷款利息、债券利息、欠款利息等收入。

实践中，一些企业不采取借贷形式，但因为其他原因占用了其他企业的资金，因而产生等同借贷行为的法律后果，即该企业应当按照法律规定或者双方约定的利率向提供资金的企业支付相当于利息的报酬。而这部分报酬也应属于《企业所得税法》中的利息收入，应当依照规定缴纳企业所得税。

（1）特别规定

①融资租赁涉及的利息

根据《国家税务总局关于非居民企业所得税管理若干问题的公告》第四条第一款规定，在中国境内未设立机构、场所的非居民企业，以融资租赁方式将设备、物件等租给中国境内企业使用，租赁期满后设备、物件所有权归中国境内企业（包括租赁期满后作价转让给中国境内企业），非居民企业按照合同约定的期限收取租金，应以租赁费（包括租赁期满后作价转让给中国境内企业的价款）扣除设备、物件价款后的余额，作为贷款利息所得计算缴纳企业所得税。

②居民企业向 QFII 支付的利息

根据《国家税务总局关于中国居民企业向 QFII 支付股息、红利、利息代扣代缴企业所得税有关问题的通知》第一条规定，QFII 取得来源于中国境内的利息收入，应当按照企业所得税法规定缴纳 10% 的企业所得税，由派发股息的企业代扣代缴。

③境内机构向我国银行的境外分行支付的利息

根据《国家税务总局关于境内机构向我国银行的境外分行支付利息扣缴企业所得税有关问题的公告》的有关规定，我国银行的境外分行开展境内业务，并从境内机构取得的利息，为该分行的收入，计入分行的营业利润，按《财政部、国家税务总局关于企业境外所得税收抵免有关问题的通知》的相关规定，与总机构汇总缴纳企业所得税。境内机构向境外分行支付利息时，不代扣代缴企业所得税。

如果境外分行从境内取得的利息属于代收性质，据以产生利息的债权属于境外非居民企业，境内机构向境外分行支付利息时，应代扣代缴企业所得税。

④其他类型的利息

中国境内企业与非居民企业进行融资业务掉期交易、跨境交易的可转换债券、票据贴现、股权式信托融资、委托贷款等新型融资业务；国内外汇指定银行自身对外融资，如境外借款、境外同业拆借、海外代付、出口风险参与、境外分行出口代偿以及其他举债业务所涉及的对外支付利息项目；以及不满足资本化条件的在建工程、进口设备支付的利息。

（2）与利息相关的其他规定

①关于担保费处理的国内法规定

根据《国家税务总局关于非居民企业所得税管理若干问题的公告》第二条有关规定，非居民企业取得来源于中国境内的担保费，应按照《企业所得税法》对利息所得规定的税率计算缴纳企业所得税。上述来源于中国境内的担保费，是指中国境内企业、机构或个人在借贷、买卖、货物运输、加工承揽、租赁、工程承包等经济活动中，接受非居民企业提供的担保所支付或负担的担保费或相同性质的费用。

②税收协定的相关规定

根据《〈中华人民共和国政府和新加坡共和国政府关于对所得避免双重征税和防止偷漏税的协定〉及议定书条文解释》第十一条第四款第（二）项的有关规定，对于与利息相关的其他所得是否属于“利息”的范畴，应根据其性质区别对待：

一是附属债券取得的所得，如发行债券的溢价和奖金构成利息，但债券持有者出售债券发生的盈亏不属于利息范围；

二是与贷款业务相关的并附属于债权的所得可认定为利息，对独立发生于债权方以外的，如单独收取的担保费等，原则上不应认定为利息。

三、非居民企业的特许权使用费

65. 什么是非居民企业的特许权使用费？如何分类？

根据《企业所得税法实施条例》第二十条规定，《企业所得税法》所称的特许权使用费收入，是指企业提供专利权、非专利技术、商标权、著作权以及其他特许权的使用权取得的收入。

我国已签税收协定通常对特许权使用费的表述为："特许权使用费"一语是指使用或有权使用文学、艺术或科学著作，包括电影影片、无线电或电视广播使用的胶片、磁带的版权，专利、商标、设计、模型、图纸、秘密配方或秘密程序所支付的作为报酬的各种款项，也包括使用或有权使用工业、商业、科学设备或有关工业、商业、科学经验的情报所支付的作为报酬的各种款项。

依据《国家税务总局关于执行税收协定特许权使用费条款有关问题的通知》以及《〈中华人民共和国政府和新加坡共和国政府关于对所得避免双重征税和防止偷漏税的协定〉及议定书条文解释》（以下简称《中新协定》）第十二条，"特许权使用费"一语的定义需从以下几个方面理解：

①特许权使用费首先应与使用或有权使用以下权利有关：构成权利和财产的各种形式的文学和艺术，有关工业、商业和科学实验的文字和信息中确定的知识产权，不论这些权利是否已经或必须在规定的部门注册登记。还应注意，这一定义既包括了在有许可的情况下支付的款项，也包括因侵权支付的赔偿款。

②特许权使用费也包括使用或有权使用工业、商业、科学设备取得的所得，即设备租金。但不包括设备所有权最终转移给用户的有关融资租赁协议涉及的支付款项中被认定为利息的部分；也不包括使用不动产取得的所得，使用不动产取得的所得适用《中新协定》第六条的规定。

③特许权使用费还包括使用或有权使用有关工业、商业、科学经验的情报取得的所得。对该项所得应理解为专有技术，一般是指进行某项产品的生产或工序复制所必需的、未曾公开的、具有专有技术性质的信息或资料。与专有技术有关的特许权使用费一般涉及技术许可方同意将其未公开的技术许可给另一方，使另一方能自由使用，技术许可方通常不亲自参与技术受让方对被许可技术的具体应用，并且不保证实施的结果。被许可的技术通常已经存在，但也包括应技术受让方的需求而研发后许可使用，并在合同中列有保密等使用限制的技术。

④在服务合同中，如果服务提供方在提供服务过程中使用了某些专门知识和

技术，但并不许可这些技术使用权，则此类服务不属于特许权使用费范围。如果服务提供方提供服务形成的成果属于特许权使用费定义范围，并且服务提供方仍保有该项成果的所有权，服务接受方对此成果仅有使用权，则此类服务产生的所得属于特许权使用费。举例说明如下：

【例1】 我国A公司为集成电路设计企业，芯片设计完成后，由于没有专有检验设备，因此委托M国B公司进行芯片设计成果检验。双方签订技术检验合同，A公司提供参数标准，B公司按要求在M国进行芯片检验，B公司在检验过程中使用了某些专门知识或技术，但并不许可使用这些技术，B公司收取的检验费用不属于特许权使用费，从业务性质应确定为境外劳务。

【例2】 我国A企业为汽车制造企业，委托境外B公司进行某项新技术的研发，双方签订了委托研发合同，合同约定新技术研发成功后，B公司保留技术的所有权，A公司只有该技术的使用权。从形式上看B公司提供的是研发劳务，但由于B公司保留的技术所有权，A公司只取得技术使用权，因此此类服务产生的所得应该属于特许权使用费。

⑤在转让或许可专有技术使用权过程中，如果技术许可方派人员为该项技术的应用提供有关支持、指导等服务，并收取服务费，无论是单独收取还是包括在技术价款中，均应视为特许权使用费。

⑥单纯货物贸易项下作为售后服务的报酬，产品保证期内卖方为买方提供服务所取得的报酬，专门从事工程、管理、咨询等专业服务的机构或个人提供的相关服务所取得的所得不是特许权使用费，应作为劳务活动所得适用《中新协定》第七条营业利润条款的规定。

特许权使用费的分类

①专利权

又称发明创造专利权，是国家依照法定条件和程序，对发明、实用新型和外观设计等智力成果授予的排他性享有和使用的权利。专利权是专利权人的一种财产权，是其通过发明创造或他人转让而获得的，是对其智力劳动的报酬，专利权人可以排他性地使用其专利，或者授予他人使用该专利的权利，从而获得经济上的回报。专利权是鼓励发明创造而通过法律规定的一种民事权利。专利权适用《专利法》等法律、法规的规定。

②非专利技术

是指除专利技术以外，具有技术性、秘密性、实用性的技术。非专利技术包括技术知识、经验等，能产生经济价值或竞争优势，且采取了保密措施，包括在授权他人使用时也要求他人承担保密义务。非专利技术是商业秘密的一种。

③商标权

又称商标专用权，是指经依法注册商标的所有权人支配其注册商标并禁止他人侵害的排他性权利，包括商标权人对其注册商标的排他使用权、收益权、处分权、续展权和禁止他人侵害的权利等。商标权适用《商标法》等法律、法规的规定。

④著作权

又称版权，分为著作人格权与著作财产权两部分。其中著作人格权包括对作品的发表权、署名权、修改权及保护作品完整权等；著作财产权包括对作品的复制权、发行权、出租权、展览权、表演权、放映权、广播权、信息网络传播权、摄制权、改编权、翻译权以及许可他人使用并获得报酬的权利等。著作权适用《著作权法》等法律、法规的规定。

⑤其他特许权

除以上四项较为常见的特许权外，还有一些特许权的类型，如连锁店经营的加盟特许权、品牌经营特许权等。这些都是具有经济价值的权利，通常要以支付费用的方式取得，也是特许权所有人的重要收入来源。

四、非居民企业转让财产

66. 非居民企业转让财产包括哪些？

根据《企业所得税法实施条例》第十六条规定，转让财产收入，是指企业转让固定资产、生物资产、无形资产、股权、债权等财产取得的收入。基本分类为：

（1）转让不动产所得

根据《企业所得税法实施条例》第七条规定，不动产转让所得按照不动产所在地确定。如果不动产所在地在中国境内，则转让该不动产的所得属于来源于中国境内的所得。

（2）转让动产所得

根据《企业所得税法实施条例》第七条规定，动产转让所得按照转让动产的企业或者机构、场所所在地确定。在中国境内没有设立机构、场所的非居民企业转让动产，中国没有所得税征税权；在中国境内设立机构、场所的非居民企业，如果从该机构、场所转让动产给其他单位或个人，中国有所得税征税权。

（3）转让权益性投资资产所得

根据《企业所得税法实施条例》第七条规定，权益性投资资产转让所得按照被投资企业所在地确定。非居民企业转让中国居民企业的股权等权益性投资资产，其取得的所得属于来源于中国境内的所得，应依法缴纳企业所得税。

67. 非居民企业股权转让的企业所得税如何处理？

（1）股权转让所得的应纳税所得额

《国家税务总局关于非居民企业所得税源泉扣缴有关问题的公告》第三条规定，《企业所得税法》第十九条第二项规定的转让财产所得包含转让股权等权益性投资资产（以下简称股权）所得。股权转让收入减除股权净值后的余额为股权转让所得应纳税所得额。

股权转让所得应纳税所得额 = 股权转让收入 − 股权净值

股权转让收入是指股权转让人转让股权所收取的对价，包括货币形式和非货币形式的各种收入。

股权净值是指取得该股权的计税基础。股权的计税基础是股权转让人投资入股时向中国居民企业实际支付的出资成本，或购买该项股权时向该股权的原转让人实际支付的股权受让成本。股权在持有期间发生减值或者增值，按照国务院财政、税务主管部门规定可以确认损益的，股权净值应进行相应调整。企业在计算股权转让所得时，不得扣除被投资企业未分配利润等股东留存收益中按该项股权所可能分配的金额。

多次投资或收购的同项股权被部分转让的，从该项股权全部成本中按照转让比例计算确定被转让股权对应的成本。

【例1】基本情况：境外A企业为非居民企业，境内B企业和C企业为居民企业，A企业经过前后三次投资C企业，合计持有C企业40%的股权，第一次投资人民币100万元，第二次投资人民币200万元，第三次投资人民币400万元。

交易情况：2018年1月8日，A企业与B企业签订股权转让合同，以人民币1000万元的价格转让其持有的C企业30%的股权给B企业。

①股权转让成本计算

首先，确认A企业持有C企业40%股权的全部成本为100＋200＋400＝700（万元）；其次，确认本次交易转让比例为30%÷40%＝75%；最后，确定被转让股权对应的成本，即该被转让的C企业30%股权对应的成本＝700×75%＝525（万元）。

②应纳税所得额计算

本次股权转让交易的应纳税所得额＝1000－525＝475（万元）。

（2）分期收款的应纳税所得额

根据《国家税务总局关于非居民企业所得税源泉扣缴有关问题的公告》第七条规定，非居民企业采取分期收款方式取得应源泉扣缴所得税的同一项转让财产所得的，其分期收取的款项可先视为收回以前投资财产的成本，待成本全部收回后，再计算并扣缴应扣税款。

【例2】基本情况：境外A企业为非居民企业，境内B企业和C企业均为居民企业，A企业和B企业各持有C企业50%的股权，A企业投资取得C企业50%股权的成本为500万元人民币。

交易情况：2018年1月10日A企业以人民币1000万元人民币将该项股权一次转让给B企业，但按股权转让合同约定，B企业分别于2018年2月10日、2018年3月10日和2018年4月10日支付转让价款300万元、400万元和300万元。

所得计算：

① B 企业于 2018 年 2 月 10 日支付的 300 万元人民币价款可视为 A 企业收回 500 万元股权转让成本中的 300 万元；

② B 企业于 2018 年 3 月 10 日支付的 400 万元人民币价款中的 200 万元为 A 企业收回 500 万元股权转让成本中的剩余 200 万元成本，其余 200 万元价款应作为股权转让收益计算扣缴税款；

③ B 企业于 2018 年 4 月 10 日支付的 300 万元人民币价款全部作为股权转让收益计算扣缴税款。

（3）转让土地使用权的应纳税所得额

根据《国家税务总局关于非居民企业所得税管理若干问题的公告》第三条规定，非居民企业在中国境内未设立机构、场所而转让中国境内土地使用权，或者虽设立机构、场所但取得的土地使用权转让所得与其所设机构、场所没有实际联系的，应以其取得的土地使用权转让收入总额减除计税基础后的余额作为土地使用权转让所得计算缴纳企业所得税，并由扣缴义务人在支付时代扣代缴。

应纳税所得额＝取得的土地使用权转让收入总额－计税基础

（4）清算取得剩余资产所得的税务处理

根据《企业所得税法实施条例》第十一条和《财政部、国家税务总局关于企业清算业务企业所得税处理若干问题的通知》第五条的有关规定，被清算企业的股东分得的剩余资产的金额，其中相当于被清算企业累计未分配利润和累计盈余公积中按该股东所占股份比例计算的部分，应确认为股息所得；剩余资产减除股息所得后的余额，超过或低于股东投资成本的部分，应确认为股东的投资转让所得或损失。

（5）撤资或减资取得资产的税务处理

根据《国家税务总局关于企业所得税若干问题的公告》第五条的规定，投资企业从被投资企业撤回或减少投资，其取得的资产中，相当于初始出资的部分，应确认为投资收回；相当于被投资企业累计未分配利润和累计盈余公积按减少实收资本比例计算的部分，应确认为股息所得；其余部分确认为投资资产转让所得。

（6）外币折算

根据《国家税务总局关于非居民企业所得税源泉扣缴有关问题的公告》第五条规定，财产转让收入或财产净值以人民币以外的货币计价的，分扣缴义务人扣缴税款、纳税人自行申报缴纳税款和主管税务机关责令限期缴纳税款三种情形，先将以非人民币计价项目金额比照本公告第四条规定折合成人民币金额；再按《企业所得税法》第十九条第二项及相关规定计算非居民企业财产转让所得应纳税所得额。

财产净值或财产转让收入的计价货币按照取得或转让财产时实际支付或收取的计价币种确定。原计价币种停止流通并启用新币种的，按照新旧货币市场转换比例转换为新币种后进行计算。

【例3】基本情形：境外A企业为非居民企业，境内B企业和C企业为居民企业，A企业经过前后两次投资C企业，合计持有C企业40%的股权，2009年8月1日第一次出资100万美元（假设当时人民币汇率中间价为：1美元=8.6元人民币），2010年9月1日第二次投资50万欧元（假设当时人民币汇率中间价为：1欧元=8.9元人民币）

交易情况：2018年1月10日A企业以人民币2000万元将该项股权转让给B企业，合同于当天生效，B企业于2018年1月20日向A企业支付了股权转让款2000万元，假设2018年1月20日，人民币兑美元和欧元的中间价分别为：1美元=6.6元人民币，1欧元=7.2元人民币。

所得计算：假设本次交易财产转让由扣缴义务人扣缴企业所得税，则应纳税所得额的计算过程如下：

①折算财产转让收入：

财产转让收入=2000万元（以人民币计价所以不用折算）

②折算财产净值：

财产净值=100万美元×6.6+50万欧元×7.2=1020万元人民币（采用所得款项实际支付日1月20日的汇率）

③计算财产转让所得应纳税所得：

转让所得应纳税所得额 = 财产转让收入 - 财产净值 = 2000 万元 - 1020 万元 = 980 万元人民币。

68. 非居民企业间接财产转让如何进行税务处理？

根据《国家税务总局关于非居民企业间接转让财产企业所得税若干问题的公告》第一条规定，非居民企业通过实施不具有合理商业目的的安排，间接转让中国居民企业股权等财产，规避企业所得税纳税义务的，应按照《企业所得税法》第四十七条“企业实施其他不具有合理商业目的的安排而减少其应纳税收入或者所得额的，税务机关有权按照合理方法调整”的规定，重新定性该间接转让交易，确认为直接转让中国居民企业股权等财产。

间接转让中国应税财产，是指非居民企业通过转让直接或间接持有中国应税财产的境外企业（不含境外注册中国居民企业，以下称境外企业）股权及其他类似权益（以下称股权），产生与直接转让中国应税财产相同或相近实质结果的交易，包括非居民企业重组引起境外企业股东发生变化的情形。

中国应税财产，是指非居民企业直接持有，且转让取得的所得按照中国税法规定，应在中国缴纳企业所得税的中国境内机构、场所财产，中国境内不动产，在中国居民企业的权益性投资资产等。

（1）合理商业目的判定

是否具有合理商业目的，是一项间接转让中国应税财产交易是否被重新定性为直接转让中国应税财产的关键因素。

《国家税务总局关于非居民企业间接转让财产企业所得税若干问题的公告》围绕如何进行合理商业目的判定，分不同交易情形作出了相应的规定。

一是综合判断因素。根据《国家税务总局关于非居民企业间接转让财产企业所得税若干问题的公告》第三条的规定，判断合理商业目的，应整体考虑与间接转让中国应税财产交易相关的所有安排，结合实际情况综合分析以下相关因素：

①境外企业股权主要价值是否直接或间接来自于中国应税财产；

②境外企业资产是否主要由直接或间接在中国境内的投资构成，或其取得的收入是否主要直接或间接来源于中国境内；

③境外企业及直接或间接持有中国应税财产的下属企业实际履行的功能和承担的风险是否能够证实企业架构具有经济实质；

④境外企业股东、业务模式及相关组织架构的存续时间；

⑤间接转让中国应税财产交易在境外应缴纳所得税情况；

⑥股权转让方间接投资、间接转让中国应税财产交易与直接投资、直接转让中国应税财产交易的可替代性；

⑦间接转让中国应税财产所得在中国可适用的税收协定或安排情况；

⑧其他相关因素。

二是应直接认定为不具有合理商业目的情形。根据《国家税务总局关于非居民企业间接转让财产企业所得税若干问题的公告》第四条的规定，除本公告第五条和第六条规定情形外，与间接转让中国应税财产相关的整体安排同时符合以下情形的，无需本公告第三条进行分析和判断，应直接认定为不具有合理商业目的：

①境外企业股权75%以上价值直接或间接来自于中国应税财产；

②间接转让中国应税财产交易发生前一年内任一时点，境外企业资产总额（不含现金）的90%以上直接或间接由在中国境内的投资构成，或间接转让中国应税财产交易发生前一年内，境外企业取得收入的90%以上直接或间接来源于中国境内；

③境外企业及直接或间接持有中国应税财产的下属企业虽在所在国家（地区）登记注册，以满足法律所要求的组织形式，但实际履行的功能及承担的风险有限，不足以证实其具有经济实质；

④间接转让中国应税财产交易在境外应缴所得税税负低于直接转让中国应税财产交易在中国的可能税负。

三是不需要重新定性的情形。根据《国家税务总局关于非居民企业间接转让财产企业所得税若干问题的公告》第五条的规定，与间接转让中国应税财产相关的整体安排符合以下情形之一的，不适用本公告第一条的规定，即该类交易可以认定为具有合理商业目的，不需要重新定性：

①非居民企业在公开市场买入并卖出同一上市境外企业股权取得间接转让中国应税财产所得；

②在非居民企业直接持有并转让中国应税财产的情况下，按照可适用的税收协定或安排的规定，该项财产转让所得在中国可以免予缴纳企业所得税。

四是应认定具有合理商业目的情形。根据《国家税务总局关于非居民企业间接转让财产企业所得税若干问题的公告》第六条的规定，间接转让中国应税财产同时符合以下条件的，应认定为具有合理商业目的：

①交易双方的股权关系具有下列情形之一：

a. 股权转让方直接或间接拥有股权受让方 80% 以上的股权；

b. 股权受让方直接或间接拥有股权转让方 80% 以上的股权；

c. 股权转让方和股权受让方被同一方直接或间接拥有 80% 以上的股权。

境外企业股权 50% 以上（不含 50%）价值直接或间接来自于中国境内不动产的，则前述持股比例应为 100%。

上述间接拥有的股权按照持股链中各企业的持股比例乘积计算。

②本次间接转让交易后可能再次发生的间接转让交易，相比在未发生本次间接转让交易情况下的相同或类似间接转让交易，其中国所得税负担不会减少。

③股权受让方全部以本企业或与其具有控股关系的企业的股权（不含上市企业股权）支付股权交易对价。

（2）税务处理原则

根据《国家税务总局关于非居民企业间接转让财产企业所得税若干问题的公告》第二条规定，间接转让中国应税财产所得应按以下顺序进行税务处理：

①间接转让机构、场所财产所得

对归属于境外企业及直接或间接持有中国应税财产的下属企业在中国境内所设机构、场所财产的数额，应作为与所设机构、场所有实际联系的所得，按照《企业所得税法》第三条第二款规定征税。

②间接转让不动产所得

除第①项规定情形外，对归属于中国境内不动产的数额，应作为来源于中国境内的不动产转让所得，按照《企业所得税法》第三条第三款规定征税。

③间接转让股权所得

除适用第①项或第②项规定情形外，对归属于在中国居民企业的权益性投资资产的数额，应作为来源于中国境内的权益性投资资产转让所得，按照《企业所得税法》第三条第三款规定征税。

（3）应税所得归属

如果一项间接转让中国应税财产交易因不具有合理商业目的而被调整定性为直接转让中国应税财产交易，则按照《企业所得税法》及其实施条例和《国家税务总局关于非居民企业间接转让财产企业所得税若干问题的公告》规定，可以就间接转让中国应税财产所得征收企业所得税。但如果被转让境外企业股权价值来源包括中国应税财产因素和非中国应税财产因素，则需按照合理方法将转让境外企业股权所得划分为归属于中国应税财产所得和归属于非中国应税财产所得，只需就归属于中国应税财产所得按照公告调整征税。

【例】一家设立在Q国的境外企业（不属于境外注册中国居民企业）持有中国应税财产和非中国应税财产两项资产，非居民企业转让Q国企业股权所得为100。假设其中归属于中国应税财产的所得为80，归属于非中国应税财产所得为20，在这种情况下，只就归属于中国应税财产的80部分适用《国家税务总局关于非居民企业间接转让财产企业所得税若干问题的公告》规定征税；假设其中归属于中国应税财产的所得为120，归属于非中国应税财产的所得为-20，那么即便转让Q国企业股权所得为100，仍需就归属于中国应税财产的120适用《国家税务总局关于非居民企业间接转让财产企业所得税若干问题的公告》规定征税。

（4）间接转让特别规定

①主动报告信息和提交资料

《国家税务总局关于非居民企业间接转让财产企业所得税若干问题的公告》第九条规定，间接转让中国应税财产的交易双方及被间接转让股权的中国居民企业可以向主管税务机关报告股权转让事项，并提交相关资料。

②按照税务机关要求提供资料

《国家税务总局关于非居民企业间接转让财产企业所得税若干问题的公告》第十条规定，间接转让中国应税财产的交易双方和筹划方，以及被间接转让股权的中国居民企业，应按照主管税务机关要求提供相关资料。

③减轻或免责规定

《国家税务总局关于非居民企业间接转让财产企业所得税若干问题的公告》第八条规定，扣缴义务人未扣缴，且股权转让方未缴纳应纳税款的，主管税务机关可以按照《税收征收管理法》及其实施细则相关规定追究扣缴义务人责任；但扣缴义务人已在签订股权转让合同或协议之日起 30 日内按本公告第九条规定提交资料的，可以减轻或免除责任。

④涉及两个以上主管税务机关的处理方式

对间接转让涉及两个以上且不在同一省（市）中国居民企业股权的，可选择向其中一地或多地的主管税务机关报送资料。

《国家税务总局关于非居民企业间接转让财产企业所得税若干问题的公告》第十二条规定，股权转让方通过直接转让同一境外企业股权导致间接转让两项以上中国应税财产，按照本公告的规定应予征税，涉及两个以上主管税务机关的，股权转让方应分别到各所涉主管税务机关申报缴纳企业所得税。

69. 非居民企业跨境重组股权转让如何适用特殊性税务处理？

根据《财政部、国家税务总局关于企业重组业务企业所得税处理若干问题的通知》《国家税务总局关于发布〈企业重组业务企业所得税管理办法〉的公告》《国家税务总局关于非居民企业股权转让适用特殊性税务处理有关问题的公告》《财政部、国家税务总局关于促进企业重组有关企业所得税处理问题的通知》等文件的规定，非居民企业在跨境重组中取得的股权转让所得，符合条件的股权转让可以适用特殊性税务处理。

（一）适用条件
企业发生涉及中国境内与境外之间（包括港澳台地区）的股权和资产收购交易，除应符合《财政部、国家税务总局关于企业重组业务企业所得税处理若干问题的通知》第五条规定的条件外，还应同时符合第七条规定的条件，才可选择适用特殊性税务处理规定。 （1）第五条规定的条件 以下条件须同时符合： ①具有合理的商业目的，且不以减少、免除或者推迟缴纳税款为主要目的； ②被收购股权比例符合规定比例，即股权受让方购买的股权不低于被收购企业全部股权的50%； ③企业重组后的连续12个月内不改变重组资产原来的实质性经营活动； ④重组交易对价中涉及股权支付金额符合规定比例，即股权受让方在该股权收购发生时的股权支付金额不低于其交易支付总额的85%； ⑤企业重组中取得股权支付的原主要股东，在重组后连续12个月内，不得转让所取得的股权。
（2）第七条规定的条件 ①非居民企业向其100%直接控股的另一非居民企业转让其拥有的居民企业股权，没有因此造成以后该项股权转让所得预提税负担变化，且转让方非居民企业向主管税务机关书面承诺在3年（含3年）内不转让其拥有受让方非居民企业的股权； ②非居民企业向与其具有100%直接控股关系的居民企业转让其拥有的另一居民企业股权； ③财政部、国家税务总局核准的其他情形。
（二）备案流程
（1）备案时间 非居民企业股权转让选择特殊性税务处理的，应于股权转让合同或协议生效且完成工商变更登记手续30日内进行备案。 （2）备案责任方 属于《财政部、国家税务总局关于企业重组业务企业所得税处理若干问题的通知》第七条第（一）项情形的（即境外转境外模式），由转让方向被转让企业所在地所得税主管税务机关备案；属于第七条第（二）项情形的（即境外转境内模式），由受让方向其所在地所得税主管税务机关备案。 股权转让方或受让方可以委托代理人办理备案事项；代理人在代为办理备案事项时，应向主管税务机关出具备案人的书面授权委托书。

续表

（3）填报资料 股权转让方、受让方或其授权代理人（以下简称备案人）办理备案时应填报以下资料： ①《非居民企业股权转让适用特殊性税务处理备案表》； ②股权转让业务总体情况说明，应包括股权转让的商业目的、证明股权转让符合特殊性税务处理条件、股权转让前后的公司股权架构图等资料； ③股权转让业务合同或协议（外文文本的同时附送中文译本）； ④工商等相关部门核准企业股权变更事项证明资料； ⑤截至股权转让时，被转让企业历年的未分配利润资料； ⑥税务机关要求的其他材料。 （4）其他注意事项 《国家税务总局关于修改〈非居民企业所得税核定征收管理办法〉等文件的公告》第三条规定，非居民企业股权转让未进行特殊性税务处理备案或备案后经调查核实不符合条件的，适用一般性税务处理规定，应按照有关规定缴纳企业所得税。非居民企业股权转让适用特殊性税务处理未进行备案的，税务机关应告知其按照规定办理备案手续。 《国家税务总局关于发布〈企业重组业务企业所得税管理办法〉的公告》第三十条规定，重组业务当事方的其中一方在规定时间内发生生产经营业务、公司性质、资产或股权结构等情况变化，致使重组业务不再符合特殊性税务处理条件的，发生变化的当事方应在情况发生变化的30天内书面通知其他所有当事方。主导方在接到通知后30日内将有关变化通知其主管税务机关。上款所述情况发生变化后60日内，应按照“同一重组业务的当事各方应采取一致税务处理原则，即统一按一般性或特殊性税务处理”调整重组业务的税务处理。原交易各方应各自按原交易完成时资产和负债的公允价值计算重组业务的收益或损失，调整交易完成纳税年度的应纳税所得额及相应的资产和负债的计税基础，并向各自主管税务机关申请调整交易完成纳税年度的企业所得税年度申报表。逾期不调整申报的，按照《税收征收管理法》及其实施细则的相关规定处理。

五、非居民企业的租金所得

70. 非居民企业租金收入的企业所得税如何处理？

按照《企业所得税法实施条例》第十九条规定，企业所得税法所称的租金收入，是指企业提供固定资产、包装物或者其他有形资产的使用权取得的收入。

（1）不属于租金的情形

①融资租赁。根据《国家税务总局关于非居民企业所得税管理若干问题的公告》第四条第一款的规定，在中国境内未设立机构、场所的非居民企业，以融资租赁方式将设备、物件等租给中国境内企业使用，租赁期满后设备、物件所有权归中国境内企业（包括租赁期满后作价转让给中国境内企业），非居民企业按照合同约定的期限收取租金，应以租赁费（包括租赁期满后作价转让给中国境内企业的价款）扣除设备、物件价款后的余额，作为贷款利息所得计算缴纳企业所得税。

②国际运输。根据《国家税务总局关于发布〈非居民企业从事国际运输业务税收管理暂行办法〉的公告》第二条第二款的规定，非居民企业以程租、期租、湿租的方式出租船舶、飞机取得收入的经营活动属于国际运输业务。

非居民企业以光租、干租等方式出租船舶、飞机，或者出租集装箱及其他装载工具给境内机构和个人取得的所得是租金收入。

（2）税收协定优惠

根据《国家税务总局关于执行税收协定特许权使用费条款有关问题的通知》第一条的相关规定，凡税收协定特许权使用费定义中明确包括使用工业、商业、科学设备收取的款项（即我国税法有关租金所得）的，有关所得应适用税收协定特许权使用费条款的规定。税收协定对此规定的税率低于税收法律规定税率的，应适用税收协定规定的税率。上述规定不适用于使用不动产产生的所得，使用不动产产生的所得适用税收协定不动产条款的规定。

我国与大部分国家签订的税收协定特许权使用费条款对部分设备租金有优惠规定：对于使用或有权使用工业、商业、科学设备而支付的特许权使用费，如果受益所有人为缔约对方居民，按支付特许权使用费总额的一定比例（如60%或70%）确定税基或调整数额。具体参见我国与相关国家签订的税收协定特许权使用费条款。有关受益所有人的判定按照《国家税务总局关于税收协定中“受益所有人”有关问题的公告》的规定执行。

根据《国家税务总局关于税收协定执行若干问题的公告》第二条第四款的有

关规定，企业从事以光租形式出租船舶或以干租形式出租飞机，以及使用、保存或出租用于运输货物或商品的集装箱（包括拖车和运输集装箱的有关设备）等租赁业务取得的收入不属于国际运输收入，但根据税收协定国际运输条款，附属于国际运输业务的上述租赁业务收入应视同国际运输收入处理。

六、非居民企业其他业务的税收管理

71. 非居民企业承包工程、提供劳务所得如何进行税务处理？

非居民企业在中国境内承包工程作业或提供劳务项目的，企业所得税按纳税年度计算、分季预缴，年终汇算清缴，并在工程项目完工或劳务合同履行完毕后结清税款。确定符合《企业所得税法实施条例》第一百零六条所列指定扣缴的三种情形之一的，税务机关可以指定工程价款或者劳务费的支付人为扣缴义务人。应当扣缴的企业所得税，扣缴义务人未依法扣缴或者无法履行扣缴义务的，由纳税人在所得发生地缴纳。纳税人未依法缴纳的，税务机关可以从该纳税人在中国境内其他收入项目的支付人应付的款项中，追缴该纳税人的应纳税款。扣缴义务人每次代扣的税款，应当自代扣之日起七日内缴入国库，并向所在地的税务机关报送扣缴企业所得税报告表。

非居民企业（以下称派遣企业）派遣人员在中国境内提供劳务，如果派遣企业对被派遣人员工作结果承担部分或全部责任和风险，通常考核评估被派遣人员的工作业绩，应视为派遣企业在中国境内设立机构、场所提供劳务；如果派遣企业属于税收协定缔约对方企业，且提供劳务的机构、场所具有相对的固定性和持久性，该机构、场所构成在中国境内设立的常设机构。

在做出上述判断时，应结合下列因素予以确定：

（1）接收劳务的境内企业（以下称接收企业）向派遣企业支付管理费、服务费性质的款项；

（2）接收企业向派遣企业支付的款项金额超出派遣企业代垫、代付被派遣人员的工资、薪金、社会保险费及其他费用；

（3）派遣企业并未将接收企业支付的相关费用全部发放给被派遣人员，而是保留了一定数额的款项；

（4）派遣企业负担的被派遣人员的工资、薪金未全额在中国缴纳个人所得税；

（5）派遣企业确定被派遣人员的数量、任职资格、薪酬标准及其在中国境内的工作地点。

如果派遣企业仅为在接收企业行使股东权利、保障其合法股东权益而派遣人员在中国境内提供劳务的，包括被派遣人员为派遣企业提供对接收企业投资的有关建议、代表派遣企业参加接收企业股东大会或董事会议等活动，均不因该活动在接收企业营业场所进行而认定为派遣企业在中国境内设立机构、场所或常设机构。

派遣企业和接收企业应按照《非居民承包工程和提供劳务税收管理暂行办法》（国家税务总局令第19号）规定办理税务登记和备案、税款申报及其他涉税事宜。

派遣企业应依法准确计算其取得的所得并据实申报缴纳企业所得税；不能如实申报的，税务机关有权按照相关规定核定其应纳税所得额。

主管税务机关应加强对派遣行为的税收管理，重点审核下列与派遣行为有关的资料，以及派遣安排的经济实质和执行情况，确定非居民企业所得税纳税义务：

（1）派遣企业、接收企业和被派遣人员之间的合同协议或约定；

（2）派遣企业或接收企业对被派遣人员的管理规定，包括被派遣人员的工作职责、工作内容、工作考核、风险承担等方面的具体规定；

（3）接收企业向派遣企业支付款项及相关账务处理情况，被派遣人员个人所得税申报缴纳资料；

（4）接收企业是否存在通过抵消交易、放弃债权、关联交易或其他形式隐蔽性支付与派遣行为相关费用的情形。

72. 境内机构或个人如何办理服务贸易等项目对外支付税务备案？

（1）应备案情形

根据《国家税务总局、国家外汇管理局关于服务贸易等项目对外支付税务备案有关问题的公告》有关规定，境内机构和个人向境外单笔支付等值5万美元以上（不含等值5万美元，下同）下列外汇资金，除无需办理对外支付备案的情形外，均应向所在地主管税务机关进行税务备案：

①境外机构或个人从境内获得的包括运输、旅游、通信、建筑安装及劳务承包、保险服务、金融服务、计算机和信息服务、专有权利使用和特许、体育文化和娱乐服务、其他商业服务、政府服务等服务贸易收入；

②境外个人在境内的工作报酬，境外机构或个人从境内获得的股息、红利、利润、直接债务利息、担保费以及非资本转移的捐赠、赔偿、税收、偶然性所得等收益和经常转移收入；

③境外机构或个人从境内获得的融资租赁租金、不动产的转让收入、股权转让所得以及外国投资者其他合法所得。

外国投资者以境内直接投资合法所得在境内再投资单笔5万美元以上的，应按照本规定进行税务备案。

（2）无需办理对外支付备案的情形

《国家税务总局、国家外汇管理局关于服务贸易等项目对外支付税务备案有关问题的公告》第三条规定，境内机构和个人对外支付下列外汇资金无需办理对外支付备案：

①境内机构在境外发生的差旅、会议、商品展销等各项费用；

②境内机构在境外代表机构的办公经费，以及境内机构在境外承包工程的工程款；

③境内机构发生在境外的进出口贸易佣金、保险费、赔偿款；

④进口贸易项下境外机构获得的国际运输费用；

⑤保险项下保费、保险金等相关费用；

⑥从事运输或远洋渔业的境内机构在境外发生的修理、油料、港杂等各项费用；

⑦境内旅行社从事出境旅游业务的团费以及代订、代办的住宿、交通等相关费用；

⑧亚洲开发银行和世界银行集团下属的国际金融公司从我国取得的所得或收入，包括投资合营企业分得的利润和转让股份所得、在华财产（含房产）出租或

转让收入以及贷款给我国境内机构取得的利息；

⑨外国政府和国际金融组织向我国提供的外国政府（转）贷款（含外国政府混合（转）贷款）和国际金融组织贷款项下的利息。本项所称国际金融组织是指国际货币基金组织、世界银行集团、国际开发协会、国际农业发展基金组织、欧洲投资银行等；

⑩外汇指定银行或财务公司自身对外融资如境外借款、境外同业拆借、海外代付以及其他债务等项下的利息；

⑪我国省级以上国家机关对外无偿捐赠援助资金；

⑫境内证券公司或登记结算公司向境外机构或境外个人支付其依法获得的股息、红利、利息收入及有价证券卖出所得收益；

⑬境内个人境外留学、旅游、探亲等因私用汇；

⑭境内机构和个人办理服务贸易、收益和经常转移项下退汇；

⑮国家规定的其他情形。

（3）备案流程

根据《国家税务总局、国家外汇管理局关于服务贸易等项目对外支付税务备案有关问题的公告》第二条的规定，备案人在办理对外支付税务备案时，应向主管税务机关提交加盖公章的合同（协议）或相关交易凭证复印件（外文文本应同时附送中文译本)，并填报《服务贸易等项目对外支付税务备案表》（一式两份，以下简称《备案表》)。

同一笔合同需要多次对外支付的，扣缴义务人或非居民纳税人须在每次付汇前办理税务备案手续，但只需在首次付汇备案时提交合同（协议）或相关交易凭证复印件。

备案人提交的资料齐全、《备案表》填写完整的，主管税务机关无须当场进行纳税事项审核，应编制《备案表》流水号，在《备案表》上盖章，1 份当场退还备案人，1 份留存。

备案人完成税务备案手续后，持主管税务机关盖章的《备案表》，按照外汇管理的规定，到外汇指定银行办理付汇审核手续。

第五章　资产的税务处理

第一节　固定资产的税务处理

73. 什么是固定资产？

固定资产是指企业为生产产品、提供劳务、出租或者经营管理而持有的，使用时间超过 12 个月的非货币性资产，包括房屋、建筑物、机器、机械、运输工具以及其他与生产经营活动有关的设备、器具、工具等。

74. 固定资产的计税基础包括哪些？

固定资产的计税基础包括：

（1）外购的固定资产，以购买价款和支付的相关税费以及直接归属于使该资产达到预定用途发生的其他支出为计税基础。

（2）自行建造的固定资产，以竣工结算前发生的支出为计税基础。

（3）融资租入的固定资产，以租赁合同约定的付款总额和承租人在签订租赁合同过程中发生的相关费用为计税基础，租赁合同未约定付款总额的，以该资产的公允价值和承租人在签订租赁合同过程中发生的相关费用为计税基础。

（4）盘盈的固定资产，以同类固定资产的重置完全价值为计税基础。

（5）通过捐赠、投资、非货币性资产交换、债务重组等方式取得的固定资产，以该资产的公允价值和支付的相关税费为计税基础。

（6）改建的固定资产，除已足额提取折旧的固定资产和租入的固定资产以外的其他固定资产，以改建过程中发生的改建支出增加计税基础。

75. 不得计算折旧扣除的固定资产有哪些？

在计算应纳税所得额时，企业按照规定计算的固定资产折旧，准予扣除。下列固定资产不得计算折旧扣除：

（1）房屋、建筑物以外未投入使用的固定资产；

（2）以经营租赁方式租入的固定资产；

（3）以融资租赁方式租出的固定资产；

（4）已足额提取折旧仍继续使用的固定资产；

（5）与经营活动无关的固定资产；

（6）单独估价作为固定资产入账的土地；

（7）其他不得计算折旧扣除的固定资产。

76. 如何计提固定资产折旧费？

（1）企业应当自固定资产投入使用月份的次月起计算折旧；停止使用的固定资产，应当自停止使用月份的次月起停止计算折旧。

（2）企业应当根据固定资产的性质和使用情况，合理确定固定资产的预计净残值。固定资产的预计净残值一经确定，不得变更。

（3）固定资产按照直线法计算的折旧，准予扣除。

（4）企业对房屋、建筑物固定资产在未足额提取折旧前进行改扩建的，如属于推倒重置，该资产原值减除提取折旧后的净值，应并入重置后的固定资产计税成本，并在该固定资产投入使用后的次月起，按照税法规定的折旧年限，一并计提折旧；如属于提升功能增加面积的，该固定资产的改扩建支出，并入该固定资产计税基础，并从改扩建完工投入使用后的次月起，重新按税法规定的该固定资产折旧年限计提折旧，如该改扩建后的固定资产尚可使用的年限低于税法规定的最低年限，可以按尚可使用的年限计提折旧。

77. 固定资产计提折旧的最低年限是如何规定的？

除国务院财政、税务主管部门另有规定外，固定资产计算折旧的最低年限如下：

（1）房屋、建筑物，为 20 年；

（2）飞机、火车、轮船、机器、机械和其他生产设备，为 10 年；

（3）与生产经营活动有关的器具、工具、家具等，为 5 年；

（4）飞机、火车、轮船以外的运输工具，为 4 年；

（5）电子设备，为 3 年。

从事开采石油、天然气等矿产资源的企业，在开始商业性生产前发生的费用和有关固定资产的折耗、折旧方法，由国务院财政、税务主管部门另行规定。

78. 固定资产折旧会计与税法冲突时如何处理？

（1）企业固定资产会计折旧年限如果短于税法规定的最低折旧年限，其按会计折旧年限计提的折旧高于按税法规定的最低折旧年限计提的折旧部分，应调增当期应纳税所得额；企业固定资产会计折旧年限已期满且会计折旧已提足，但税法规定的最低折旧年限尚未到期且税收折旧尚未足额扣除，其未足额扣除的部分准予在剩余的税收折旧年限继续按规定扣除。

（2）企业固定资产会计折旧年限如果长于税法规定的最低折旧年限，其折旧应按会计折旧年限计算扣除，税法另有规定除外。

（3）企业按会计规定提取的固定资产减值准备，不得税前扣除，其折旧仍按税法确定的固定资产计税基础计算扣除。

（4）企业按税法规定实行加速折旧的，其按加速折旧办法计算的折旧额可全额在税前扣除。

（5）石油天然气开采企业在计提油气资产折耗（折旧）时，由于会计与税法规定计算方法不同导致的折耗（折旧）差异，应按税法规定进行纳税调整。

第二节　生物资产的税务处理

79. 什么是生物资产？

生物资产是指有生命的动物和植物。生物资产分为消耗性生物资产、生产性生物资产和公益性生物资产。消耗性生物资产，是指为出售而持有的，或在将来收获为农产品的生物资产，包括生长中的大田作物、蔬菜、用材林以及存栏待售的牲畜等。生产性生物资产，是指为产出农产品、提供劳务或出租等目的而持有的生物资产，包括经济林、薪炭林、产畜和役畜等。公益性生物资产，是指以防护、环境保护为主要目的的生物资产，包括防风固沙林、水土保持林和水源涵养林等。

80. 生产性生物资产的计税基础如何确定？

企业的各项资产，包括固定资产、生物资产、无形资产、长期待摊费用、投资资产、存货等，以历史成本为计税基础。历史成本是指企业取得该项资产时实际发生的支出。企业持有各项资产期间资产增值或者减值，除国务院财政、税务主管部门规定可以确认损益外，不得调整该资产的计税基础。生产性生物资产按照以下方法确定计税基础：

（一）外购的生产性生物资产，以购买价款和支付的相关税费为计税基础；

（二）通过捐赠、投资、非货币性资产交换、债务重组等方式取得的生产性生物资产，以该资产的公允价值和支付的相关税费为计税基础。

81. 投资取得的生物性资产的计税基础是什么？

通过捐赠、投资、非货币性资产交换、债务重组等方式取得的固定资产，以该资产的公允价值和支付的相关税费为计税基础。

82. 生产性生物资产按照什么方法折旧是准予扣除的？

生产性生物资产按照直线法计算的折旧，准予扣除。

83. 生产性生物资产从何时开始计提折旧？

企业应当自生产性生物资产投入使用月份的次月起计算折旧；停止使用的生产性生物资产，应当自停止使用月份的次月起停止计算折旧。

企业应当根据生产性生物资产的性质和使用情况，合理确定生产性生物资产的预计净残值。生产性生物资产的预计净残值一经确定，不得变更。

84. 生产性生物资产计算折旧的最低年限如何规定？

生产性生物资产计算折旧的最低年限如下：

（一）林木类生产性生物资产，为 10 年；

（二）畜类生产性生物资产，为 3 年。

第三节　无形资产的税务处理

85. 无形资产如何界定？

企业所得税法所称无形资产，是指企业为生产产品、提供劳务、出租或者经营管理而持有的、没有实物形态的非货币性长期资产，包括专利权、商标权、著作权、土地使用权、非专利技术、商誉等。

86. 外购的无形资产，怎么确定计税基础进行摊销扣除？

对于外购的无形资产，以购买价款和支付的相关税费以及直接归属于使该资产达到预定用途发生的其他支出为计税基础。

企事业单位购进软件，凡符合固定资产或无形资产确认条件的，可以按照固定资产或无形资产进行核算，其折旧或摊销年限可以适当缩短，最短可为 2 年（含）。

87. 自行开发的无形资产，怎么确定计税基础进行摊销扣除？

对于自行开发的无形资产，以开发过程中该资产符合资本化条件后至达到预定用途前发生的支出为计税基础。

88. 通过捐赠、投资入股、债务重组等方式取得的无形资产，如何确定计税基础进行摊销扣除？

对于通过捐赠、投资、非货币性资产交换、债务重组等方式取得的无形资产，以该资产的公允价值和支付的相关税费为计税基础。

89. 企业所得税法中对符合规定的无形资产如何确认摊销扣除？

在计算应纳税所得额时，企业按照规定计算的无形资产摊销费用，准予扣除。无形资产按照直线法计算的摊销费用，准予扣除。

无形资产的摊销年限不得低于10年。

作为投资或者受让的无形资产，有关法律规定或者合同约定了使用年限的，可以按照规定或者约定的使用年限分期摊销。

外购商誉的支出，在企业整体转让或者清算时，准予扣除。

90. 不得计算摊销扣除的无形资产有哪些？

下列无形资产不得计算摊销费用扣除：

1. 自行开发的支出已在计算应纳税所得额时扣除的无形资产；
2. 自创商誉；
3. 与经营活动无关的无形资产；
4. 其他不得计算摊销费用扣除的无形资产。

第四节　长期待摊费用的税务处理

91. 什么是长期待摊费用？

长期待摊费用是指企业已经支出，但摊销期限在1年以上（不含1年）的各项费用。

92. 长期待摊费用中准予扣除的支出有哪些?

在计算应纳税所得额时，企业发生的下列支出，作为长期待摊费用，按照规定摊销的，准予扣除：

（1）已足额提取折旧的固定资产的改建支出；

（2）租入固定资产的改建支出；

（3）固定资产的大修理支出；

（4）其他应当作为长期待摊费用的支出。

93. 长期待摊费用摊销年限如何规定?

《企业所得税法》第十三条规定，在计算应纳税所得额时，企业发生的下列支出作为长期待摊费用，按照规定摊销的，准予扣除：

（一）已足额提取折旧的固定资产的改建支出；

（二）租入固定资产的改建支出；

（三）固定资产的大修理支出；

（四）其他应当作为长期待摊费用的支出。

《企业所得税法实施条例》第六十八条规定，《企业所得税法》第十三条第（一）项和第（二）项所称固定资产的改建支出，是指改变房屋或者建筑物结构、延长使用年限等发生的支出。

《企业所得税法》第十三条第（一）项规定的支出，按照固定资产预计尚可使用年限分期摊销；第（二）项规定的支出，按照合同约定的剩余租赁期限分期摊销。改建的固定资产延长使用年限的，除《企业所得税法》第十三条第（一）项和第（二）项规定外，应当适当延长折旧年限。

《企业所得税法实施条例》第六十九条规定，《企业所得税法》第十三条第（三）项所称固定资产的大修理支出，是指同时符合下列条件的支出：

（一）修理支出达到取得固定资产时的计税基础50%以上；

（二）修理后固定资产的使用年限延长2年以上。

《企业所得税法》第十三条第（三）项规定的支出，按照固定资产尚可使用年限分期摊销。

《企业所得税法实施条例》第七十条规定，企业所得税法第十三条第（四）项所称其他应当作为长期待摊费用的支出，自支出发生月份的次月起，分期摊销，摊销年限不得低于3年。

第五节　存货的税务处理

94. 什么是存货？

存货是指企业在日常活动中持有以备出售的产成品或商品、处在生产过程中的在产品、在生产过程或提供劳务过程中耗用的材料或物料等，包括各类材料、在产品、半成品、产成品或库存商品以及包装物、低值易耗品、委托加工物资等。

一般情况下，企业的存货包括下列三种类型的有形资产：

（1）在正常经营过程中存储以备出售的存货。这是指企业在正常的过程中处于待销状态的各种物品，如工业企业的库存产成品及商品流通企业的库存商品。

（2）为了最终出售正处于生产过程中的存货。这是指为了最终出售但目前处于生产加工过程中的各种物品，如工业企业的在产品、自制半成品以及委托加工物资等。

（3）为了生产供销售的商品或提供服务以备消耗的存货。这是指企业为生产产品或提供劳务耗用而储备的各种原材料、燃料、包装物、低值易耗品等。

95. 存货的计税基础如何确定？

序号	存货的取得途径	存货的计税基础
1	支付现金方式取得	购买价款＋相关税费
2	支付现金以外的方式取得	公允价值＋相关税费
3	生产性生物资产收获的农产品	产出或采收过程中发生的材料费＋人工费＋分摊的间接费用等必要支出

96. 存货的成本计算有什么方法？

企业使用或销售的存货的成本计算方法为：先进先出法、加权平均法、个别计价法。可以在上述方法中选用一种，一经选用，不得随意变更。

除国务院、税务主管部门另有规定外，企业重组过程中，应当在交易发生时确认有关资产的转让所得或损失，一般情况下，相关资产应当按照交易价格重新确定计税基础。

第六节　投资资产的税务处理

97. 什么是投资资产？

投资资产是指企业对外进行权益性投资和债权性投资而形成的资产。

98. 投资资产成本如何确定？

投资资产按照以下方法确定成本：

（1）通过支付现金方式取得的投资资产，以购买价款为成本；

（2）通过支付现金以外的方式取得的投资资产，以该资产的公允价值和支付的相关税费为成本。

99. 投资资产的成本何时可以税前扣除？

企业对外投资期间，投资资产的成本在计算应纳税所得额时不得扣除。企业在转让或者处置投资资产时，投资资产的成本，准予扣除。

100. 非货币性资产投资包括什么？

非货币性资产，是指现金、银行存款等货币性资产以外的资产，包括股权、不动产、技术发明成果以及其他形式的非货币性资产。税法所称非货币性资产投资，包括以非货币性资产出资设立新的企业，以及以非货币性资产出资参与企业增资扩股、定向增发股票、股权置换、重组改制等投资行为。

101. 非货币性资产投资如何进行税务处理?

非货币性资产投资可以分解为两个行为：一个是投资行为；一个是非货币性资产转让行为。

（一）投资行为

确定投资资产的成本（计税基础）

序号	取得途径	计税基础
1	支付现金方式取得	购买价款
2	支付现金以外的方式取得	公允价值+相关税费

（二）非货币性资产转让行为（销售行为）：针对资产转让行为（销售行为）确认所得

（1）收入确认。

于投资协议生效并办理股权登记手续时，确认非货币性资产转让收入。

收入=评估后的公允价值=即被投资方的计税基础（成本）

（2）成本的确认。

非货币性资产账面的计税基础。

（3）所得额。

非货币性资产转让所得=评估后的公允价值-账面计税基础

（4）应纳税所得额的确认。

针对非货币性资产转让所得，可以一次性计入应纳税所得额，也可以递延方式分期确认。

递延方式：可在不超过5年期限内，分期均匀计入相应年度的应纳税所得额。

①企业在对外投资5年内转让上述股权或投资收回的，应停止执行递延纳税政策，并就递延期内尚未确认的非货币性资产转让所得，在转让股权或投资收回

当年的企业所得税年度汇算清缴时，一次性计算缴纳企业所得税。

②企业在对外投资5年内注销的，应停止执行递延纳税政策，并就递延期内尚未确认的非货币性资产转让所得，在注销当年的企业所得税年度汇算清缴时，一次性计算缴纳企业所得税。

第七节　税法规定与会计规定差异的处理

102. 税法规定与会计规定有差异如何处理？

税法规定与会计规定差异的处理是指在计算应纳税所得额时，企业财务、会计处理办法与税收法律、行政法规的规定不一致的，应当依照税收法律、行政法规的规定计算，即企业在平时进行会计核算时，可以按会计制度的有关规定进行账务处理，但在计算应纳税所得额和申报纳税时，对税法规定和会计制度规定有差异的，要按税法规定进行纳税调整。

（1）企业不能提供完整、准确的收入及成本、费用凭证，不能正确计算应纳税所得额的由税务机关核定其应纳税所得额。

（2）企业依法清算时，以其清算终了后的清算所得为应纳税所得额，按规定缴纳企业所得税。所谓清算所得，是指企业的全部资产可变现价值或者交易价格减除资产净值、清算费用以及相关税费等后的余额。

投资方企业从被清算企业分得的剩余资产，其中相当于从被清算企业累计未分配利润和累计盈余公积中应当分得的部分，应当确认为股息所得；剩余资产减除上述股息所得后的余额，超过或者低于投资成本的部分，应当确认为投资资产转让所得或者损失。

（3）企业应纳税所得额是根据税收法规计算出来的，它在数额上与依据财务会计制度计算的利润总额往往不一致。因此，税法规定：对企业按照有关财务会计规定计算的利润总额，要按照税法的规定进行必要调整后，才能作为应纳税所得额计算缴纳所得税。

103. 固定资产折旧年限会计与税法差异如何处理？

固定资产折旧的企业所得税处理：（1）企业固定资产会计折旧年限如果短于税法规定的最低折旧年限，其按会计折旧年限计提的折旧高于税法规定的最低折旧年限计提的折旧部分，应调增当期应纳税所得额；企业固定资产会计折旧年限已期满且会计折旧已提足，但税法规定的最低折旧年限尚未到期且税收折旧尚未足额扣除，其未足额扣除的部分准予在剩余的税收折旧年限继续按规定扣除。（2）企业固定资产会计折旧年限如果长于税法规定的最低折旧年限，其折旧应按会计折旧年限计算扣除，税法另有规定除外。

104. 固定资产按税法规定实行加速折旧的，如果会计处理未作加速折旧，那么其加速折旧额能否全额扣除？

企业按税法规定实行加速折旧的，其按加速折旧办法计算的折旧额可全额在税前扣除。也就是说，企业会计处理上是否采取加速折旧方法，不影响企业享受加速折旧税收优惠政策，企业在享受加速折旧税收优惠政策时，不需要会计上也同时采取与税收上相同的折旧方法。

第六章　资产损失税前扣除的所得税处理

第一节　资产及资产损失

105. 企业资产损失如何进行税务处理？

表一：资产损失的判定标准与扣除条件

资产	资产损失	扣除前提
是指企业拥有或控制的、用于经营管理活动的相关资产，包括： （1）货币性资产 包括：现金、银行存款、应收及预付款项等。 （2）非货币性资产 包括：存货、固定资产、无形资产、在建工程。 （3）债权性投资和股权性投资。	是指企业在实际处置、转让资产过程中发生的合理损失，以及企业虽然未实际处置、转让资产，但符合规定条件的损失（简称法定资产损失），具体如下： （1）实际资产损失 判定标准：实际发生且会计已处理。 如，存货遭受火灾损毁。 （2）法定资产损失［符合《财政部、国家税务总局关于企业资产损失税前扣除政策的通知》和《国家税务总局关于发布〈企业资产损失所得税税前扣除管理办法〉的公告》规定］ 判定标准：实际发生（达到法定损失认定标准）且会计已处理。 如，应收账款回收不能。	企业向税务机关申报扣除资产损失，需要填报企业所得税年度纳税申报表《资产损失税前扣除及纳税调整明细表》，不再报送资产损失相关资料。相关资料由企业留存备查。

表二：以前年度资产损失税务处理

(一) 企业以前年度发生的资产损失未能在当年税前扣除的税务处理	属于法定资产损失	申报年度扣除
	属于实际资产损失	准予追补至该项损失发生年度扣除，其追补确认期限一般不得超过五年。下列资产损失，其追补确认期限经国家税务总局批准后可适当延长： （1）因计划经济体制转轨过程中遗留的资产损失； （2）企业重组上市过程中因权属不清出现争议而未能及时扣除的资产损失； （3）因承担国家政策性任务而形成的资产损失； （4）政策定性不明确而形成资产损失。

【例】 大圣公司 2015 年有一台设备在报废时，确认的损失为 16 万元，因当年财务人员离职，该损失未及时向税务机构申报扣除。2019 年该公司提供完整资料进行申请，准备当年扣除该损失。

上述 16 万损失属于在以前年度发生的未能在当年税前扣除的资产损失。问题：例中的 16 万元损失能够扣除？

解析：设备损失 16 万元属于实际资产损失，应在税法确认年度开始向前追补。确认年度是 2019 年，发生年度是 2015 年，追补期限未超过 5 年，因此该损失允许税前扣除。

（二）企业因以前年度实际资产损失未在税前扣除而多缴的企业所得税税款，可在追补确认年度企业所得税应纳税款中予以抵扣，不足抵扣的，向以后年度递延抵扣。

（三）企业实际资产损失发生年度扣除追补确认的损失后出现亏损的，应先调整资产损失发生年度的亏损额，再按弥补亏损的原则计算以后年度多缴的企业所得税税款，并按上述第（二）项进行税务处理。

【注】 企业以前年度发生的资产损失未能在当年税前扣除的，可以按照规定，向税务机关说明并进行专项申报扣除。其中，属于实际资产损失，准予追补至该项损失发生年度扣除，其追补确认期限一般不得超过五年，但因计划经济体制转轨过程中遗留的资产损失、企业重组上市过程中因权属不清出现争议而未能及时扣除的资产损失、因承担国家政策性任务而形成的资产损失以及政策定性不明确而形成资产损失等特殊原因形成的资产损失，其追补确认期限经国家税务总局批准后可适当延长。属于法定资产损失，应在申报年度扣除。企业因以前年度实际资产损失未在税前扣除而多缴的企业所得税税款，可在追补确认年度企业所得税应纳税款中予以抵扣，不足抵扣的，向以后年度递延抵扣。企业实际资产损失发生年度扣除追补确认的损失后出现亏损的，应先调整资产损失发生年度的亏损额，再按弥补亏损的原则计算以后年度多缴的企业所得税税款，并按前款办法进行税务处理。

第二节　资产损失扣除的政策

106. 资产损失扣除的一般性规定？

（1）扣除损失金额的确定

允许扣除资产损失的金额＝损失资产的账面净值－被赔偿部分（责任人、保险公司赔偿等）

（2）资产损失的确认条件

资产损失确认的三个情形：

①债务人主体或资格消失，如死亡、解散、破产等。

②不可抗力，如自然灾害、战争等。

③期限过长，如应收款项逾期 3 年未收回等。

【例】天蓬罐头厂（简称天蓬厂）系增值税一般纳税人。2019 年 5 月份外购鸭梨一批 10000 千克，取得的增值税专用发票上注明的价款 20000 元，增值税款 1800 元；6 月将鸭梨加工成果酱 3000 千克，其中 2500 千克用于直接销售，500 千克因管理不善被盗。请计算企业税前可以扣除的损失是多少？应注意什么问题？

解析：

①5 月天蓬厂购进鸭梨的账务处理：

借：原材料　　20000

应交税费—应交增值税（进项税额）　　1800

　　贷：银行存款　　21800

②6 月天蓬厂发生被盗损失的账务处理：

借：待处理财产损益—待处理流动资产损益　　3633. 33

　　贷：库存商品　　3333. 33

　　　　应交税费—应交增值税（进项税转出）　　300

被盗库存商品摊入的原材料价值＝20000×（500÷3000）＝3333. 33（元）

需要转出的进项税额 = 1800 × （500 ÷ 3000） = 300（元）

借：营业外支出　　　　　　　　　　　　　　　3633.33

　　贷：待处理财产损益—待处理流动资产损益　3633.33

针对企业所得税产生损失的原因，应注意是否属于增值税不得抵扣进项税额的情形。

会计、增值税与企业所得税对损失确认的差异分析：

会计处理	非正常损失包括自然灾害
增值税处理	非正常损失不包括自然灾害，其判定的标准为是否人为原因导致
企业所得税处理	合理损失都可在税前扣除，不强调区分正常损失和非正常损失

107. 已经扣除的资产损失，后来又收回了，如何处理？

（1）企业已经作为损失处理的资产，在以后纳税年度又全部收回或者部分收回时，应当计入当期收入。

（2）企业在计算应纳税所得额时已经扣除的资产损失，在以后纳税年度全部或者部分收回时，其收回部分应当作为收入计入收回当期的应纳税所得额。

108. 资产损失税前扣除政策的具体规定有哪些？

根据《财政部、国家税务总局关于企业资产损失税前扣除政策的通知》规定，企业资产损失税前扣除具体政策如下：

（1）资产损失，是指企业在生产经营活动中实际发生的、与取得应税收入有关的资产损失，包括现金损失，存款损失，坏账损失，贷款损失，股权投资损失，固定资产和存货的盘亏、毁损、报废、被盗损失，自然灾害等不可抗力因素造成的损失以及其他损失。

（2）企业清查出的现金短缺减除责任人赔偿后的余额，作为现金损失在计算应纳税所得额时扣除。

（3）企业将货币性资金存入法定具有吸收存款职能的机构，因该机构依法破产、清算，或者政府责令停业、关闭等原因，确实不能收回的部分，作为存款损失在计算应纳税所得额时扣除。

（4）企业除贷款类债权外的应收、预付账款符合下列条件之一的，减除可收回金额后确认的无法收回的应收、预付款项，可以作为坏账损失在计算应纳税所得额时扣除：

①债务人依法宣告破产、关闭、解散、被撤销，或者被依法注销、吊销营业执照，其清算财产不足清偿的；

②债务人死亡，或者依法被宣告失踪、死亡，其财产或者遗产不足清偿的；

③债务人逾期3年以上未清偿，且有确凿证据证明已无力清偿债务的；

④与债务人达成债务重组协议或法院批准破产重整计划后，无法追偿的；

⑤因自然灾害、战争等不可抗力导致无法收回的；

⑥国务院财政、税务主管部门规定的其他条件。

（5）企业经采取所有可能的措施和实施必要的程序之后，符合下列条件之一的贷款类债权，可以作为贷款损失在计算应纳税所得额时扣除：

①借款人和担保人依法宣告破产、关闭、解散、被撤销，并终止法人资格，或者已完全停止经营活动，被依法注销、吊销营业执照，对借款人和担保人进行追偿后，未能收回的债权；

②借款人死亡，或者依法被宣告失踪、死亡，依法对其财产或者遗产进行清偿，并对担保人进行追偿后，未能收回的债权；

③借款人遭受重大自然灾害或者意外事故，损失巨大且不能获得保险补偿，或者以保险赔偿后，确实无力偿还部分或者全部债务，对借款人财产进行清偿和对担保人进行追偿后，未能收回的债权；

④借款人触犯刑律，依法受到制裁，其财产不足归还所借债务，又无其他债务承担者，经追偿后确实无法收回的债权；

⑤由于借款人和担保人不能偿还到期债务，企业诉诸法律，经法院对借款人和担保人强制执行，借款人和担保人均无财产可执行，法院裁定执行程序终结或终止（中止）后，仍无法收回的债权；

⑥由于借款人和担保人不能偿还到期债务，企业诉诸法律后，经法院调解或经债权人会议通过，与借款人和担保人达成和解协议或重整协议，在借款人和担保人履行完还款义务后，无法追偿的剩余债权；

⑦由于上述①至⑥项原因借款人不能偿还到期债务，企业依法取得抵债资产，抵债金额小于贷款本息的差额，经追偿后仍无法收回的债权；

⑧开立信用证、办理承兑汇票、开具保函等发生垫款时，凡开证申请人和保证人由于上述①至⑦项原因，无法偿还垫款，金融企业经追偿后仍无法收回的垫款；

⑨银行卡持卡人和担保人由于上述①至⑦项原因，未能还清透支款项，金融企业经追偿后仍无法收回的透支款项；

⑩助学贷款逾期后，在金融企业确定的有效追索期限内，依法处置助学贷款抵押物（质押物），并向担保人追索连带责任后，仍无法收回的贷款；

⑪经国务院专案批准核销的贷款类债权；

⑫国务院财政、税务主管部门规定的其他条件。

（6）企业的股权投资符合下列条件之一的，减除可收回金额后确认的无法收回的股权投资，可以作为股权投资损失在计算应纳税所得额时扣除：

①被投资方依法宣告破产、关闭、解散、被撤销，或者被依法注销、吊销营业执照的；

②被投资方财务状况严重恶化，累计发生巨额亏损，已连续停止经营 3 年以上，且无重新恢复经营改组计划的；

③对被投资方不具有控制权，投资期限届满或者投资期限已超过 10 年，且被投资单位因连续 3 年经营亏损导致资不抵债的；

④被投资方财务状况严重恶化，累计发生巨额亏损，已完成清算或清算期超过 3 年以上的；

⑤国务院财政、税务主管部门规定的其他条件。

（7）对企业盘亏的固定资产或存货，以该固定资产的账面净值或存货的成本减除责任人赔偿后的余额，作为固定资产或存货盘亏损失在计算应纳税所得额时扣除。

（8）对企业毁损、报废的固定资产或存货，以该固定资产的账面净值或存货的成本减除残值、保险赔款和责任人赔偿后的余额，作为固定资产或存货毁损、报废损失在计算应纳税所得额时扣除。

(9) 对企业被盗的固定资产或存货，以该固定资产的账面净值或存货的成本减除保险赔款和责任人赔偿后的余额，作为固定资产或存货被盗损失在计算应纳税所得额时扣除。

(10) 企业因存货盘亏、毁损、报废、被盗等原因不得从增值税销项税额中抵扣的进项税额，可以与存货损失一起在计算应纳税所得额时扣除。

(11) 企业在计算应纳税所得额时已经扣除的资产损失，在以后纳税年度全部或者部分收回时，其收回部分应当作为收入计入收回当期的应纳税所得额。

(12) 企业境内、境外营业机构发生的资产损失应分开核算，对境外营业机构由于发生资产损失而产生的亏损，不得在计算境内应纳税所得额时扣除。

(13) 企业对其扣除的各项资产损失，应当提供能够证明资产损失确属已实际发生的合法证据，包括具有法律效力的外部证据、具有法定资质的中介机构的经济鉴证证明、具有法定资质的专业机构的技术鉴定证明等。

【注】 原规定，企业向税务机关申报扣除特定损失时，需留存备查专业技术鉴定意见（报告）或法定资质中介机构出具的专项报告，现不再留存，改为纳税人留存备查自行出具的有法定代表人、主要负责人和财务负责人签章证实有关损失的书面申明。

109. 哪些债权和股权不得作为资产损失在所得税税前扣除？

下列股权和债权不得作为损失在税前扣除：

(1) 债务人或者担保人有经济偿还能力，未按期偿还的企业债权；

(2) 违反法律、法规的规定，以各种形式、借口逃废或悬空的企业债权；

(3) 行政干预逃废或悬空的企业债权；

(4) 企业未向债务人和担保人追偿的债权；

(5) 企业发生非经营活动的债权；

(6) 其他不应当核销的企业债权和股权。

第三节　资产损失税前扣除管理

110. 企业资产损失所得税税前扣除管理如何规定？

根据《国家税务总局关于发布〈企业资产损失所得税税前扣除管理办法〉的公告》，企业资产损失按以下规定执行：

申报管理

企业在进行企业所得税年度汇算清缴申报时，可将资产损失申报材料和纳税资料作为企业所得税年度纳税申报表的附件一并向税务机关报送。

企业资产损失按其申报内容和要求的不同，分为清单申报和专项申报两种申报形式。其中，属于清单申报的资产损失，企业可按会计核算科目进行归类、汇总，然后再将汇总清单报送税务机关，有关会计核算资料和纳税资料留存备查；属于专项申报的资产损失，企业应逐项（或逐笔）报送申请报告，同时附送会计核算资料及其他相关的纳税资料。

企业在申报资产损失税前扣除过程中不符合上述要求的，税务机关应当要求其改正，企业拒绝改正的，税务机关有权不予受理。

下列资产损失，应以清单申报的方式向税务机关申报扣除：

（1）企业在正常经营管理活动中，按照公允价格销售、转让、变卖非货币资产的损失；

（2）企业各项存货发生的正常损耗；

（3）企业固定资产达到或超过使用年限而正常报废清理的损失；

（4）企业生产性生物资产达到或超过使用年限而正常死亡发生的资产损失；

（5）企业按照市场公平交易原则，通过各种交易场所、市场等买卖债券、股票、期货、基金以及金融衍生产品等发生的损失。

（6）前条以外的资产损失，应以专项申报的方式向税务机关申报扣除。企业无法准确判别是否属于清单申报扣除的资产损失，可以采取专项申报的形式申报扣除。

在中国境内跨地区经营的汇总纳税企业发生的资产损失，应按以下规定申报扣除：

（1）总机构及其分支机构发生的资产损失，除应按专项申报和清单申报的有关规定，各自向当地主管税务机关申报外，各分支机构同时还应上报总机构；

（2）总机构对各分支机构上报的资产损失，除税务机关另有规定外，应以清单申报的形式向当地主管税务机关进行申报；

（3）总机构将跨地区分支机构所属资产捆绑打包转让所发生的资产损失，由总机构向当地主管税务机关进行专项申报。

企业因国务院决定事项形成的资产损失，应向国家税务总局提供有关资料。国家税务总局审核有关情况后，将损失情况通知相关税务机关。企业应按本办法的要求进行专项申报。

属于专项申报的资产损失，企业因特殊原因不能在规定的时限内报送相关资料的，可以向主管税务机关提出申请，经主管税务机关同意后，可适当延期申报。

企业应当建立健全资产损失内部核销管理制度，及时收集、整理、编制、审核、申报、保存资产损失税前扣除证据材料，方便税务机关检查。

税务机关应按分项建档、分级管理的原则，建立企业资产损失税前扣除管理台账和纳税档案，及时进行评估。对资产损失金额较大或经评估后发现不符合资产损失税前扣除规定、或存有疑点、异常情况的资产损失，应及时进行核查。对有证据证明申报扣除的资产损失不真实、不合法的，应依法作出税收处理。

【注】新的政策规定：

企业向税务机关申报扣除资产损失，仅需填报企业所得税年度纳税申报表《资产损失税前扣除及纳税调整明细表》，不再报送资产损失相关资料。相关资料由企业留存备查。按照《国家税务总局关于发布〈企业资产损失所得税税前扣除管理办法〉的公告》（以下简称《公告》）有关规定，对资产损失相关资料进行收集、整理、归集，并妥善保管，不需在申报环节向税务机关报送。

企业资产损失资料是证明企业资产损失真实发生的重要依据，也是税务机关有效监管的重要抓手。因此，《公告》第二条明确，企业应当完整保存资产损失相关资料，保证资料的真实性、合法性，否则要承担《税收征收管理法》等法律、行政法规规定的法律责任。

资产损失确认证据

企业资产损失相关的证据包括具有法律效力的外部证据和特定事项的企业内部证据。

具有法律效力的外部证据，是指司法机关、行政机关、专业技术鉴定部门等依法出具的与本企业资产损失相关的具有法律效力的书面文件，主要包括：

（1）司法机关的判决或者裁定；

（2）公安机关的立案结案证明、回复；

（3）工商部门出具的注销、吊销及停业证明；

（4）企业的破产清算公告或清偿文件；

（5）行政机关的公文；

（6）专业技术部门的鉴定报告；

（7）具有法定资质的中介机构的经济鉴定证明；

（8）仲裁机构的仲裁文书；

（9）保险公司对投保资产出具的出险调查单、理赔计算单等保险单据；

（10）符合法律规定的其他证据。

特定事项的企业内部证据，是指会计核算制度健全、内部控制制度完善的企业，对各项资产发生毁损、报废、盘亏、死亡、变质等内部证明或承担责任的声明，主要包括：

（1）有关会计核算资料和原始凭证；

（2）资产盘点表；

（3）相关经济行为的业务合同；

（4）企业内部技术鉴定部门的鉴定文件或资料；

（5）企业内部核批文件及有关情况说明；

（6）对责任人由于经营管理责任造成损失的责任认定及赔偿情况说明；

（7）法定代表人、企业负责人和企业财务负责人对特定事项真实性承担法律责任的声明。

货币资产损失的确认

企业货币资产损失包括现金损失、银行存款损失和应收及预付款项损失等。

现金损失应依据以下证据材料确认：

（1）现金保管人确认的现金盘点表（包括倒推至基准日的记录）；

（2）现金保管人对于短缺的说明及相关核准文件；

（3）对责任人由于管理责任造成损失的责任认定及赔偿情况的说明；

（4）涉及刑事犯罪的，应有司法机关出具的相关材料；

（5）金融机构出具的假币收缴证明。

企业因金融机构清算而发生的存款类资产损失应依据以下证据材料确认：

（1）企业存款类资产的原始凭据；

（2）金融机构破产、清算的法律文件；

（3）金融机构清算后剩余资产分配情况资料。

金融机构应清算而未清算超过三年的，企业可将该款项确认为资产损失，但应有法院或破产清算管理人出具的未完成清算证明。

企业应收及预付款项坏账损失应依据以下相关证据材料确认：

（1）相关事项合同、协议或说明；

（2）属于债务人破产清算的，应有人民法院的破产、清算公告；

（3）属于诉讼案件的，应出具人民法院的判决书或裁决书或仲裁机构的仲裁书，或者被法院裁定终（中）止执行的法律文书；

（4）属于债务人停止营业的，应有工商部门注销、吊销营业执照证明；

（5）属于债务人死亡、失踪的，应有公安机关等有关部门对债务人个人的死亡、失踪证明；

（6）属于债务重组的，应有债务重组协议及其债务人重组收益纳税情况说明；

（7）属于自然灾害、战争等不可抗力而无法收回的，应有债务人受灾情况说明以及放弃债权申明。

企业逾期三年以上的应收款项在会计上已作为损失处理的，可以作为坏账损失，但应说明情况，并出具专项报告。

企业逾期一年以上，单笔数额不超过五万或者不超过企业年度收入总额万分之一的应收款项，会计上已经作为损失处理的，可以作为坏账损失，但应说明情况，并出具专项报告。

非货币资产损失的确认

企业非货币资产损失包括存货损失、固定资产损失、无形资产损失、在建工程损失、生产性生物资产损失等。

存货盘亏损失，为其盘亏金额扣除责任人赔偿后的余额，应依据以下证据材料确认：

（1）存货计税成本确定依据；

（2）企业内部有关责任认定、责任人赔偿说明和内部核批文件；

（3）存货盘点表；

（4）存货保管人对于盘亏的情况说明。

存货报废、毁损或变质损失，为其计税成本扣除残值及责任人赔偿后的余额，应依据以下证据材料确认：

（1）存货计税成本的确定依据；

（2）企业内部关于存货报废、毁损、变质、残值情况说明及核销资料；

（3）涉及责任人赔偿的，应当有赔偿情况说明；

（4）该项损失数额较大的（指占企业该类资产计税成本10%以上，或减少当年应纳税所得、增加亏损10%以上，下同），应有专业技术鉴定意见或法定资质中介机构出具的专项报告等。

存货被盗损失，为其计税成本扣除保险理赔以及责任人赔偿后的余额，应依据以下证据材料确认：

（1）存货计税成本的确定依据；

（2）向公安机关的报案记录；

（3）涉及责任人和保险公司赔偿的，应有赔偿情况说明等。

固定资产盘亏、丢失损失，为其账面净值扣除责任人赔偿后的余额，应依据以下证据材料确认：

（1）企业内部有关责任认定和核销资料；

（2）固定资产盘点表；

（3）固定资产的计税基础相关资料；

（4）固定资产盘亏、丢失情况说明；

（5）损失金额较大的，应有专业技术鉴定报告或法定资质中介机构出具的专项报告等。

固定资产报废、毁损损失，为其账面净值扣除残值和责任人赔偿后的余额，应依据以下证据材料确认：

（1）固定资产的计税基础相关资料；

（2）企业内部有关责任认定和核销资料；

（3）企业内部有关部门出具的鉴定材料；

（4）涉及责任赔偿的，应当有赔偿情况的说明；

（5）损失金额较大的或自然灾害等不可抗力原因造成固定资产毁损、报废的，应有专业技术鉴定意见或法定资质中介机构出具的专项报告等。

固定资产被盗损失，为其账面净值扣除责任人赔偿后的余额，应依据以下证据材料确认：

（1）固定资产计税基础相关资料；

（2）公安机关的报案记录，公安机关立案、破案和结案的证明材料；

（3）涉及责任赔偿的，应有赔偿责任的认定及赔偿情况的说明等。

在建工程停建、报废损失，为其工程项目投资账面价值扣除残值后的余额，应依据以下证据材料确认：

（1）工程项目投资账面价值确定依据；

（2）工程项目停建原因说明及相关材料；

（3）因质量原因停建、报废的工程项目和因自然灾害和意外事故停建、报废的工程项目，应出具专业技术鉴定意见和责任认定、赔偿情况的说明等。

工程物资发生损失，可比照本办法存货损失的规定确认。

生产性生物资产盘亏损失，为其账面净值扣除责任人赔偿后的余额，应依据以下证据材料确认：

（1）生产性生物资产盘点表；

（2）生产性生物资产盘亏情况说明；

（3）生产性生物资产损失金额较大的，企业应有专业技术鉴定意见和责任认定、赔偿情况的说明等。

因森林病虫害、疫情、死亡而产生的生产性生物资产损失，为其账面净值扣除残值、保险赔偿和责任人赔偿后的余额，应依据以下证据材料确认：

（1）损失情况说明；

（2）责任认定及其赔偿情况的说明；

（3）损失金额较大的，应有专业技术鉴定意见。

对被盗伐、被盗、丢失而产生的生产性生物资产损失，为其账面净值扣除保险赔偿以及责任人赔偿后的余额，应依据以下证据材料确认：

（1）生产性生物资产被盗后，向公安机关的报案记录或公安机关立案、破案和结案的证明材料；

（2）责任认定及其赔偿情况的说明。

企业由于未能按期赎回抵押资产，使抵押资产被拍卖或变卖，其账面净值大于变卖价值的差额，可认定为资产损失，按以下证据材料确认：

（1）抵押合同或协议书；

（2）拍卖或变卖证明、清单；

（3）会计核算资料等其他相关证据材料。

被其他新技术所代替或已经超过法律保护期限，已经丧失使用价值和转让价值，尚未摊销的无形资产损失，应提交以下证据备案：

（1）会计核算资料；

（2）企业内部核批文件及有关情况说明；

（3）技术鉴定意见和企业法定代表人、主要负责人和财务负责人签章证实无形资产已无使用价值或转让价值的书面申明；

（4）无形资产的法律保护期限文件。

投资损失的确认

企业投资损失包括债权性投资损失和股权（权益）性投资损失。

企业债权投资损失应依据投资的原始凭证、合同或协议、会计核算资料等相关证据材料确认。下列情况债权投资损失的，还应出具相关证据材料：

（1）债务人或担保人依法被宣告破产、关闭、被解散或撤销、被吊销营业执照、失踪或者死亡等，应出具资产清偿证明或者遗产清偿证明。无法出具资产清偿证明或者遗产清偿证明，且上述事项超过三年以上的，或债权投资（包括信用卡透支和助学贷款）余额在三百万元以下的，应出具对应的债务人和担保人破产、关闭、解散证明、撤销文件、工商行政管理部门注销证明或查询证明以及追索记录等（包括司法追索、电话追索、信件追索和上门追索等原始记录）；

（2）债务人遭受重大自然灾害或意外事故，企业对其资产进行清偿和对担保人进行追偿后，未能收回的债权，应出具债务人遭受重大自然灾害或意外事故证明、保险赔偿证明、资产清偿证明等；

（3）债务人因承担法律责任，其资产不足归还所借债务，又无其他债务承担者的，应出具法院裁定证明和资产清偿证明；

（4）债务人和担保人不能偿还到期债务，企业提出诉讼或仲裁的，经人民法院对债务人和担保人强制执行，债务人和担保人均无资产可执行，人民法院裁定终结或终止（中止）执行的，应出具人民法院裁定文书；

（5）债务人和担保人不能偿还到期债务，企业提出诉讼后被驳回起诉的、人民法院不予受理或不予支持的，或经仲裁机构裁决免除（或部分免除）债务人责任，经追偿后无法收回的债权，应提交法院驳回起诉的证明，或法院不予受理或不予支持证明，或仲裁机构裁决免除债务人责任的文书；

（6）经国务院专案批准核销的债权，应提供国务院批准文件或经国务院同意后由国务院有关部门批准的文件。

企业股权投资损失应依据以下相关证据材料确认：

（1）股权投资计税基础证明材料；

（2）被投资企业破产公告、破产清偿文件；

（3）工商行政管理部门注销、吊销被投资单位营业执照文件；

（4）政府有关部门对被投资单位的行政处理决定文件；

（5）被投资企业终止经营、停止交易的法律或其他证明文件；

（6）被投资企业资产处置方案、成交及入账材料；

（7）企业法定代表人、主要负责人和财务负责人签章证实有关投资（权益）性损失的书面申明；

（8）会计核算资料等其他相关证据材料。

被投资企业依法宣告破产、关闭、解散或撤销、吊销营业执照、停止生产经营活动、失踪等，应出具资产清偿证明或者遗产清偿证明。上述事项超过三年以上且未能完成清算的，应出具被投资企业破产、关闭、解散或撤销、吊销等的证明以及不能清算的原因说明。

企业委托金融机构向其他单位贷款，或委托其他经营机构进行理财，到期不能收回贷款或理财款项，按照本办法第六章有关规定进行处理。

企业对外提供与本企业生产经营活动有关的担保，因被担保人不能按期偿还债务而承担连带责任，经追索，被担保人无偿还能力，对无法追回的金额，比照本办法规定的应收款项损失进行处理。与本企业生产经营活动有关的担保是指企业对外提供的与本企业应税收入、投资、融资、材料采购、产品销售等生产经营活动相关的担保。

企业按独立交易原则向关联企业转让资产而发生的损失，或向关联企业提供借款、担保而形成的债权损失，准予扣除，但企业应作专项说明，同时出具中介机构出具的专项报告及其相关的证明材料。

下列股权和债权不得作为损失在税前扣除：

（1）债务人或者担保人有经济偿还能力，未按期偿还的企业债权；

（2）违反法律、法规的规定，以各种形式、借口逃废或悬空的企业债权；

（3）行政干预逃废或悬空的企业债权；

（4）企业未向债务人和担保人追偿的债权；

（5）企业发生非经营活动的债权；

（6）其他不应当核销的企业债权和股权。

其他资产损失的确认

企业将不同类别的资产捆绑（打包），以拍卖、询价、竞争性谈判、招标等市场方式出售，其出售价格低于计税成本的差额，可以作为资产损失并准予在税前申报扣除，但应出具资产处置方案、各类资产作价依据、出售过程的情况说明、出售合同或协议、成交及入账证明、资产计税基础等确定依据。

企业正常经营业务因内部控制制度不健全而出现操作不当、不规范或因业务创新但政策不明确、不配套等原因形成的资产损失，应由企业承担的金额，可以作为资产损失并准予在税前申报扣除，但应出具损失原因证明材料或业务监管部门定性证明、损失专项说明。

企业因刑事案件原因形成的损失，应由企业承担的金额，或经公安机关立案侦查两年以上仍未追回的金额，可以作为资产损失并准予在税前申报扣除，但应出具公安机关、人民检察院的立案侦查情况或人民法院的判决书等损失原因证明材料。

上述没有涉及的资产损失事项，只要符合企业所得税法及其实施条例等法律、法规规定的，也可以向税务机关申报扣除。

111. 资产损失税前扣除，还需要清单申报或专项申报吗？

根据《国家税务总局关于企业所得税资产损失资料留存备查有关事项的公告》的规定：

（1）企业向税务机关申报扣除资产损失，仅需填报企业所得税年度纳税申报表《资产损失税前扣除及纳税调整明细表》，不再报送资产损失相关资料。相关资料由企业留存备查。

（2）企业应当完整保存资产损失相关资料，保证资料的真实性、合法性。

（3）2017 年度及以后年度企业所得税汇算清缴，适用上述规定。同时，《国家税务总局关于发布〈企业资产损失所得税税前扣除管理办法〉的公告》（国家税务总局公告2011年第25号）第四条、第七条、第八条、第十三条有关资产损失证据资料、会计核算资料、纳税资料等相关资料报送的内容同时废止。《国家税务总局关于发布〈企业资产损失所得税税前扣除管理办法〉的公告》（国家税务总局公告2011年第25号）第四条、第七条、第八条、第十三条有关资产损失证据资料、会计核算资料、纳税资料等相关资料报送的内容同时废止。也就是说，企业此后资产损失不再需要清单申报或专项申报。

第七章 企业重组的所得税处理

第一节 企业重组的概念

112. 什么是企业重组？包括哪些类型？

企业重组，是指企业在日常经营活动以外发生的法律结构或经济结构重大改变的交易，包括企业法律形式改变、债务重组、股权收购、资产收购、合并、分立等。

（1）企业法律形式改变，是指企业注册名称、住所以及企业组织形式等的简单改变，但符合有关规定其他重组的类型除外。

（2）债务重组，是指在债务人发生财务困难的情况下，债权人按照其与债务人达成的书面协议或者法院裁定书，就其债务人的债务作出让步的事项。

（3）股权收购，是指一家企业（以下称收购企业）购买另一家企业（以下称被收购企业）的股权，以实现对被收购企业控制的交易。收购企业支付对价的形式包括股权支付、非股权支付或两者的组合。

（4）资产收购，是指一家企业（以下称受让企业）购买另一家企业（以下称转让企业）实质经营性资产的交易。受让企业支付对价的形式包括股权支付、非股权支付或两者的组合。

（5）合并，是指一家或多家企业（以下称被合并企业）将其全部资产和负债转让给另一家现存或新设企业（以下称合并企业），被合并企业股东换取合并企业的股权或非股权支付，实现两个或两个以上企业的依法合并。

（6）分立，是指一家企业（以下称被分立企业）将部分或全部资产分离转让给现存或新设的企业（以下称分立企业），被分立企业股东换取分立企业的股权或非股权支付，实现企业的依法分立。

113. 企业发生资产和股权收购，如何确定重组日？

企业重组日的确定，按以下规定处理：

（1）股权收购，以转让合同（协议）生效且完成股权变更手续日为重组日。关联企业之间发生股权收购，转让合同（协议）生效后12个月内尚未完成股权变更手续的，应以转让合同（协议）生效日为重组日。

（2）资产收购，以转让合同（协议）生效且当事各方已进行会计处理的日期为重组日。

114. 企业合并和分立，如何确定重组日？

企业重组日的确定，按以下规定处理：

（1）合并，以合并合同（协议）生效、当事各方已进行会计处理且完成工商新设登记或变更登记日为重组日。按规定不需要办理工商新设或变更登记的合并，以合并合同（协议）生效且当事各方已进行会计处理的日期为重组日。

（2）分立，以分立合同（协议）生效、当事各方已进行会计处理且完成工商新设登记或变更登记日为重组日。

第二节　企业重组一般性税务处理的方法

115. 企业发生法律形式改变时，如何进行税务处理？

企业重组的税务处理区分不同条件分别适用一般性税务处理规定和特殊性税务处理规定。企业重组，除按规定适用特殊性税务处理规定的外，按以下规定进行税务处理：企业由法人转变为个人独资企业、合伙企业等非法人组织，或将登记注册地转移至中华人民共和国境外（包括港澳台地区），应视同企业进行清算、分配，股东重新投资成立新企业。企业的全部资产以及股东投资的计税基础均应以公允价值为基础确定。

企业发生其他法律形式简单改变的，可直接变更税务登记，除另有规定外，有关企业所得税纳税事项（包括亏损结转、税收优惠等权益和义务）由变更后企业承继，但因住所发生变化而不符合税收优惠条件的除外。

116. 债务重组，相关交易如何进行税务处理？

企业债务重组，相关交易应按以下规定处理：

（1）以非货币资产清偿债务，应当分解为转让相关非货币性资产、按非货币性资产公允价值清偿债务两项业务，确认相关资产的所得或损失。

【例1】2019年3月A公司与B公司达成债务重组协议，以一批燃料油抵偿所欠B公司的债务30万元，该批燃料油的账面成本为20万元，市场不含税销售价为26万元。A公司的该项重组业务应纳企业所得税是多少？B公司的债务重组损失是多少？（不考虑附加税费）

债务人A公司，分解为两项业务：

①转让行为：26－20＝6（万元）

②清偿债务：30－26＝4（万元）

A公司应纳企业所得税＝10×25%＝2.5（万元）

债权人B公司：债务重组损失4万元。

【例2】乙公司欠甲公司货款100万元，现双方经协商达成以下协议：乙公司以其150件丙产品偿还所欠甲公司货款，剩余债务予以豁免。乙公司用以偿债的丙产品单件成本为0.4万元，市场价格（不含增值税）为0.5万元。乙公司向甲公司开具了增值税专用发票，双方债权债务结清。甲公司和乙公司均为增值税一般纳税人，销售商品适用增值税税率均为13%。计算该事项对甲公司、乙公司当期损益的影响。

解析：

对乙公司：

①计算转让非货币性资产损益

丙产品转让收入 = (0.5 - 0.4) × 150 = 15 (万元)

②计算以非货币性资产公允价值清偿债务损益

营业外收入(债务重组利得) = 100 - 0.5 × 150 × (1 + 13%) = 15.25 (万元)

③债务重组对当期损益的影响

当期损益合计金额 = 15 + 15.25 = 30.25 (万元)

对甲公司:

债务重组对当期损益的影响为:

营业外支出(债务重组损失) = 100 - 0.5 × 150 × (1 + 13%) = 15.25 (万元)

(2) 发生债权转股权的,应当分解为债务清偿和股权投资两项业务,确认有关债务清偿所得或损失。

【例】 甲公司用260万元的债权转为220万元股权。

甲公司因对方清偿债务损失:260 - 220 = 40 (万元)

股权投资资产:220 (万元)

(3) 债务人应当按照支付的债务清偿额低于债务计税基础的差额,确认债务重组所得;债权人应当按照收到的债务清偿额低于债权计税基础的差额,确认债务重组损失。

(4) 债务人的相关所得税纳税事项原则上保持不变。

117. 企业股权收购、资产收购重组交易,相关交易如何处理?

(1) 被收购方应确认股权、资产转让所得或损失。

(2) 收购方取得股权或资产的计税基础应以公允价值为基础确定。

(3) 被收购企业的相关所得税事项原则上保持不变。

【例】 如果乙公司持有丙公司100%的股权,计税基础是200万元,公允价为500万元。甲公司收购乙公司持有丙公司的全部股权,价款为500万元。甲公司支付股权为450万元，支付现金为50万元。

解析：

采用一般性税务处理，对乙公司：

（1）确认股权转让所得=500-200=300（万元）。

（2）取得甲公司股权计税基础450万元。

对甲公司：

（1）确认接受乙公司投资450万元（股权公允价值与面值差额计入资本公积）。

（2）取得乙公司持有的丙公司股权计税基础为支付的对价500万元。

118. 企业合并，如何进行一般性税务处理？

企业合并，当事各方按下列规定处理：

（1）合并企业应按公允价值确定接受被合并企业各项资产和负债的计税基础。

（2）被合并企业及其股东都应按清算进行所得税处理。

（3）被合并企业的亏损不得在合并企业结转弥补。

119. 企业分立，适用一般性税务处理方法时，重组各方相关交易该如何处理？

企业分立，当事各方应按下列规定处理：

（1）被分立企业对分立出去资产应按公允价值确认资产转让所得或损失。

（2）分立企业应按公允价值确认接受资产的计税基础。

（3）被分立企业继续存在时，其股东取得的对价应视同被分立企业分配进行处理。

（4）被分立企业不再继续存在时，被分立企业及其股东都应按清算进行所得税处理。

（5）企业分立相关企业的亏损不得相互结转弥补。

第三节 企业重组特殊性税务处理的方法

120. 符合什么条件的企业重组可适用特殊性税务处理？

企业重组同时符合下列条件的，适用特殊性税务处理规定：

（1）具有合理的商业目的，且不以减少、免除或者推迟缴纳税款为主要目的。

（2）被收购、合并或分立部分的资产或股权比例符合规定的比例。

（3）股权支付金额不低于交易支付总额的规定比例。

（4）企业重组后的连续12个月内不改变重组资产原来的实质性经营活动。

（5）企业重组中取得股权支付的原主要股东，在重组后连续12个月内，不得转让所取得的股权。

【注】上述条件主要体现的是企业重组的继承性或延续性。

121. 企业重组中的股权支付部分如何进行特殊性税务处理？

企业重组符合第120题规定条件的，交易各方对其交易中的股权支付部分，可以按以下规定进行特殊性税务处理：

（1）企业债务重组确认的应纳税所得额占该企业当年应纳税所得额50%以上，可以在5个纳税年度的期间内，均匀计入各年度的应纳税所得额。

企业发生债权转股权业务，对债务清偿和股权投资两项业务暂不确认有关债务清偿所得或损失，股权投资的计税基础以原债权的计税基础确定。企业的其他相关所得税事项保持不变。

（2）股权收购，收购企业购买的股权不低于被收购企业全部股权的50%，且收购企业在该股权收购发生时的股权支付金额不低于其交易支付总额的85%，可以选择按以下规定处理：

①被收购企业的股东取得收购企业股权的计税基础，以被收购股权的原有计税基础确定。

②收购企业取得被收购企业股权的计税基础，以被收购股权的原有计税基础确定。

③收购企业、被收购企业的原有各项资产和负债的计税基础和其他相关所得税事项保持不变。

【例1】 天蓬公司共有股权1000万股，为了将来有更好的发展，将80%的股权让大圣公司收购，然后成为大圣公司的子公司。假定收购日天蓬公司每股资产的计税基础为7元，每股资产的公允价值为9元。在收购对价中大圣公司以股权形式支付6000万元，以银行存款支付700万元。天蓬公司此项业务的应纳税所得额为多少？

解析：

第一步，判断是否适用于特殊性税务处理。

股权收购比重=80%，大于规定的50%。

股权支付金额占交易额的比重=6000÷（6000+700）=89.55%，大于规定的85%。

适用企业重组的特殊性税务处理方法。

第二步，计算全部转让所得=（被转让资产的公允价值－被转让资产的计税基础）=（9－7）×1000×80%=1600（万元）。

第三步，计算非股权支付比例=非股权支付金额÷被转让资产的公允价值=700÷（6000+700）=10.45%。

第四步，非股权支付部分对应的所得=1600×10.45%=167.2（万元）。

【例2】 如果乙公司持有丙公司100%的股权，计税基础是200万元，公允价为500万元。甲公司收购乙公司持有丙公司的全部股权，价款为500万元。甲公司支付股权为450万元，支付现金为50万元。假设上述交易符合资产重组特殊性税务处理的基本条件。

解析：

判断是否符合股权收购特殊性税务处理条件：

购买的股权为100%＞50%；

股权支付占全部支付额比例 =450/500×100% =90% > 85%。

可以选择特殊性税务处理。

对乙公司：

确认股权转让所得 = 非股权支付对应的资产转让所得或损失 = （被转让资产的公允价值 – 被转让资产的计税基础）×（非股权支付金额 ÷ 被转让资产的公允价值）=（500 – 200）×（50 ÷ 500）=30（万元）。

对交易中股权支付暂不确认有关资产的转让所得或损失，取得甲公司股权计税基础 =200×（450 ÷ 500）=180（万元）。

对甲公司：

确认接受乙公司投资 450 万元（股权公允价值与面值差额计入资本公积）。

取得乙公司持有的丙公司股权计税基础为支付的对价 500 万元。

（3）资产收购，受让企业收购的资产不低于转让企业全部资产的 50%，且受让企业在该资产收购发生时的股权支付金额不低于其交易支付总额的 85%，可以选择按以下规定处理：

①转让企业取得受让企业股权的计税基础，以被转让资产的原有计税基础确定。

②受让企业取得转让企业资产的计税基础，以被转让资产的原有计税基础确定。

（4）企业合并，企业股东在该企业合并发生时取得的股权支付金额不低于其交易支付总额的 85%，以及同一控制下且不需要支付对价的企业合并，可以选择按以下规定处理：

①合并企业接受被合并企业资产和负债的计税基础，以被合并企业的原有计税基础确定。

②被合并企业合并前的相关所得税事项由合并企业承继。

③可由合并企业弥补的被合并企业亏损的限额 = 被合并企业净资产公允价值 × 截至合并业务发生当年年末国家发行的最长期限的国债利率。

【例】2019 年 5 月甲企业以吸收方式合并乙企业，合并业务符合特殊性税务处理条件。合并时乙企业净资产账面价值1000万元，市场公允价值1200万元，弥补期限内的亏损70万元，年末国家发行的最长期限的国债利率为5%。2019年由甲企业弥补的乙企业的亏损额多少万元？

解析：在符合特殊性税务处理的条件下，2019年甲企业弥补乙企业的亏损额 $=1200\times5\%=60$（万元）。

④被合并企业股东取得合并企业股权的计税基础，以其原持有的被合并企业股权的计税基础确定。

（5）企业分立，被分立企业所有股东按原持股比例取得分立企业的股权，分立企业和被分立企业均不改变原来的实质经营活动，且被分立企业股东在该企业分立发生时取得的股权支付金额不低于其交易支付总额的85%，可以选择按以下规定处理：

①分立企业接受被分立企业资产和负债的计税基础，以被分立企业的原有计税基础确定。

②被分立企业已分立出去资产相应的所得税事项由分立企业承继。

③被分立企业未超过法定弥补期限的亏损额可按分立资产占全部资产的比例进行分配，由分立企业继续弥补。

④被分立企业的股东取得分立企业的股权（以下简称"新股"），如需部分或全部放弃原持有的被分立企业的股权（以下简称"旧股"），"新股"的计税基础应以放弃"旧股"的计税基础确定。如不需放弃"旧股"，则其取得"新股"的计税基础可从以下两种方法中选择确定：直接将"新股"的计税基础确定为零；或者以被分立企业分立出去的净资产占被分立企业全部净资产的比例先调减原持有的"旧股"的计税基础，再将调减的计税基础平均分配到"新股"上。

（6）重组交易各方按上述（1）至（5）项规定对交易中股权支付暂不确认有关资产的转让所得或损失的，其非股权支付仍应在交易当期确认相应的资产转让所得或损失，并调整相应资产的计税基础。

非股权支付对应的资产转让所得或损失＝（被转让资产的公允价值－被转让资产的计税基础）×（非股权支付金额÷被转让资产的公允价值）

（7）居民企业以其拥有的资产或股权向其100%直接控股关系的非居民企业进行投资，其资产或股权转让收益如选择特殊性税务处理，可以在10个纳税年度内均匀计入各年度应纳税所得额。

（8）在企业吸收合并中，合并后的存续企业性质及适用税收优惠的条件未发生改变的，可以继续享受合并前该企业剩余期限的税收优惠，其优惠金额按存续企业合并前一年的应纳税所得额（亏损计为零）计算。

在企业存续分立中，分立后的存续企业性质及适用税收优惠的条件未发生改变的，可以继续享受分立前该企业剩余期限的税收优惠，其优惠金额按该企业分立前一年的应纳税所得额（亏损计为零）乘以分立后存续企业资产占分立前该企业全部资产的比例计算。

（9）企业在重组发生前后连续12个月内分步对其资产、股权进行交易，应根据实质重于形式原则将上述交易作为一项企业重组交易进行处理。

122. 企业涉及境内与境外（包括港澳台地区）的股权和资产收购交易，适用特殊性税务处理的，有什么规定？

企业发生涉及中国境内与境外之间（包括港澳台地区）的股权和资产收购交易，除应符合上述第120题规定的条件外，还应同时符合下列条件，才可选择适用特殊性税务处理规定：

（1）非居民企业向其100%直接控股的另一非居民企业转让其拥有的居民企业股权，没有因此造成以后该项股权转让所得预提税负担变化，且转让方非居民企业向主管税务机关书面承诺在3年（含3年）内不转让其拥有受让方非居民企业的股权；

（2）非居民企业向与其具有100%直接控股关系的居民企业转让其拥有的另一居民企业股权；

（3）居民企业以其拥有的资产或股权向其100%直接控股的非居民企业进行投资；

（4）财政部、国家税务总局核准的其他情形。

123. 企业重组选择特殊性税务处理需要向税务机关提供备案资料吗？

企业重组业务适用特殊性税务处理的，除《财政部、国家税务总局关于企业重组业务企业所得税处理若干问题的通知》第四条第（一）项所称企业发生其他法律形式简单改变情形外，重组各方应在该重组业务完成当年，办理企业所得税年度申报时，分别向各自主管税务机关报送《企业重组所得税特殊性税务处理报告表及附表》和申报资料。合并、分立中重组一方涉及注销的，应在尚未办理注销税务登记手续前进行申报。

重组主导方申报后，其他当事方向其主管税务机关办理纳税申报。申报时还应附送重组主导方经主管税务机关受理的《企业重组所得税特殊性税务处理报告表及附表》(复印件)。

企业重组业务适用特殊性税务处理的，申报时，当事各方还应向主管税务机关提交重组前连续12个月内有无与该重组相关的其他股权、资产交易情况的说明，并说明这些交易与该重组是否构成分步交易，是否作为一项企业重组业务进行处理。

企业发生符合规定的特殊性重组条件并选择特殊性税务处理的，当事各方应在该重组业务完成当年企业所得税年度申报时，向主管税务机关提交书面备案资料，证明其符合各类特殊性重组规定的条件。企业未按规定书面备案的，一律不得按特殊重组业务进行税务处理。

124. 债务重组选择特殊性税务处理的，何时向税务机关提交资料？

企业发生符合特殊性重组条件并选择特殊性税务处理的，当事各方应在该重组业务完成当年企业所得税年度申报时，向主管税务机关提交书面备案资料，证明其符合各类特殊性重组规定的条件。企业未按规定书面备案的，一律不得按特殊重组业务进行税务处理。企业重组业务，符合规定条件并选择特殊性税务处理的，应按照规定进行备案；如企业重组各方需要税务机关确认，可以选择由重组主导方向主管税务机关提出申请，层报省税务机关给予确认。

采取申请确认的，主导方和其他当事方不在同一省（自治区、市）的，主导方省税务机关应将确认文件抄送其他当事方所在地省税务机关。

省税务机关在收到确认申请时，原则上应在当年度企业所得税汇算清缴前完成确认。特殊情况，需要延长的，应将延长理由告知主导方。

125. 企业合并，适用特殊性税务处理，原来的税收优惠如何享受？

被合并企业合并前的相关所得税事项由合并企业承继，企业分立，已分立资产相应的所得税事项由分立企业承继，这些事项包括尚未确认的资产损失、分期确认收入的处理以及尚未享受期满的税收优惠政策承继处理问题等。其中，对税收优惠政策承继处理问题，就企业整体（即全部生产经营所得）享受税收优惠过渡政策的，合并或分立后的企业性质及适用税收优惠条件未发生改变的，可以继续享受合并前各企业或分立前被分立企业剩余期限的税收优惠。合并前各企业剩余的税收优惠年限不一致的，合并后企业每年度的应纳税所得额，应统一按合并日各合并前企业资产占合并后企业总资产的比例进行划分，再分别按相应的剩余优惠计算应纳税额。合并前各企业或分立前被分立企业按照《企业所得税法》的税收优惠规定以及税收优惠过渡政策中就有关生产经营项目所得享受的税收优惠承继处理问题，按照《企业所得税法实施条例》第八十九条规定执行。

126. 企业重组中适用特殊性税务处理的重组各方负有哪些义务？

根据《国家税务总局关于企业重组业务企业所得税征收管理若干问题的公告》（以下简称公告）规定：

（1）企业发生《财政部、国家税务总局关于企业重组业务企业所得税处理若干问题的通知》第六条第（一）项规定的债务重组，应准确记录应予确认的债务重组所得，并在相应年度的企业所得税汇算清缴时对当年确认额及分年结转额的情况做出说明。

（2）企业发生《财政部、国家税务总局关于企业重组业务企业所得税处理若干问题的通知》第六条第（二）项规定的股权收购，应准确记录应予确认的干问题的通知》第七条第（三）项规定的重组，居民企业应准确记录应予确认的资产或股权转让收益总额，并在相应年度的企业所得税汇算清缴时对当年确认额及分年结转额的情况做出说明。

（3）适用特殊性税务处理的企业，在以后年度转让或处置重组资产（股权）时，应在年度纳税申报时对资产（股权）转让所得或损失情况进行专项说明，包括特殊性税务处理时确定的重组资产（股权）计税基础与转让或处置时的计税基础的比对情况，以及递延所得税负债的处理情况等。

127. 非居民企业股权转让适用特殊性税务处理有什么规定？

根据《国家税务总局关于非居民企业股权转让适用特殊性税务处理有关问题的公告》（以下简称公告），对于非居民企业股权转让适用特殊性税务处理有关问题规定如下：

（1）股权转让是指非居民企业发生《财政部、国家税务总局关于企业重组业务企业所得税处理若干问题的通知》（以下简称《通知》）第七条第（一）、（二）项规定的情形；其中《通知》第七条第（一）项规定的情形包括因境外企业分立、合并导致中国居民企业股权被转让的情形。

（2）非居民企业股权转让选择特殊性税务处理的，应于股权转让合同或协议生效且完成工商变更登记手续30日内进行备案。属于《通知》第七条第（一）项情形的，由转让方向被转让企业所在地所得税主管税务机关备案；属于《通知》第七条第（二）项情形的，由受让方向其所在地所得税主管税务机关备案。

股权转让方或受让方可以委托代理人办理备案事项；代理人在代为办理备案事项时，应向主管税务机关出具备案人的书面授权委托书。

（3）股权转让方、受让方或其授权代理人（以下简称备案人）办理备案时应填报以下资料：

①《非居民企业股权转让适用特殊性税务处理备案表》；

②股权转让业务总体情况说明，应包括股权转让的商业目的、证明股权转让符合特殊性税务处理条件、股权转让前后的公司股权架构图等资料；

③股权转让业务合同或协议（外文文本的同时附送中文译本）；

④工商等相关部门核准企业股权变更事项证明资料；

⑤截至股权转让时，被转让企业历年的未分配利润资料；

⑥税务机关要求的其他材料。

以上资料已经向主管税务机关报送的，备案人可不再重复报送。其中以复印件向税务机关提交的资料，备案人应在复印件上注明“本复印件与原件一致”字样，并签字后加盖备案人印章；报送中文译本的，应在中文译本上注明“本译文与原文表述内容一致”字样，并签字后加盖备案人印章。

（4）主管税务机关应当按规定受理备案，资料齐全的，应当场在《非居民企业股权转让适用特殊性税务处理备案表》上签字盖章，并退 1 份给备案人；资料不齐全的，不予受理，并告知备案人各应补正事项。

（5）非居民企业发生股权转让属于《通知》第七条第（一）项情形的，主管税务机关应当自受理之日起 30 个工作日内就备案事项进行调查核实、提出处理意见，并将全部备案资料以及处理意见层报省（含自治区、直辖市和计划单列市，下同）税务机关。

税务机关在调查核实时，如发现此种股权转让情形造成以后该项股权转让所得预提税负担变化，包括转让方把股权由应征税的国家或地区转让到不征税或低税率的国家或地区，应不予适用特殊性税务处理。

（6）非居民企业发生股权转让属于《通知》第七条第（二）项情形的，应区分以下两种情形予以处理：

①受让方和被转让企业在同一省的，按照公告第五条规定执行。

②受让方和被转让企业不在同一省的，受让方所在地省税务机关收到主管税务机关意见后 30 日内，应向被转让企业所在地省税务机关发出《非居民企业股权转让适用特殊性税务处理告知函》。

（7）非居民企业股权转让适用特殊性税务处理，备案后经调查核实不符合条件的，应调整适用一般性税务处理，按照有关规定缴纳企业所得税。非居民企业股权转让适用特殊性税务处理未进行备案的，税务机关应告知其按照公告第二条、

第三条的规定办理备案手续。

(8) 非居民企业发生股权转让属于《通知》第七条第（一）项情形且选择特殊性税务处理的，转让方和受让方不在同一国家或地区的，若被转让企业股权转让前的未分配利润在转让后分配给受让方的，不享受受让方所在国家（地区）与中国签订的税收协定（含税收安排）的股息减税优惠待遇，并由被转让企业按税法相关规定代扣代缴企业所得税，到其所在地所得税主管税务机关申报缴纳。

(9) 省税务机关应做好辖区内非居民企业股权转让适用特殊性税务处理的管理工作，于年度终了后30日内向国家税务总局报送《非居民企业股权转让适用特殊性税务处理情况统计表》。

128. 非居民企业股权转让适用特殊性税务处理如何进行备案？

(1) 事项名称

非居民企业股权转让适用特殊性税务处理的备案。

(2) 申请条件

非居民企业股权转让选择特殊性税务处理的，应于股权转让合同或协议生效且完成工商变更登记手续30日内进行备案。

(3) 设定依据

①《财政部、国家税务总局关于企业重组业务企业所得税处理若干问题的通知》第十一条；

②《国家税务总局关于非居民企业股权转让适用特殊性税务处理有关问题的公告》第二条第一款。

(4) 办理材料

序号	材料名称	数量	备注
1	《非居民企业股权转让适用特殊性税务处理备案表》	2份	
2	股权转让业务总体情况说明，应包括股权转让的商业目的、证明股权转让符合特殊性税务处理条件、股权转让前后的公司股权架构图等资料	1份	

续表

序号	材料名称	数量	备注
3	股权转让业务合同或协议	1份	材料文本为外文的，同时附送中文译本
4	工商等相关部门核准企业股权变更事项证明资料	1份	
5	截至股权转让时，被转让企业历年的未分配利润资料	1份	

（5）办理地点

可通过办税服务厅（场所）办理，具体地点可从省（自治区、直辖市和计划单列市）税务局网站“纳税服务”栏目查询。

（6）办理机构

主管税务机关。

（7）办理时间

即时办结。

（8）联系方式

主管税务机关对外公开的联系电话，可从省（自治区、直辖市和计划单列市）税务局网站“纳税服务”栏目查询。

（9）办理流程

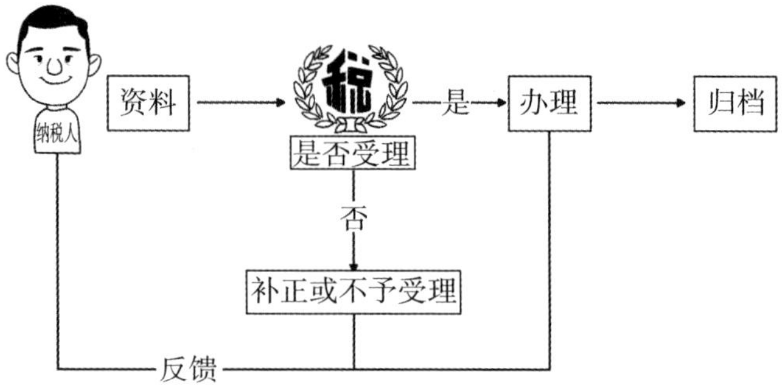

（10）纳税人注意事项

①纳税人对报送材料的真实性和合法性承担责任。

②文书表单可在省（自治区、直辖市和计划单列市）税务局网站“下载中心”栏目查询下载或到办税服务厅领取。

③税务机关提供“最多跑一次”服务。纳税人在资料完整且符合法定受理条件的前提下，最多只需要到税务机关跑一次。

④纳税人提交的各项证明资料为复印件均需注明“与原件一致”，并签章；报送中文译本的，应在中文译本上注明“本译文与原文表述内容一致”字样，并签章。

⑤非居民企业向与其具有100%直接控股关系的居民企业转让其拥有的另一居民企业股权，选择特殊性税务处理的，应同时符合以下条件：

a. 具有合理的商业目的，且不以减少、免除或者推迟缴纳税款为主要目的。

b. 被收购、合并或分立部分的资产或股权比例符合规定的比例。

c. 企业重组后的连续12个月内不改变重组资产原来的实质性经营活动。

d. 重组交易对价中涉及股权支付金额符合规定比例。

e. 企业重组中取得股权支付的原主要股东，在重组后连续12个月内，不得转让所取得的股权。

非居民企业向其100%直接控股的另一非居民企业转让其拥有的居民企业股权，选择特殊性税务处理除需要符合上述条件外，还要求没有因此造成以后该项股权转让所得预提税负担变化，且转让方非居民企业向主管税务机关书面承诺在3年（含3年）内不转让其拥有受让方非居民企业的股权。

f. 非居民企业股权转让选择特殊性税务处理，属于非居民企业向其100%直接控股的另一非居民企业转让其拥有的居民企业股权的，由转让方向被转让企业所在地主管税务机关备案；属于非居民企业向与其具有100%直接控股关系的居民企业转让其拥有的另一居民企业股权的，由受让方向其所在地主管税务机关备案。

第四节　股权、资产划转的所得税处理

129. 股权、资产划转特殊性税务处理如何规定？

对100%直接控制的居民企业之间，以及受同一或相同多家居民企业100%直接控制的居民企业之间按账面净值划转股权或资产，同时符合以下条件，可以选择特殊性税务处理：

（1）具有合理商业目的，不以减少、免除或推迟缴纳税款为主要目的；

（2）股权或资产划转后连续12个月内不改变被划转股权或资产原来实质性经营活动，且划出方企业和划入方企业均未在会计上确认损益的。

符合以上条件，可以选择按以下规定进行特殊性税务处理：

（1）划出方企业和划入方企业均不确认所得。

（2）划入方企业取得被划转股权或资产的计税基础，以被划转股权或资产的原账面净值确定。

（3）划入方企业取得的被划转资产，应按其原账面净值计算折旧扣除。

130. 资产、股权划转企业所得税征管有何规定？

针对《财政部、国家税务总局关于促进企业重组有关企业所得税处理问题的通知》（以下简称《通知》）下发后，在企业重组所得税政策执行过程中有些征管问题亟需明确。根据《国家税务总局关于资产（股权）划转企业所得税征管问题的公告》的规定，就股权或资产划转企业所得税征管问题公告如下：

（1）《通知》第三条所称“100%直接控制的居民企业之间，以及受同一或相同多家居民企业100%直接控制的居民企业之间按账面净值划转股权或资产”，限于以下情形：

①100%直接控制的母子公司之间，母公司向子公司按账面净值划转其持有的股权或资产，母公司获得子公司100%的股权支付。母公司按增加长期股权投资

处理，子公司按接受投资（包括资本公积，下同）处理。母公司获得子公司股权的计税基础以划转股权或资产的原计税基础确定。

②100% 直接控制的母子公司之间，母公司向子公司按账面净值划转其持有的股权或资产，母公司没有获得任何股权或非股权支付。母公司按冲减实收资本（包括资本公积，下同）处理，子公司按接受投资处理。

③100% 直接控制的母子公司之间，子公司向母公司按账面净值划转其持有的股权或资产，子公司没有获得任何股权或非股权支付。母公司按收回投资处理，或按接受投资处理，子公司按冲减实收资本处理。母公司应按被划转股权或资产的原计税基础，相应调减持有子公司股权的计税基础。

④受同一或相同多家母公司 100% 直接控制的子公司之间，在母公司主导下，一家子公司向另一家子公司按账面净值划转其持有的股权或资产，划出方没有获得任何股权或非股权支付。划出方按冲减所有者权益处理，划入方按接受投资处理。

（2）《通知》第三条所称“股权或资产划转后连续 12 个月内不改变被划转股权或资产原来实质性经营活动”，是指自股权或资产划转完成日起连续 12 个月内不改变被划转股权或资产原来实质性经营活动。

股权或资产划转完成日，是指股权或资产划转合同（协议）或批复生效，且交易双方已进行会计处理的日期。

（3）《通知》第三条所称“划入方企业取得被划转股权或资产的计税基础，以被划转股权或资产的原账面净值确定”，是指划入方企业取得被划转股权或资产的计税基础，以被划转股权或资产的原计税基础确定。

《通知》第三条所称“划入方企业取得的被划转资产，应按其原账面净值计算折旧扣除”，是指划入方企业取得的被划转资产，应按被划转资产的原计税基础计算折旧扣除或摊销。

（4）按照《通知》第三条规定进行特殊性税务处理的股权或资产划转，交易双方应在协商一致的基础上，采取一致处理原则统一进行特殊性税务处理。

（5）交易双方应在企业所得税年度汇算清缴时，分别向各自主管税务机关报送《居民企业资产（股权）划转特殊性税务处理申报表》和相关资料（一式两份）。

相关资料包括：

①股权或资产划转总体情况说明，包括基本情况、划转方案等，并详细说明划转的商业目的；

②交易双方或多方签订的股权或资产划转合同（协议），需有权部门（包括内部和外部）批准的，应提供批准文件；

③被划转股权或资产账面净值和计税基础说明；

④交易双方按账面净值划转股权或资产的说明（需附会计处理资料）；

⑤交易双方均未在会计上确认损益的说明（需附会计处理资料）；

⑥12 个月内不改变被划转股权或资产原来实质性经营活动的承诺书。

（6）交易双方应在股权或资产划转完成后的下一年度的企业所得税年度申报时，各自向主管税务机关提交书面情况说明，以证明被划转股权或资产自划转完成日后连续 12 个月内，没有改变原来的实质性经营活动。

（7）交易一方在股权或资产划转完成日后连续 12 个月内发生生产经营业务、公司性质、资产或股权结构等情况变化，致使股权或资产划转不再符合特殊性税务处理条件的，发生变化的交易一方应在情况发生变化的 30 日内报告其主管税务机关，同时书面通知另一方。另一方应在接到通知后 30 日内将有关变化报告其主管税务机关。

（8）前述第（7）条所述情况发生变化后 60 日内，原交易双方应按以下规定进行税务处理：

①属于前述第（1）条第①项规定情形的，母公司应按原划转完成时股权或资产的公允价值视同销售处理，并按公允价值确认取得长期股权投资的计税基础；子公司按公允价值确认划入股权或资产的计税基础。

属于前述第（1）条第②项规定情形的，母公司应按原划转完成时股权或资产的公允价值视同销售处理；子公司按公允价值确认划入股权或资产的计税基础。

属于前述第（1）条第③项规定情形的，子公司应按原划转完成时股权或资产的公允价值视同销售处理；母公司应按撤回或减少投资进行处理。

属于前述第（1）条第④项规定情形的，划出方应按原划转完成时股权或资产的公允价值视同销售处理；母公司根据交易情形和会计处理对划出方按分回股息进行处理，或者按撤回或减少投资进行处理，对划入方按以股权或资产的公允价值进行投资处理；划入方按接受母公司投资处理，以公允价值确认划入股权或资产的计税基础。

②交易双方应调整划转完成纳税年度的应纳税所得额及相应股权或资产的计税基础，向各自主管税务机关申请调整划转完成纳税年度的企业所得税年度申报表，依法计算缴纳企业所得税。

（9）交易双方的主管税务机关应对企业申报适用特殊性税务处理的股权或资产划转加强后续管理。

第八章 房地产开发经营业务的所得税处理

131. 房地产开发经营业务有哪些?

企业房地产开发经营业务是指包括土地的开发，建造、销售住宅、商业用房以及其他建筑物、附着物、配套设施等开发产品的一系列经营活动。

企业房地产开发经营业务包括土地的开发，建造、销售住宅、商业用房以及其他建筑物、附着物、配套设施等开发产品。除土地开发之外，其他开发产品符合下列条件之一的，应视为已经完工：

（1）开发产品竣工证明材料已报房地产管理部门备案。

（2）开发产品已开始投入使用。

（3）开发产品已取得了初始产权证明。

企业出现《税收征收管理法》第三十五条规定的情形，税务机关可对其以往应缴的企业所得税按核定征收方式进行征收管理，并逐步规范，同时按《税收征收管理法》等税收法律、行政法规的规定进行处理，但不得事先确定企业的所得税按核定征收方式进行征收、管理。

【注】《税收征收管理法》第三十五条规定，纳税人有下列情形之一的，税务机关有权核定其应纳税额：

（一）依照法律、行政法规的规定可以不设置账簿的；

（二）依照法律、行政法规的规定应当设置账簿但未设置的；

（三）擅自销毁账簿或者拒不提供纳税资料的；

（四）虽设置账簿，但账目混乱或者成本资料、收入凭证、费用凭证残缺不全，难以查账的；

（五）发生纳税义务，未按照规定的期限办理纳税申报，经税务机关责令限期申报，逾期仍不申报的；

（六）纳税人申报的计税依据明显偏低，又无正当理由的。

税务机关核定应纳税额的具体程序和方法由国务院税务主管部门规定。

第一节　房地产开发经营业务收入的税务处理

一、销售完工开发产品收入的税务处理

132. 房地产开发企业开发产品销售收入的范围是什么？

开发产品销售收入的范围为销售开发产品过程中取得的全部价款，包括现金、现金等价物及其他经济利益。企业代有关部门、单位和企业收取的各种基金、费用和附加等，凡纳入开发产品价内或由企业开具发票的，应按规定全部确认为销售收入；未纳入开发产品价内并由企业之外的其他收取部门、单位开具发票的，可作为代收代缴款项进行管理。

133. 企业签订正式房地产销售合同时如何确定销售收入？

企业通过正式签订《房地产销售合同》或《房地产预售合同》所取得的收入，应确认为销售收入的实现，具体按以下规定确认：

（1）采取一次性全额收款方式销售开发产品的，应于实际收讫价款或取得索取价款凭据（权利）之日，确认收入的实现。

（2）采取分期收款方式销售开发产品的，应按销售合同或协议约定的价款和付款日确认收入的实现。付款方提前付款的，在实际付款日确认收入的实现。

（3）采取银行按揭方式销售开发产品的，应按销售合同或协议约定的价款确定收入额，其首付款应于实际收到日确认收入的实现，余款在银行按揭贷款办理转账之日确认收入的实现。

（4）采取委托方式销售开发产品的，应按以下原则确认收入的实现：

①采取支付手续费方式委托销售开发产品的，应按销售合同或协议中约定的

价款于收到受托方已销开发产品清单之日确认收入的实现。

②采取视同买断方式委托销售开发产品的，属于企业与购买方签订销售合同或协议，或企业、受托方、购买方三方共同签订销售合同或协议的，如果销售合同或协议中约定的价格高于买断价格，则应按销售合同或协议中约定的价格计算的价款于收到受托方已销开发产品清单之日确认收入的实现；如果属于前两种情况中销售合同或协议中约定的价格低于买断价格，以及属于受托方与购买方签订销售合同或协议的，则应按买断价格计算的价款于收到受托方已销开发产品清单之日确认收入的实现。

③采取基价（保底价）并实行超基价双方分成方式委托销售开发产品的，属于由企业与购买方签订销售合同或协议，或企业、受托方、购买方三方共同签订销售合同或协议的，如果销售合同或协议中约定的价格高于基价，则应按销售合同或协议中约定的价格计算的价款于收到受托方已销开发产品清单之日确认收入的实现，企业按规定支付受托方的分成额，不得直接从销售收入中减除；如果销售合同或协议约定的价格低于基价的，则应按基价计算的价款于收到受托方已销开发产品清单之日确认收入的实现。属于由受托方与购买方直接签订销售合同的，则应按基价加上按规定取得的分成额于收到受托方已销开发产品清单之日确认收入的实现。

【例 1】2019 年 3 月沙和房地产公司委托房产经纪公司销售房产，采取基价并实行超基价双方分成方式，约定由房地产公司、经纪公司与购买方三方签订销售合同，5 月 31 日收到经纪公司的代销清单显示销售总金额 9000 万元，其中基价为 7000 万元，超基价部分应分给经纪公司 600 万元。根据企业所得税相关规定，房地产公司应确认的销售收入是多少？

解析：采取基价并实行超基价双方分成方式委托销售开发产品的，属于由企业与购买方签订销售合同或协议，或企业、受托方、购买方三方共同签订销售合同或协议，如果销售合同或协议中约定的价格高于基价，则应按销售合同或协议中约定的价格计算的价款于收到受托方已销开发产品清单之日确认收入的实现，企业按规定支付受托方的分成额，不得直接从销售收入中扣减。所以，沙和房地产公司应确认销售收入为9000万元。

【例2】假设，2019年3月沙和房地产公司委托房产经纪公司销售房产，采取基价并实行超基价双方分成方式，约定由经纪公司与购买方签订销售合同，5月31日收到经纪公司的代销清单显示销售总金额7600万元，其中基价为7000万元，取得分成部分600万元。根据企业所得税相关规定，沙和房地产公司应确认的销售收入是多少？

解析：采取基价并实行超基价双方分成方式，受托方与购买方直接签订合同的，销售收入为基价加上按规定取得的分成额 = 7000 + 600 = 7600（万元）。

④采取包销方式委托销售开发产品的，包销期内可根据包销合同的有关约定，参照上述①至③项规定确认收入的实现；包销期满后尚未出售的开发产品，企业应根据包销合同或协议约定的价款和付款方式确认收入的实现。

134. 房地产开发经营企业哪些行为应视同销售？如何确认其收入（或利润）？

企业将开发产品用于捐赠、赞助、职工福利、奖励、对外投资、分配给股东或投资人、抵偿债务、换取其他企事业单位和个人的非货币性资产等行为，应视同销售，于开发产品所有权或使用权转移，或于实际取得利益权利时确认收入（或利润）的实现。确认收入（或利润）的方法和顺序为：

（1）按本企业近期或本年度最近月份同类开发产品市场销售价格确定；

（2）由主管税务机关参照当地同类开发产品市场公允价值确定；

（3）按开发产品的成本利润率确定。开发产品的成本利润率不得低于15%，具体比例由主管税务机关确定。

二、销售未完工开发产品收入的税务处理

135. 销售未完工开发产品收入如何进行税务处理？

（1）销售未完工开发产品取得的收入，应先按预计计税毛利率分季（或月）

计算出预计毛利额，计入当期应纳税所得额。预缴在分季（或月）和年度处理上有不同：

①季（或月）所得税预缴的处理

当期销售未完工产品计税毛利额＝当期销售未完工产品收入×计税毛利率

当期应纳税所得额＝当期销售未完工产品计税毛利额

当期应交纳的所得税＝当期应纳税所得额×企业所得税税率

②年度所得税汇算清缴的处理

年度销售未完工产品计税毛利额＝年度销售未完工产品收入×计税毛利率

房地产企业销售未完工产品特定业务计算的纳税调整额＝年度销售未完工产品计税毛利额－实际发生的营业税金及附加、土地增值税

房地产企业销售的未完工产品转完工产品特定业务计算的纳税调整额＝转回的销售未完工产品预计毛利额－转回实际发生的税金及附加、土地增值税

房地产开发企业特定业务计算的纳税调整额＝房地产企业销售未完工产品特定业务计算的纳税调整额－房地产企业销售的未完工产品转完工产品特定业务计算的纳税调整额

【例1】 甲房地产开发企业正在开发“天天家园”项目，项目所在地计税毛利率15%，企业所得税按季申报。2019年10月开始预售，取得预售收入3000万元，期间费用300万元，缴纳营业税金及附加、土地增值税172.5万元。计算2019年第四季度预缴申报和年度汇算清缴应纳税所得额。

解析：

2019年第四季度预缴

当期销售未完工产品计税毛利额＝当期销售未完工产品收入×计税毛利率＝3000×15%＝450（万元）

当期应纳税所得额＝当期销售未完工产品计税毛利额＝450（万元）

2019年度汇算清缴

年度销售未完工产品计税毛利额＝年度销售未完工产品收入×计税毛利率＝3000×15%＝450（万元）

房地产企业销售未完工产品特定业务计算的纳税调整额=年度销售未完工产品计税毛利额-实际发生的营业税金及附加、土地增值税=450-172.5=277.5(万元)

房地产企业销售的未完工产品转完工产品特定业务计算的纳税调整额=转回的销售未完工产品预计毛利额-转回实际发生的税金及附加、土地增值税=0-0=0（万元）

房地产开发企业特定业务计算的纳税调整额=房地产企业销售未完工产品特定业务计算的纳税调整额-房地产企业销售的未完工产品转完工产品特定业务计算的纳税调整额=277.5-0=277.5（万元）

（2）开发产品完工后，应及时结算其计税成本并计算此前销售收入的实际毛利额，同时将其实际毛利额与其对应的预计毛利额之间的差额，计入当年度企业本项目与其他项目合并计算的应纳税所得额。

在年度纳税申报时，企业须出具对该项开发产品实际毛利额与预计毛利额之间差异调整情况的报告以及税务机关需要的其他相关资料。

【例2】某房地产开发企业开发的一个项目，预计毛利率15%，2019年取得预售收入1000万元（不含税价），期间费用100万元，税金及附加15万元，计算当年预缴企业所得税。

解析：

当期计税毛利额=当期预售收入×预计计税毛利率=1000×15%=150（万元）

当期应纳税所得额=当期计税毛利额-当期期间费用-当期已交税金及附加=150-100-15=35（万元）

当期应纳所得税=当期应纳税所得额×企业所得税税率=35×25%=8.75(万元)

三、房地产开发经营业务的完工判定

136. 什么情形下，视同开发产品已经完工？

企业房地产开发经营业务除土地开发之外，其他开发产品符合下列条件之一的，应视为已经完工：

（1）开发产品竣工证明材料已报房地产管理部门备案。

（2）开发产品已开始投入使用。

（3）开发产品已取得了初始产权证明。

【注】房地产开发企业建造、开发的开发产品，无论工程质量是否通过验收合格，或是否办理完工（竣工）备案手续以及会计决算手续，当企业开始办理开发产品交付手续（包括入住手续）、或已开始实际投入使用时，为开发产品开始投入使用，应视为开发产品已经完工。房地产开发企业应按规定及时结算开发产品计税成本，并计算企业当年度应纳税所得额。

四、对出租未完工或未登记开发产品的税务处理

137. 企业开发产品在未完工或办理房地产初始登记、取得产权证前签订租赁预约协议的，如何确认收入？

企业新建的开发产品在尚未完工或办理房地产初始登记、取得产权证前，与承租人签订租赁预约协议的，自开发产品交付承租人使用之日起，出租方取得的预租价款按租金确认收入。

第二节　房地产开发经营业务成本、费用扣除的税务处理

一、扣除项目的区分

138. 企业在进行成本、费用的核算与扣除时，是否要进行相应的区分?

企业在进行成本、费用的核算与扣除时，必须按规定区分期间费用和开发产品计税成本、已销开发产品计税成本与未销开发产品计税成本。

二、准予当期按规定扣除的项目

139. 企业开发产品当期准予扣除的成本，税费有哪些?

企业发生的期间费用、已销开发产品计税成本、税金及附加（城市维护建设税、教育费附加和地方教育附加）、土地增值税准予当期按规定扣除。

140. 对未出售和已出售完工产品共同耗用维修费如何扣除?

企业对尚未出售的已完工开发产品和对已售开发产品（包括共用部位、共用设施设备）进行日常维护、保养、修理等实际发生的维修费用，准予在当期据实扣除。

141. 企业已计入销售收入的维修基金如何扣除?

企业将已计入销售收入的共用部位、共用设施设备维修基金按规定移交给有关部门、单位的，应于移交时扣除。

142. 对开发区内建造的配套设施如何进行税务处理?

企业在开发区内建造的会所、物业管理场所、电站、热力站、水厂、文体场馆、幼儿园等配套设施，按以下规定进行处理:

(1) 需要判定是否为公共配套设施。属于非营利性且产权属于全体业主的，或无偿赠与地方政府、公用事业单位的，可将其视为公共配套设施，其建造费用按公共配套设施费的有关规定进行处理。

(2) 利用地下基础设施形成的停车场所，作为公共配套设施进行处理。属于营利性的，或产权归企业所有的，或未明确产权归属的，或无偿赠与地方政府、公用事业单位以外其他单位的，应当单独核算其成本。除企业自用应按建造固定资产进行处理外，其他一律按建造开发产品进行处理。

(3) 企业在房地产开发区内建造的邮电通讯、学校、医疗设施应单独核算成本，其中如果是合资建设，完工后需要移交的，企业获得的经济补偿可以直接抵扣建造成本，抵扣后的差额应调整应纳税所得额。

143. 房地产开发企业按揭销售方式下的担保金如何扣除?

开发企业按揭销售方式下担保金的扣除规定:

企业采取银行按揭方式销售开发产品的，凡约定企业为购买方的按揭贷款提供担保的，其销售开发产品时向银行提供的保证金（担保金）不得从销售收入中减除，也不得作为费用在当期税前扣除，但实际发生损失时可据实扣除。

144. 房地产开发企业委托境外销售产品，其销售费用如何扣除?

企业委托境外机构销售开发产品的，其支付境外机构的销售费用（含佣金或手续费）不超过委托销售收入10%的部分，准予据实扣除。

不同企业佣金及手续费税前扣除政策总结：

类型	扣除标准	
限额扣除	财产保险企业	按当年全部保费收入扣除退保金等后余额的15%计算限额
	人身保险企业	按当年全部保费收入扣除退保金等后余额的10%计算限额
	电信企业	按不超过企业当年收入总额5%的部分计算限额 手续费及佣金支出范围：委托销售电话入网卡、电话充值卡等支付的佣金
	开发企业	针对委托境外销售，不超过委托销售收入10%的部分计算限额
	其他企业	按所签订服务协议或合同确认的收入金额的5%计算限额

145. 房地产开发企业的利息支出如何处理？

企业利息支出按下列规定处理：

（1）企业为建造开发产品而发生的符合税收规定的借款费用，属于财务费用性质的借款费用，可直接在税前扣除。

（2）企业集团或其成员企业统一向金融机构借款分摊给其他成员企业使用，借入方能出具从金融机构借款的证明文件，可以在使用借款的企业间合理分摊利息费用，使用借款的企业分摊的合理利息准予在税前扣除。

146. 房地产开发企业财产损失如何处理？

（1）企业因国家无偿收回土地使用权而形成的损失，可作为财产损失在税前扣除。

（2）企业开发产品（以成本对象为计量单位）整体报废或毁损，其净损失按规定审核确认后准予在税前扣除。

147. 房产自用转售折旧费如何处理?

企业开发产品转为自用的，其实际使用时间累计未超过 12 个月又销售的，不得在税前扣除折旧费用。

第三节　房地产开发经营业务计税成本的核算方法

一、计税成本含义、对象与确认原则、计税成本内容

148. 房地产开发经营业务计税成本的含义是什么?

计税成本是指企业在开发、建造开发产品（包括固定资产，下同）过程中所发生的按照税收规定进行核算与计量的应归入某项成本对象的各项费用。

149. 房地产开发经营企业开发产品的计税成本对象的确定原则是什么?

成本对象是指为归集和分配开发产品开发、建造过程中的各项耗费而确定的费用承担项目。计税成本对象的确定原则如下：

（1）可否销售原则。开发产品能够对外经营销售的，应作为独立的计税成本对象进行成本核算；不能对外经营销售的，可先作为过渡性成本对象进行归集，然后再将其相关成本摊入能够对外经营销售的成本对象。

（2）分类归集原则。对同一开发地点、竣工时间相近、产品结构类型没有明显差异的群体开发的项目，可作为一个成本对象进行核算。

（3）功能区分原则。开发项目某组成部分相对独立，且具有不同使用功能时，可以作为独立的成本对象进行核算。

（4）定价差异原则。开发产品因其产品类型或功能不同等而导致其预期售价存在较大差异的，应分别作为成本对象进行核算。

（5）成本差异原则。开发产品因建筑上存在明显差异可能导致其建造成本出现较大差异的，要分别作为成本对象进行核算。

（6）权益区分原则。开发项目属于受托代建的或多方合作开发的，应结合上述原则分别划分成本对象进行核算。

成本对象由企业在开工之前合理确定，并报主管税务机关备案。成本对象一经确定，不能随意更改或相互混淆，如确需改变成本对象的，应征得主管税务机关同意。

150. 房地产开发企业开发产品计税成本有哪些？

开发产品计税成本支出的内容如下：

（1）土地征用费及拆迁补偿费。指为取得土地开发使用权（或开发权）而发生的各项费用，主要包括土地买价或出让金、大市政配套费、契税、耕地占用税、土地使用费、土地闲置费、土地变更用途和超面积补交的地价及相关税费、拆迁补偿支出、安置及动迁支出、回迁房建造支出、农作物补偿费、危房补偿费等。

（2）前期工程费。指项目开发前期发生的水文地质勘察、测绘、规划、设计、可行性研究、筹建、场地通平等前期费用。

（3）建筑安装工程费。指开发项目开发过程中发生的各项建筑安装费用。主要包括开发项目建筑工程费和开发项目安装工程费等。

（4）基础设施建设费。指开发项目在开发过程中所发生的各项基础设施支出，主要包括开发项目内道路、供水、供电、供气、排污、排洪、通讯、照明等社区管网工程费和环境卫生、园林绿化等园林环境工程费。

（5）公共配套设施费。指开发项目内发生的、独立的、非营利性的，且产权属于全体业主的，或无偿赠与地方政府、政府公用事业单位的公共配套设施支出。

（6）开发间接费。指企业为直接组织和管理开发项目所发生的，且不能将其归属于特定成本对象的成本费用性支出。主要包括管理人员工资、职工福利费、折旧费、修理费、办公费、水电费、劳动保护费、工程管理费、周转房摊销以及项目营销设施建造费等。

【注】施工噪声排污费不属于上述扣除项目，不能作为房地产开发成本计入扣除金额。

二、核算方法

151. 房地产企业计税成本如何进行确认与归集、分配？

（1）确认成本、费用。

对当期实际发生的各项支出，按其性质、经济用途及发生的地点、时间区进行整理、归类，并将其区分为应计入成本对象的成本和应在当期税前扣除的期间费用，同时还应按规定对有关预提费用和待摊费用进行计量与确认。

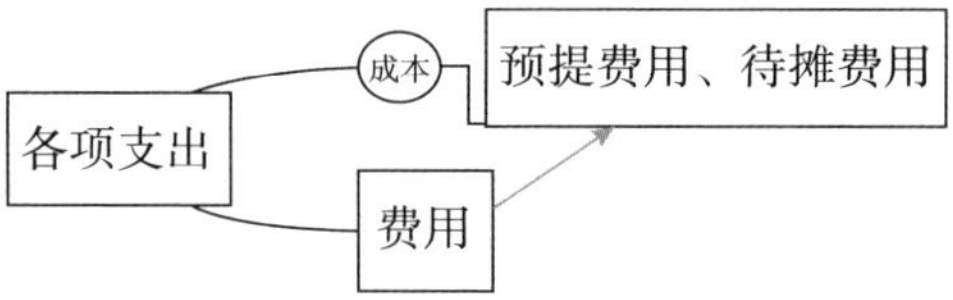

（2）确认直接成本、间接成本和共同成本，并进行归集、分配。

对应计入成本对象中的各项实际支出、预提费用、待摊费用等合理地划分为直接成本、间接成本和共同成本；并按规定将其合理地归集、分配至已完工成本对象、在建成本对象和未建成本对象。

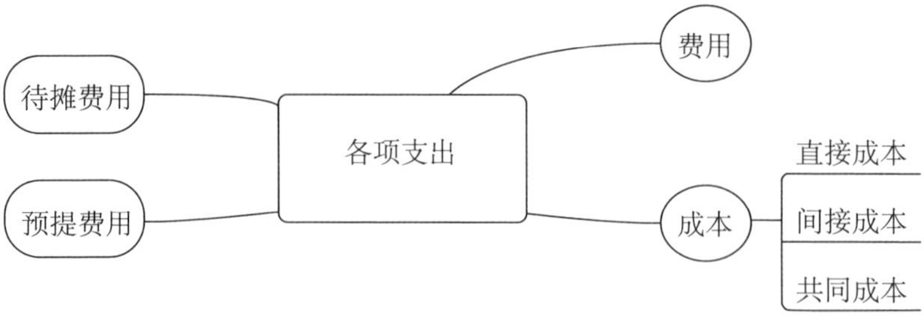

（3）对本期已完工成本对象分类为开发产品和固定资产并对其计税成本进行结算。

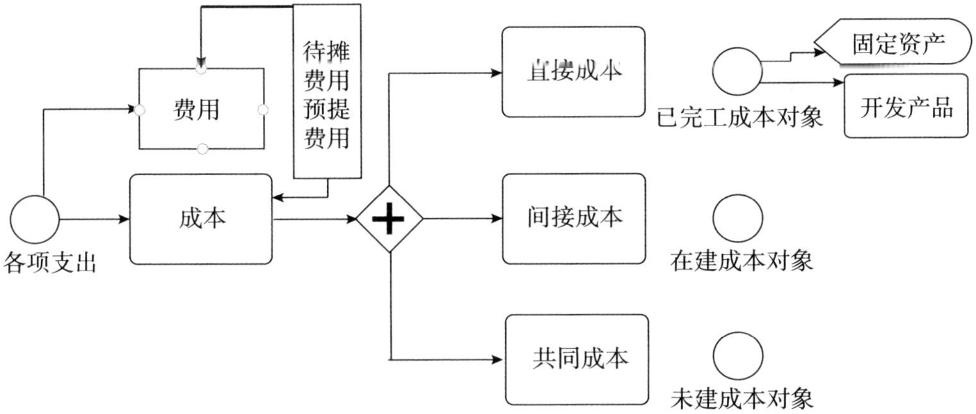

其中属于开发产品的，应按可售面积计算其单位工程成本，据此再计算已销开发产品计税成本和未销开发产品计税成本。

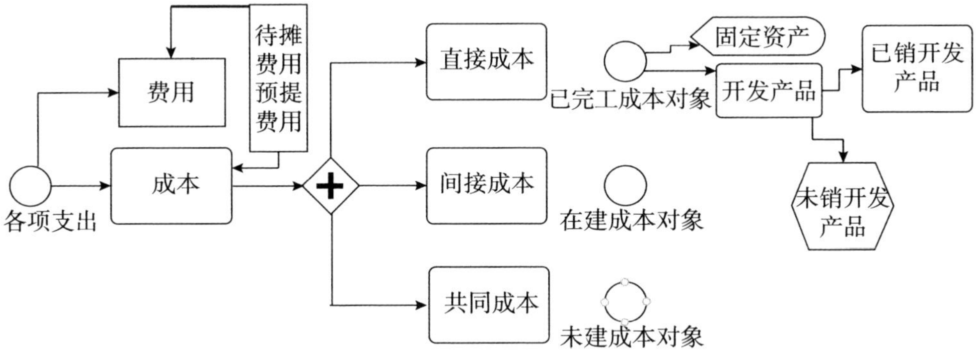

针对应由已销开发产品负担的计税成本，在当期纳税申报时进行扣除，未销开发产品应负担的成本费用待其实际销售时再予扣除。

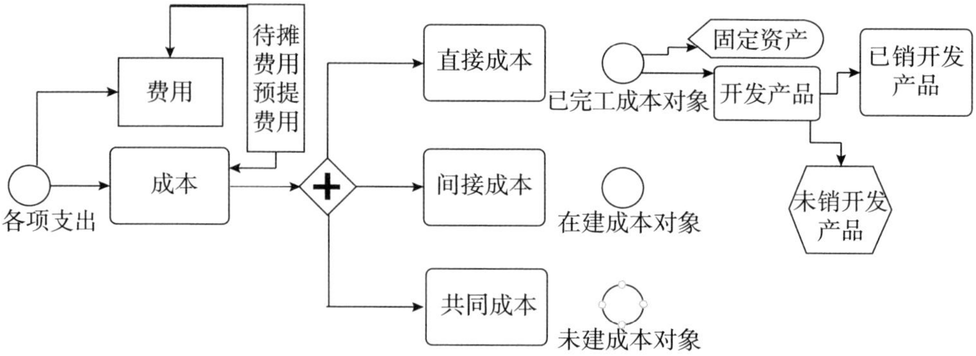

已销开发产品的计税成本，按当期已实现销售的可售面积和可售面积单位工程成本确认。

可售面积单位工程成本和已销开发产品的计税成本按下列公式计算确定：

可售面积单位工程成本＝成本对象总成本÷成本对象总可售面积

已销开发产品的计税成本＝已实现销售的可售面积×可售面积单位工程成本

（4）对本期未完工和尚未建造的成本对象应当负担的成本费用，应分别建立明细台账，待开发产品完工后再予结算。

152. 企业开发产品按何种方法进行计量与核算？

企业开发、建造的开发产品应按制造成本法进行计量与核算。

应计入开发产品成本中的费用属于直接成本和能够分清成本对象的间接成本，直接计入成本对象。

共同成本和不能分清负担对象的间接成本，应按受益的原则和配比的原则分配至各成本对象，具体分配方法可按以下规定选择其一：

（1）占地面积法

指按已动工开发成本对象占地面积占开发用地总面积的比例进行分配。

①一次性开发的，按某一成本对象占地面积占全部成本对象占开发用地总面积的比例进行分配。

②分期开发的，首先按本期全部成本对象占地面积占开发用地总面积的比例进行分配，然后再按某一成本对象占地面积占期内全部成本对象占地总面积的比

例进行分配。

期内全部成本对象应负担的占地面积为期内开发用地占地面积减除应由各期成本对象共同负担的占地面积。

具体适用对象：土地成本。

土地成本，一般按占地面积法进行分配。如果确需结合其他方法进行分配，应商税务机关同意。

土地开发同时连结房地产开发的，属于一次性取得土地分期开发房地产的情况，其土地开发成本经商税务机关同意后可先按土地整体预算成本进行分配，待土地整体开发完毕再行调整。

（2）建筑面积法

指按已动工开发成本对象建筑面积占开发用地总建筑面积的比例进行分配。

①一次性开发的，按某一成本对象建筑面积占全部成本对象建筑面积的比例进行分配。

②分期开发的，首先按期内成本对象建筑面积占开发用地计划建筑面积的比例进行分配，其次再按某一成本对象建筑面积占期内成本对象总建筑面积的比例进行分配。

具体适用对象：公共配套设施开发成本。

单独作为过渡性成本对象核算的公共配套设施开发成本，应按建筑面积法进行分配。

【例】甲房地开发公司为项目公司，其开发的“星星家园”项目取得土地面积为 100000m^2，土地成本 100000 万元。分两期开发，第一期项目占地面积 28000m^2，第二期项目占地面积 17000m^2。建筑总面积为 800000m^2，第一期项目建筑面积 500000m^2，第二期项目建筑面积 300000m^2。

第一期项目包括：1 号、2 号、3 号 3 栋普通住宅楼，以及 A 座、B 座、C 座 3 栋商业楼，每栋楼的建筑数据如下：

房源	占地面积（m^2）	可售建筑面积（m^2）
1号住宅	2000	80000
2号住宅	2500	100000
3号住宅	3500	120000
A座商业	5000	50000
B座商业	7000	60000
C座商业	8000	90000
合计	28000	500000

问题：占地面积法、建筑面积法下第一期项目住宅、商铺应分摊的土地成本分别为多少？

解析：

(1) 占地面积法：

一期分摊土地成本 = 100000 × 28000 ÷ （28000 + 17000） = 62222.22（万元）

一期住宅占地面积比例 = （2000 + 2500 + 3500） ÷ 28000 = 28.57%

一期住宅应分摊土地成本 = 62222.22 × 28.57% = 17777.78（万元）

一期商业占地面积比例 = （5000 + 7000 + 8000） ÷ 28000 = 71.43%

一期商业应分摊土地成本 = 62222.22 × 71.43% = 44444.44（万元）

(2) 建筑面积法：

一期分摊土地成本 = 100000 × 500000 ÷ （500000 + 300000） = 62500（万元）

一期住宅占地面积比例 = （80000 + 100000 + 120000） ÷ 500000 = 60%

一期住宅应分摊土地成本 = 62500 × 60% = 37500（万元）

一期商业占地面积比例 = （50000 + 60000 + 90000） ÷ 500000 = 40%

一期商业应分摊土地成本 = 62500 × 40% = 25000（万元）

【注】土地成本，一般按占地面积法进行分配。如果确需结合其他方法进行分配的，应商税务机关同意。

（3）直接成本法

指按期内某一成本对象的直接开发成本占期内全部成本对象直接开发成本的比例进行分配。

具体适用对象：借款费用。

借款费用属于不同成本对象共同负担的，按直接成本法或按预算造价法进行分配。

【例】甲房地开发公司为开发“阳光家园”项目，取得金融机构贷款10000万元，年利率6%。已知一期土地成本12亿元，开发直接成本18亿元，其中住宅归集土地和开发成本为18亿元。二期土地成本为8亿元，尚未进行开发。请问按直接成本法计算一期住宅每年承担的利息成本为多少？

解析：

一期住宅每年承担的利息成本＝10000×6%×180000÷（180000＋120000）＝360（万元）

（4）预算造价法

指按期内某一成本对象预算造价占期内全部成本对象预算造价的比例进行分配。

具体适用对象：借款费用。

借款费用属于不同成本对象共同负担的，按直接成本法或按预算造价法进行分配。

【注】除上述土地成本、公共配套设施和借款费用以外，其他成本项目的分配方法由企业自行确定。

【例】甲房地开发公司为开发“阳光家园”项目，取得金融机构贷款10000万元，年利率6%。已知一期预算造价30亿元，其中住宅预算造价为18亿元。二期预算造价20亿元，尚未进行开发。请问按预算造价法计算一期住宅每年承担的利息成本为多少？

解析：

一期住宅每年承担的利息成本＝10000×6%×180000÷300000＝360（万元）

153. 企业以非货币交易方式取得土地使用权的成本如何确定？

（1）以开发产品换取土地的情形

企业、单位以换取开发产品为目的，将土地使用权投资企业的，按下列规定进行处理：

①换取的开发产品如为该项土地开发、建造的，接受投资的企业在接受土地使用权时暂不确认其成本，待首次分出开发产品时，再按应分出开发产品（包括首次分出的和以后应分出的）的市场公允价值和土地使用权转移过程中应支付的相关税费计算确认该项土地使用权的成本。

土地使用权成本 = 应分出开发产品的市场公允价值 + 转移时支付的土地使用权相关税费 + 应支付的补价款［或（－应收到的补价款)］

如果涉及补价，那么土地使用权的取得成本还应加上应支付的补价款或减除应收到的补价款。

土地使用权成本 = 应分出开发产品的市场公允价值 + 转移时支付的土地使用权相关税费 + 应支付的补价款［或（－应收到的补价款)］

②换取的开发产品如为其他土地开发、建造的，接受投资的企业在投资交易发生时，按应付出开发产品市场公允价值和土地使用权转移过程中应支付的相关税费计算确认该项土地使用权的成本。

土地使用权成本 = 应付出开发产品的市场公允价值 + 转移时支付的土地使用权相关税费（本块土地)

如涉及补价，土地使用权的取得成本还应加上应支付的补价款或减除应收到的补价款。

土地使用权成本 = 应付出开发产品的市场公允价值 + 转移时支付的土地使用权相关税费（本块土地）+ 应支付的补价款［或（－应收到的补价款)］

（2）接受土地投资的行为

企业、单位以股权的形式，将土地使用权投资企业的，接受投资的企业应在投资交易发生时，按以下方式确认：

土地使用权成本 = 接受的土地使用权市场公允价值 + 转移时支付的土地使用权相关税费

如涉及补价，土地使用权的取得成本还应加上应支付的补价款或减除应收到的补价款。

土地使用权成本 = 接受的土地使用权市场公允价值 + 转移时支付的土地使用权相关税费 + 应支付的补价款 [或 (– 应收到的补价款)]

154. 企业预提（应付）费用计税成本如何确认？

计税成本均应为实际发生的成本，但以下几项预提（应付）费用除外：

（1）出包工程未最终办理结算而未取得全额发票的，在证明资料充分的前提下，其发票不足金额可以预提，但最高不得超过合同总金额的10%。

（2）公共配套设施尚未建造或尚未完工的，可按预算造价合理预提建造费用。

此类公共配套设施必须符合已在售房合同、协议或广告、模型中明确承诺建造且不可撤销，或按照法律法规规定必须配套建造的条件。

（3）应向政府上交但尚未上交的报批报建费用、物业完善费用可以按规定预提。

物业完善费用是指按规定应由企业承担的物业管理基金、公建维修基金或其他专项基金。

155. 企业单独建造的停车场所，可否作为成本对象单独核算？

企业单独建造的停车场所，应作为成本对象单独核算。利用地下基础设施形成的停车场所，作为公共配套设施进行处理。

利用地下基础设施形成的停车场所，尚未完工的，可按预算造价合理预提建造费用。

156. 企业在结算计税成本时，实际支出未取得相应凭据，如何进行税务处理？

企业在结算计税成本时其实际发生的支出应当取得但未取得合法凭据的，不得计入计税成本，待实际取得合法凭据时，再按规定计入计税成本。

157. 企业开发产品完工后，计税成本核算终止日如何确定？

开发产品完工以后，企业可在完工年度企业所得税汇算清缴前选择确定计税成本核算的终止日，不得滞后。

凡已完工开发产品在完工年度未按规定结算计税成本的，主管税务机关有权确定或核定其计税成本，据此进行纳税调整，并按《税收征收管理法》的有关规定对其进行处理。

第四节　房地产开发经营业务特定事项的税务处理

158. 企业联合其他企业、单位、个人等开发房地产项目，如何进行税务处理？

（1）企业以本企业为主体联合其他企业、单位、个人合作或合资开发房地产项目，且该项目未成立独立法人公司的，按下列规定进行处理：

①分配开发产品的税务处理

凡开发合同或协议中约定向投资各方（即合作方、合资方）分配开发产品的，企业在首次分配开发产品时，按如下方式处理：

a. 如该项目已经结算计税成本，其应分配给投资方开发产品的计税成本与其投资额之间的差额计入当期应纳税所得额；

b. 如未结算计税成本，则将投资方的投资额视同销售收入进行相关的税务处理。

②分配利润的税务处理

凡开发合同或协议中约定分配项目利润的，应按以下规定进行处理：

a. 企业应将该项目形成的营业利润额并入当期应纳税所得额统一申报缴纳企业所得税，不得在税前分配该项目的利润。

同时，不能因接受投资方投资额而在成本中摊销或在税前扣除相关的利息支出。

b. 投资方取得该项目的营业利润应视同股息、红利进行相关的税务处理。

（2）企业以土地换取开发产品的税务处理

企业以换取开发产品为目的，将土地使用权投资其他企业房地产开发项目的，按以下规定进行处理：

企业应在首次取得开发产品时，将其分解为转让土地使用权和购入开发产品两项经济业务进行所得税处理，并按应从该项目取得的开发产品（包括首次取得的和以后应取得的）的市场公允价值计算确认土地使用权转让所得或损失。

159. 房地产开发企业土地增值税清算涉及企业所得税退税问题如何处理？

土地增值税清算涉及企业所得税退税问题处理如下：

（1）企业按规定对开发项目进行土地增值税清算后，当年企业所得税汇算清缴出现亏损且有其他后续开发项目的，该亏损应按照税法规定向以后年度结转，用以后年度所得弥补。

【提示】后续开发项目，是指正在开发以及中标的项目。

（2）企业按规定对开发项目进行土地增值税清算后，当年企业所得税汇算清缴出现亏损，且没有后续开发项目的，可以按照以下方法计算出该项目由于土地增值税原因导致的项目开发各年度多缴企业所得税税款，并申请退税：

①该项目缴纳的土地增值税总额，应按照该项目开发各年度实现的项目销售收入占整个项目销售收入总额的比例，在项目开发各年度进行分摊，具体按以下公式计算：

各年度应分摊的土地增值税＝土地增值税总额×（项目年度销售收入÷整个项目销售收入总额）

公式中的销售收入包括视同销售房地产的收入，但不包括企业销售的增值额未超过扣除项目金额20%的普通标准住宅的销售收入。

②该项目各年度应分摊的土地增值税减去该年度已经在企业所得税税前扣除的土地增值税后，余额属于当年应补充扣除的土地增值税；企业应调整当年度的应纳税所得额，并按规定计算当年度应退的企业所得税税款；当年度已缴纳的企业所得税税款不足退税的，应作为亏损向以后年度结转，并调整以后年度的应纳税所得额。

③按照上述方法进行土地增值税分摊调整后，相应年度应纳税所得额为正数的，应按规定计算缴纳企业所得税。

④企业按上述方法计算的累计退税额，不得超过其在该项目开发各年度累计实际缴纳的企业所得税；超过部分作为项目清算年度产生的亏损，向以后年度结转。

【例】某房地产开发企业自2017年1月开始开发某房地产项目，2019年10月项目全部竣工并销售完毕，12月进行土地增值税清算，整个项目共缴纳土地增值税1100万元，其中2017—2019年预缴土地增值税分别为240万元、300万元、60万元；2018年清算后补缴土地增值税500万元。2017—2019年实现的项目销售收入分别为12000万元、15000万元、3000万元，缴纳的企业所得税分别为45万元、310万元、0元。该企业2019年年度汇算清缴出现亏损，应纳税所得额为－400万元。企业没有后续开发项目，拟申请退税，具体计算详见下表。

2017—2019年某房地产开发企业申请退税额计算明细表 金额单位：万元

	2017年	2018年	2019年
预缴土地增值税	240	300	60
补缴土地增值税	–	–	500

续表

	2017 年	2018 年	2019 年
分摊土地增值税	1100 × 12000/30000 = 440	1100 × 15000/30000 = 550	1100 × 3000/30000 = 110
应纳税所得额调整	240 − 440 = −200	300 − 550 − 20 = −270	60 + 500 − 110 = 450
调整后应纳税所得额	−	−	−400 + 450 = 50
应退企业所得税	200 × 25% = 50	270 × 25% = 67.5	−
已缴纳企业所得税	45	310	0
实退企业所得税	45	67.5	−
亏损结转（调整后）	(45 − 50) ÷ 25% = −20	−	−
应补企业所得税	−	−	50 × 25% = 12.5
累计退税额	45 + 67.5 − 12.5 = 100		

第九章　特别纳税调整

第一节　特别纳税调整税务处理内容、申报与资料管理

一、特别纳税调整税务处理内容与管理内容

160. 什么是特别纳税调整？关联方又指什么？

特别纳税调整是指企业与其关联方之间的业务往来，不符合独立交易原则而减少企业或者其关联方应纳税收入或者所得额的，税务机关有权按照合理方法调整。

关联方是指与企业有下列关联关系之一的企业、其他组织或者个人，具体指：

（1）在资金、经营、购销等方面存在直接或者间接的控制关系；

（2）直接或者间接地同为第三者控制；

（3）在利益上具有相关联的其他关系。

二、关联申报管理

161. 关联申报管理具体规定是什么？

（1）实行查账征收的居民企业和在中国境内设立机构、场所并据实申报缴纳企业所得税的非居民企业向税务机关报送年度企业所得税纳税申报表时，应当就其与关联方之间的业务往来进行关联申报。

（2）企业与其他企业、组织或者个人具有下列关系之一的，构成关联关系：

①一方直接或者间接持有另一方的股份总和达到25%以上；

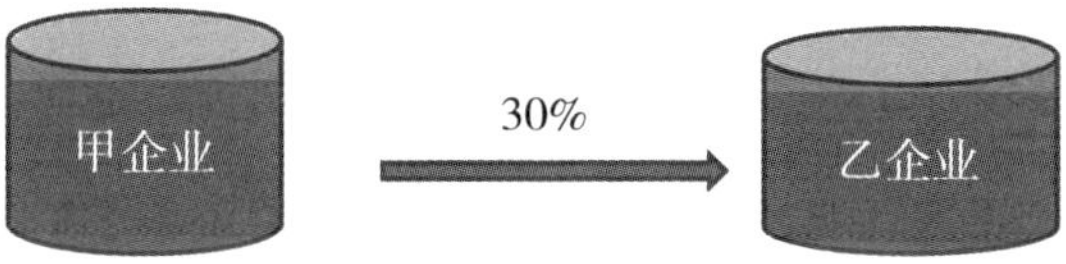

双方直接或者间接同为第三方所持有的股份达到25%以上。

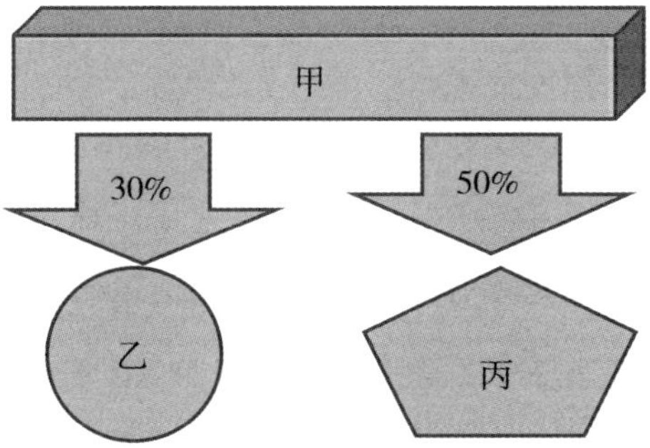

如果一方通过中间方对另一方间接持有股份，只要其对中间方持股比例达到25%以上，则其对另一方的持股比例按照中间方对另一方的持股比例计算。

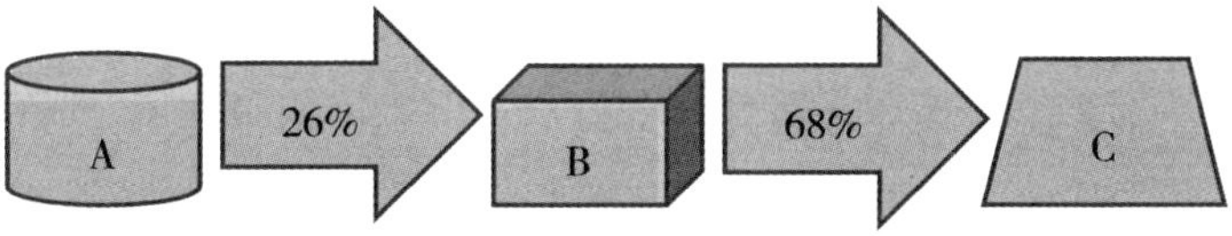

两个以上具有夫妻、直系血亲、兄弟姐妹以及其他抚养、赡养关系的自然人共同持股同一企业，在判定关联关系时持股比例合并计算。

②双方存在持股关系或者同为第三方持股，虽持股比例未达到上述第①项规定，但双方之间借贷资金总额占任一方实收资本比例达到50%以上，或者一方全部借贷资金总额的10%以上由另一方担保（与独立金融机构之间的借贷或者担保除外）。

借贷资金总额占实收资本比例＝年度加权平均借贷资金/年度加权平均实收资本，其中：

年度加权平均借贷资金＝i笔借入或者贷出资金账面金额×i笔借入或者贷出资金年度实际占用天数/365

年度加权平均实收资本＝i笔实收资本账面金额×i笔实收资本年度实际占用天数/365

③双方存在持股关系或同为第三方持股，虽持股比例未达到上述第①项规定，但一方的生产经营活动必须由另一方提供专利权、非专利技术、商标权、著作权等特许权才能正常进行，或一方的购买、销售、接受劳务、提供劳务等经营活动由另一方控制（控制是指一方有权决定另一方的财务和经营政策，并能据以从另一方的经营活动中获取利益）。

④一方半数以上董事或半数以上高级管理人员（包括上市公司董事会秘书、经理、副经理、财务负责人和章程规定的其他人员）由另一方任命或委派，或同时担任另一方董事或高管；或双方各自半数以上董事或半数以上高管人员同为第三方任命或委派。

⑤具有夫妻、直系血亲、兄弟姐妹以及其他抚养、赡养关系的两个自然人分别与双方具有上述第①至④项关系之一。

⑥双方在实质上具有其他共同利益。

仅因国家持股或者由国有资产管理部门委派董事、高级管理人员而存在上述第①至④项关系的，不构成关联关系。

除上述第②项规定外，上述关联关系年度内发生变化的，关联关系按照实际存续期间认定。

【例】2019年1月1日至3月31日，A公司拥有B公司50%的股权，但A公司在2019年4月1日向C公司出售其拥有的B公司的30%的股权，C公司持有该股权至2019年12月31日。在这种情况下，不考虑其他可能构成关联关系的情形，A公司与B公司在2019年1月1日至3月31日期间构成关联关系，C公司与B公司在2019年4月1日至2019年12月31日期间构成关联关系。

（3）关联交易主要包括：

①有形资产使用权或者所有权的转让。有形资产包括商品、产品、房屋建筑物、交通工具、机器设备、工具器具等。

②金融资产的转让。金融资产包括应收账款、应收票据、其他应收款项、股

权投资、债权投资和衍生金融工具形成的资产等。

③无形资产使用权或者所有权的转让。无形资产包括专利权、非专利技术、商业秘密、商标权、品牌、客户名单、销售渠道、特许经营权、政府许可、著作权等。

④资金融通。资金包括各类长短期借贷资金（含集团资金池）、担保费、各类应计息预付款和延期收付款等。

⑤劳务交易。劳务包括市场调查、营销策划、代理、设计、咨询、行政管理、技术服务、合约研发、维修、法律服务、财务管理、审计、招聘、培训、集中采购等。

（4）存在下列情形之一的居民企业，应当在报送年度关联业务往来报告表时，填报国别报告：

①该居民企业为跨国企业集团的最终控股企业，且其上一会计年度合并财务报表中的各类收入金额合计超过55亿元。

最终控股企业是指能够合并其所属跨国企业集团所有成员实体财务报表的，且不能被其他企业纳入合并财务报表的企业。

成员实体应当包括：

a. 实际已被纳入跨国企业集团合并财务报表的任一实体。

b. 跨国企业集团持有该实体股权且按公开证券市场交易要求应被纳入但实际未被纳入跨国企业集团合并财务报表的任一实体。

c. 仅由于业务规模或者重要性程度而未被纳入跨国企业集团合并财务报表的任一实体。

d. 独立核算并编制财务报表的常设机构。

②该居民企业被跨国企业集团指定为国别报告的报送企业。

国别报告主要披露最终控股企业所属跨国企业集团所有成员实体的全球所得、税收和业务活动的国别分布情况。

（5）企业虽不属于上述规定填报国别报告的范围，但其所属跨国企业集团按照其他国家有关规定应当准备国别报告，且符合下列条件之一的，税务机关可以在实施特别纳税调查时要求企业提供国别报告：

①跨国企业集团未向任何国家提供国别报告。

②虽然跨国企业集团已向其他国家提供国别报告，但我国与该国尚未建立国别报告信息交换机制。

③虽然跨国企业集团已向其他国家提供国别报告，且我国与该国已建立国别报告信息交换机制，但国别报告实际未成功交换至我国。

（6）最终控股企业为中国居民企业的跨国企业集团，其信息涉及国家安全的，可以按照国家有关规定，豁免填报部分或者全部国别报告。

162. 母子公司间提供服务支付费用企业所得税如何处理？

母子公司间提供服务支付费用有关企业所得税处理：

（1）母公司为其子公司提供各种服务而发生的费用，应按照独立企业之间公平交易原则确定服务的价格，作为企业正常的劳务费用进行税务处理。

母子公司未按照独立企业之间的业务往来收取价款的，税务机关有权予以调整。

（2）母公司向其多个子公司提供同类项服务，其收取的服务费可以采取分项签订合同或协议收取；也可以采取服务分摊协议的方式。

（3）母公司以管理费形式向子公司提取费用，子公司因此支付给母公司的管理费，不得在税前扣除。

三、同期资料管理

163. 同期资料管理的内容有哪些？

同期资料包括：主体文档、本地文档和特殊事项文档。

（1）主体文档

①符合下列条件之一的企业，应当准备主体文档：

a. 年度发生跨境关联交易，且合并该企业财务报表的最终控股企业所属企业集团已准备主体文档。

b. 年度关联交易总额超过 10 亿元。

②主体文档主要披露最终控股企业所属企业集团的全球业务整体情况，包括以下内容：组织架构；企业集团业务；无形资产；融资活动；财务与税务状况。

③主体文档应当在企业集团最终控股企业会计年度终了之日起 12 个月内准备完毕。

（2）本地文档

①年度关联交易金额符合下列条件之一的企业，应当准备本地文档：

a. 有形资产所有权转让金额（来料加工业务按照年度进出口报关价格计算）超过 2 亿元。

b. 金融资产转让金额超过 1 亿元。

c. 无形资产所有权转让金额超过 1 亿元。

d. 其他关联交易金额合计超过 4000 万元。

【注】企业执行预约定价安排的，预约定价安排涉及的关联交易金额不计入上述规定的关联关系金额范围。

②本地文档主要披露企业关联交易的详细信息，包括以下内容：企业概括；关联关系，关联交易；可比性分析；转让定价方法的选择和使用。

③本地文档应当在关联交易发生年度的次年 6 月 30 日之前准备完毕。

（3）特殊事项文档

①特殊事项文档包括成本分摊协议特殊事项文档和资本弱化特殊事项文档。

②特殊事项文档应当在关联交易发生年度的次年 6 月 30 日之前准备完毕。

（4）豁免情形

①企业仅与境内关联方发生关联交易的，可以不准备主体文档、本地文档和特殊事项文档。

②企业执行预约定价安排的，可以不准备预约定价安排涉及关联交易的本地文档和特殊事项文档。

（5）其他要求

①同期资料应当使用中文，并标明引用信息资料的出处来源。

②同期资料应当加盖企业印章，并由法定代表人或者法定代表人授权的代表签章。

③同期资料应当自税务机关要求的准备完毕之日起保存10年。企业合并、分立的，应当由合并、分立后的企业保存同期资料。

④企业依照有关规定进行关联申报、提供同期资料及有关资料的，税务机关实施特别纳税调查补征税款时，可以依据规定，按照税款所属纳税年度中国人民银行公布的与补税期间同期的人民币贷款基准利率加收利息。

第二节 转让定价与预约定价

一、转让定价方法管理

164. 转让定价有哪几种方法？

（1）可比非受控价格法

以非关联方之间进行的与关联交易相同或类似业务活动所收取的价格作为关联交易公平成交价格。

适用范围：一般适用于所有类型的关联交易。

（2）再销售价格法

以关联方购进商品再销售给非关联方的价格减去可比非关联交易毛利后的金额作为关联方购进商品的公平成交价格。

公平成交价格＝再销售给非关联方的价格×（1－可比非关联交易毛利率）

可比非关联交易毛利率＝可比非关联交易毛利/可比非关联交易收入净额×100%

适用范围：通常适用于再销售者未对商品进行改变外形、性能、结构或更换商标等实质性增值加工的简单加工或单纯购销业务。

【例】A公司从国外关联B公司以60万元价格购进货物后销售给C公司的价格为56万元。

解析：

假设毛利率合理的数额为20%，则税务机关可以调整的A公司的进货价格＝56×（1－20%）＝44.8（万元）。

（3）成本加成法

以关联交易发生的合理成本加上可比非关联交易毛利作为关联交易的公平成交价格。

公平成交价格＝关联交易的合理成本×（1＋可比非关联交易成本加成率）

可比非关联交易成本加成率＝可比非关联交易毛利/可比非关联交易成本×100%

适用范围：通常适用于有形资产的购销、转让和使用，劳务提供或资金融通的关联交易。

（4）交易净利润法

以可比非关联交易的利润率指标确定关联交易的净利润。利润率指标包括资产收益率、销售利润率、完全成本加成率、贝里比率等。

适用范围：通常适用于有形资产的购销、转让和使用，无形资产的转让和使用以及劳务提供等关联交易。

（5）利润分割法

根据企业与其关联方对关联交易合并利润的贡献计算各自应该分配的利润额。利润分割法分为一般利润分割法和剩余利润分割法。

一般利润分割法根据关联交易各参与方所执行的功能、承担的风险以及使用的资产，确定各自应取得的利润。

剩余利润分割法将关联交易各参与方的合并利润减去分配给各方的常规利润的余额作为剩余利润，再根据各方对剩余利润的贡献程度进行分配。

适用范围：通常适用于各参与方关联交易高度整合且难以单独评估各方交易

结果的情况。

选用合理的转让定价方法应进行可比性分析。可比性分析因素主要包括以下五个方面：

①交易资产或劳务特性；

②交易各方功能和风险；

③合同条款；

④经济环境；

⑤经营策略。

二、转让定价调查及调整管理

165. 转让定价调查重点选择哪些企业？

转让定价调查应重点选择以下企业：

（1）关联交易数额较大或类型较多的企业；

（2）长期亏损、微利或跳跃性盈利的企业；

（3）低于同行业利润水平的企业；

（4）利润水平与其所承担的功能风险明显不相匹配的企业；

（5）与避税港关联方发生业务往来的企业；

（6）未按规定进行关联申报或准备同期资料的企业；

（7）其他明显违背独立交易原则的企业。

166. 税务机关如何进行转让定价调查及调整管理？

（1）实际税负相同的境内关联方之间的交易，只要该交易没有直接或间接导致国家总体税收收入的减少，原则上不作转让定价调查、调整。

（2）税务机关应选用规定的转让定价方法分析、评估企业关联交易是否符合独立交易原则，分析评估时可以使用公开信息资料，也可以使用非公开信息资料。

（3）税务机关采用四分位法分析、评估企业利润水平时，企业利润水平低于可比企业利润率区间中位值的，原则上应按照不低于中位值进行调整。

（4）税务机关分析、评估企业关联交易时，因企业与可比企业营运资本占用不同而对营业利润产生的差异原则上不作调整。确需调整的，须层报国家税务总局批准。

（5）企业与关联方之间收取价款与支付价款的交易相互抵消的，税务机关在可比性分析和纳税调整时，原则上应还原抵消交易。

（6）税务机关对企业实施转让定价纳税调整后，应自企业被调整的最后年度的下一年度起 5 年内实施跟踪管理。在跟踪管理期内，企业应在跟踪年度的次年 6 月 20 日之前向税务机关提供跟踪年度的同期资料。

三、预约定价安排管理

167. 预约定价安排的概念与适用范围是什么？

（1）预约定价安排概念

预约定价安排管理是指税务机关按照《企业所得税法》第四十二条和《税收征收管理法实施细则》第五十三条的规定，对企业提出的未来年度关联交易的定价原则和计算方法进行审核评估，并与企业协商达成预约定价安排等工作的总称。简而言之，就是企业可以与税务机关就其未来年度关联交易的定价原则和计算方法达成定价的一种事先安排。

预约定价安排谈签与执行流程：预备会谈、谈签意向、分析评估、正式申请、协商签署和监控执行。

预约定价安排类型：单边、双边和多边。

（2）预约定价安排适用范围

①预约定价安排适用于主管税务机关向企业送达接收其谈签意向的《税务事项通知书》之日所属纳税年度起 3—5 个年度的关联交易。

②企业以前年度的关联交易与预约定价安排适用年度相同或者类似的，经企业申请，税务机关可以将预约定价安排确定的定价原则和计算方法追溯适用于以

前年度该关联交易的评估和调整。追溯期最长为10年。

③预约定价安排一般适用于主管税务机关向企业送达接收其谈签意向的《税务事项通知书》之日所属纳税年度前3个年度每年度发生的关联交易金额4000万元人民币以上的企业。

168. 预约定价安排管理的具体要求有什么？

（1）预约定价安排执行期满后自动失效，企业申请续签的，应当在预约定价安排执行期满之日前90日内向税务机关提出续签申请。

（2）预约定价安排执行期间，主管税务机关与企业发生分歧的，双方应当进行协商。协商不能解决的，可以报上一级税务机关协调；涉及双边或者多边预约定价安排的，必须层报国家税务总局协调。对上一级税务机关或者国家税务总局的决定，下一级税务机关应当予以执行。企业仍不能接受的，可以终止预约定价安排的执行。

（3）在预约定价安排签署前，税务机关和企业均可暂停、终止预约定价安排程序。

（4）没有按照规定的权限和程序签署预约定价安排，或者税务机关发现企业隐瞒事实的，应当认定预约定价安排自始无效。

（5）有下列情形之一的，税务机关可以优先受理企业提交的申请：

①企业关联申报和同期资料完备合理，披露充分；

②企业纳税信用级别为A级；

③税务机关曾经对企业实施特别纳税调查调整，并已经结案；

④签署的预约定价安排执行期满，企业申请续签，且预约定价安排所述事实和经营环境没有发生实质性变化；

⑤企业提交的申请材料齐备，对价值链或者供应链的分析完整、清晰，充分考虑成本节约、市场溢价等地域特殊因素，拟采用的定价原则和计算方法合理；

⑥企业积极配合税务机关开展预约定价安排谈签工作；

⑦申请双边或者多边预约定价安排的，所涉及的税收协定缔约对方税务主管

当局有较强的谈签意愿，对预约定价安排的重视程度较高；

⑧其他有利于预约定价安排谈签的因素。

（6）税务机关与企业不能达成预约定价安排的，税务机关在协商过程中所取得的有关企业的提议、推理、观念和判断等非事实性信息，不得用于对该预约定价安排涉及关联交易的特别纳税调查调整。

四、成本分摊协议管理

169. 对于成本分摊协议如何进行税务处理？

（1）对于符合独立交易原则的成本分摊协议，有关税务处理如下：

①企业按照协议分摊的成本，应在协议规定的各年度税前扣除；

②涉及补偿调整的，应在补偿调整的年度计入应纳税所得额；

③涉及无形资产的成本分摊协议，加入支付、退出补偿或终止协议时对协议成果分配的，应按资产购置或处置的有关规定处理。

（2）成本分摊协议的参与方对开发、受让的无形资产或参与的劳务活动享有受益权，并承担相应的活动成本。关联方承担的成本应与非关联方在可比条件下为获得受益权而支付的成本相一致。

①参与方使用成本分摊协议所开发或受让的无形资产不需另支付特许权使用费。

②企业对成本分摊协议所涉及无形资产或劳务的受益权应有合理的、可计量的预期收益，且以合理商业假设和营业常规为基础。

③涉及劳务的成本分摊协议一般适用于集团采购和集团营销策划。

（3）企业与其关联方签署成本分摊协议，有下列情形之一的，其自行分摊的成本不得税前扣除：

①不具有合理商业目的和经济实质；

②不符合独立交易原则；

③没有遵循成本与收益配比原则；

④未按有关规定备案或准备、保存和提供有关成本分摊协议的同期资料；

⑤自签署成本分摊协议之日起经营期限少于20年。

五、资本弱化管理

170. 对企业从其关联方接受的债权性与权益性投资的比例超标而发生的利息支出如何进行税务处理？

（1）企业从其关联方接受的债权性投资与权益性投资的比例超过规定标准而发生的利息支出，不得在计算应纳税所得额时扣除。不得扣除的利息支出应按以下公式计算：

不得扣除利息支出＝年度实际支付的全部关联方利息×（1－标准比例÷关联债资比例）

①标准比例：金融企业，为5∶1；其他企业，为2∶1。

②关联债资比例的具体计算方法如下：

关联债资比例＝年度各月平均关联债权投资之和÷年度各月平均权益投资之和

其中：

各月平均关联债权投资＝（关联债权投资月初账面余额＋月末账面余额）÷2

各月平均权益投资＝（权益投资月初账面余额＋月末账面余额）÷2

【说明】权益投资为企业资产负债表所列示的所有者权益金额。

①所有者权益＜实收资本（股本）＋资本公积，则权益投资＝实收资本（股本）＋资本公积；

②实收资本（股本）＋资本公积＜实收资本（股本）金额，则权益投资＝实收资本（股本）金额。

（2）不得在计算应纳税所得额时扣除的利息支出，不得结转到以后纳税年度；应按照实际支付给各关联方利息占关联方利息总额的比例，在各关联方之间进行分配，其中，分配给实际税负高于企业的境内关联方的利息准予扣除；直接或间接实际支付给境外关联方的利息应视同分配的股息，按照股息和利息分别适用的所得税税率差补征企业所得税，如已扣缴的所得税税款多于按股息计算应征所得税税款，多出的部分不予退税。

【例】A、B、C是关联企业，2018年A投资C企业600万元，B投资C企业500万元。2019年1月1日C从A借款2000万元，期限3年，年利率5%，2019年7月1日，C从B借款1000万元，期限2年，年利率4%。经计算，2019年度各月平均关联债权投资之和为2500万元，年度各月平均权益投资之和为950万元。假设该企业的关联借款利息率均不高于同期银行贷款利率，C企业实际税负不高于B企业。

解析：

利息支出处理：

关联债资比例＝2500÷950＝2.63

年度实际支付的全部关联方利息＝2000×5%＋1000×4%×6÷12＝120（万元）

不得扣除利息支出＝120×（1－2÷2.63）＝28.75（万元）

其中：C支付给A企业的利息＝2000×5%＝100（万元）

支付给B企业的利息＝1000×4%×6÷12＝20（万元）

C支付给A企业的利息占全部关联利息的比重＝100÷120＝83%，给B的比重＝17%。

由于B的实际税负高于C，所以其支付给B的利息全部可以扣除。支付给A的不得扣除的利息＝28.75×83%＝23.86（万元），做纳税调整处理，也不得结转下年扣除。

假设上题中，该企业向境外关联方甲企业借款折合人民币800万元，按15%的利息率支付一年利息120万元，该国与我国税收协定的利息预提所得税税率7%，股息为10%，支付利息时已经扣除预提所得税8.4万元。

按上题中的计算方法计算的支付给甲企业的不得扣除的利息支出的数额为80万元。根据规定，此部分视同股息，补征的所得税＝80×（10%－7%）＝2.4（万元）。

第三节　受控外国企业管理、反避税与国际磋商

一、受控外国企业管理

171. 如何计算中国居民企业股东当期的视同受控外国企业股息分配的所得?

受控外国企业，是指由居民企业或者由居民企业和居民个人（以下统称中国居民股东，包括中国居民企业股东和中国居民个人股东）控制的，设立在实际税负低于《企业所得税法》规定税率水平50%的国家（地区），并非出于合理经营需要对利润不作分配或减少分配的外国企业。

（1）计入中国居民企业股东当期的视同受控外国企业股息分配的所得，应按以下公式计算：

中国居民企业股东当期所得＝视同股息分配额×实际持股天数÷受控外国企业纳税年度天数×股东持股比例

中国居民股东多层间接持有股份的，股东持股比例按各层持股比例相乘计算。

（2）中国居民企业股东能够提供资料证明其控制的外国企业满足以下条件之一的，可免予将外国企业不作分配或减少分配的利润视同股息分配额，计入中国居民企业股东的当期所得：

①设立在国家税务总局指定的非低税率国家（地区）；

②主要取得积极经营活动所得；

③年度利润总额低于500万元人民币。

二、反避税管理

172. 对企业非合理商业目的避税安排，税务机关如何实施反避税措施?

企业实施的不具有合理商业目的而获取税收利益的避税安排，将导致企业所得税应纳税额的减少、免除或者推迟，冲击国家的税收利益，税务机关需实施必要的避税措施。

（1）避税安排特征及调整方法

避税安排具有以下特征：

①以获取税收利益为唯一目的或者主要目的；

②以形式符合税法规定、但与其经济实质不符的方式获取税收利益。

下列情况不适用一般反避税规定：

①与跨境交易或者支付无关的安排；

②涉嫌逃避缴纳税款、逃避追缴欠税、骗税、抗税以及虚开发票等税收违法行为。

企业的安排属于转让定价、成本分摊、受控外国企业、资本弱化等其他特别纳税调整范围的，应当首先适用其他特别纳税调整相关规定。

企业的安排属于受益所有人、利益限制等税收协定执行范围的，应当首先适用税收协定执行的相关规定。

税务机关对企业的避税安排应当以具有合理商业目的和经济实质的类似安排为基准，按照实质重于形式的原则实施特别纳税调整。调整方法包括：

①对安排的全部或者部分交易重新定性；

②在税收上否定交易方的存在，或者将该交易方与其他交易方视为同一实体；

③对相关所得、扣除、税收优惠、境外税收抵免等重新定性或者在交易各方间重新分配；

④其他合理方法。

（2）反避税立案

各级税务机关应当结合工作实际，应用各种数据资源，如企业所得税汇算清缴、纳税评估、同期资料管理、对外支付税务管理、股权转让交易管理、税收协定执行等，及时发现一般反避税案源。

主管税务机关发现企业存在避税嫌疑的，层报省、自治区、直辖市和计划单列市（以下简称省）税务机关复核同意后，报税务总局申请立案。

省税务机关应当将税务总局形成的立案申请审核意见转发主管税务机关。税务总局同意立案的，主管税务机关实施一般反避税调查。

（3）反避税调查

主管税务机关实施一般反避税调查时，应当向被调查企业送达《税务检查通知书》。被调查企业认为其安排不属于避税安排的，应当自收到《税务检查通知书》之日起60日内提供相关资料。企业因特殊情况不能按期提供的，可书面申请延期但是最长不得超过30日。主管税务机关应当自收到企业延期申请之日起15日内书面回复。逾期未回复的，视同税务机关同意企业的延期申请。

企业拒绝提供资料的，主管税务机关可按税收征管法规定进行核定。

（4）反避税结案

主管税务机关根据调查过程中获得的相关资料，自税务总局同意立案之日起9个月内进行审核，综合判断企业是否存在避税安排，形成案件不予调整或者初步调整方案的意见和理由，层报省税务机关复核同意后，报税务总局申请结案。

被调查企业在收到《特别纳税调查初步调整通知书》之日起7日内未提出异议的，主管税务机关应当下发《特别纳税调查调整通知书》。

被调查企业在收到《特别纳税调查初步调整通知书》之日起7日内提出异议，但是主管税务机关经审核后认为不应采纳的，应将被调查企业的异议及不应采纳的意见和理由层报省税务机关复核同意后，报税务总局再次申请结案。

被调查企业在收到《特别纳税调查初步调整通知书》之日起7日内提出异议，主管税务机关经审核后认为确需对调整方案进行修改的，应当将被调查企业的异议及修改后的调整方案层报省税务机关复核同意后，报税务总局再次申请结案。

（5）反避税争议处理

被调查企业对主管税务机关作出的一般反避税调整决定不服的，可以按照有关法律法规的规定申请法律救济。

被调查企业认为我国税务机关作出的一般反避税调整，导致国际双重征税或者不符合税收协定规定征税的，可以按照税收协定及其相关规定申请启动相互协商程序。

三、关联交易的相应调整及国际磋商

173. 关联交易的调查调整及国际磋商是如何开展的？

（1）关联交易一方被实施转让定价调查调整的，应允许另一方做相应调整，以消除双重征税。相应调整涉及税收协定国家（地区）关联方的，经企业申请，国家税务总局与税收协定缔约对方税务主管当局根据税收协定有关相互协商程序的规定开展磋商谈判。

（2）涉及税收协定国家（地区）关联方的转让定价相应调整，企业应同时向国家税务总局和主管税务机关提出书面申请，报送《启动相互协商程序申请书》，并提供企业或其关联方被转让定价调整的通知书复印件等有关资料。

（3）企业应自企业或其关联方收到转让定价调整通知书之日起三年内提出相应调整的申请，超过三年的，税务机关不予受理。

（4）税务机关对企业实施转让定价调整，涉及企业向境外关联方支付利息、租金、特许权使用费等已扣缴的税款，不再做相应调整。

（5）国家税务总局按照规定接受企业谈签双边或多边预约定价安排申请的，应与税收协定缔约对方税务主管当局根据税收协定相互协商程序的有关规定开展磋商谈判。

（6）相应调整或相互磋商的结果，由国家税务总局以书面形式经主管税务机关送达企业。

第四节　协商程序的阻碍情形

174. 针对企业发生的交易补征企业所得税税款，如何处理？

税务机关根据企业所得税法及其实施条例的规定，对企业作出特别纳税调整的，应对2008年1月1日以后发生交易补征的企业所得税税款，按日加收利息。

（1）计息期间自税款所属纳税年度的次年6月1日起至补缴（预缴）税款入库之日止。

（2）利息率按照税款所属纳税年度12月31日实行的与补税期间同期的中国人民银行人民币贷款基准利率（以下简称“基准利率”）加5个百分点计算，并按一年365天折算日利息率。

（3）企业按照规定提供同期资料和其他相关资料的，或者企业符合规定免予准备同期资料但根据税务机关要求提供其他相关资料的，可以只按基准利率计算加收利息。

（4）按照上述规定加收的利息，不得在计算应纳税所得额时扣除。

175. 相互协商程序在什么情况下会被拒、暂停和终止？

（1）有下列情形之一的，国家税务总局可以拒绝企业申请或者税收协定缔约对方税务主管当局启动相互协商程序的请求：

①企业或者其关联方不属于税收协定任一缔约方的税收居民；

②申请或者请求不属于特别纳税调整事项；

③申请或者请求明显缺乏事实或者法律依据；

④申请不符合税收协定有关规定；

⑤特别纳税调整案件尚未结案或者虽然已经结案但是企业尚未缴纳应纳税款。

（2）有下列情形之一的，国家税务总局可以暂停相互协商程序：

①企业申请暂停相互协商程序；

②税收协定缔约对方税务主管当局请求暂停相互协商程序；

③申请必须以另一被调查企业的调查调整结果为依据，而另一被调查企业尚未结束调查调整程序；

④其他导致相互协商程序暂停的情形。

（3）有下列情形之一的，国家税务总局可以终止相互协商程序：

①企业或者其关联方不提供与案件有关的必要资料，或者提供虚假、不完整资料，或者存在其他不配合的情形；

②企业申请撤回或者终止相互协商程序；

③税收协定缔约对方税务主管当局撤回或者终止相互协商程序；

④其他导致相互协商程序终止的情形。

（4）国家税务总局决定暂停或者终止相互协商程序的，应当书面通知省税务机关。负责特别纳税调整事项的主管税务机关应当在收到书面通知后15个工作日内，向企业送达暂停或者终止相互协商程序的《税务事项通知书》。

第十章　企业所得税纳税管理与申报

第一节　纳税地点和期限

176. 企业所得税纳税地点如何确定？

<table>
<tr><th colspan="4">纳税人</th><th>地点</th></tr>
<tr><td rowspan="2">居民企业</td><td colspan="3">境内注册</td><td>注册地</td></tr>
<tr><td colspan="3">境外注册</td><td>实际管理机构所在地</td></tr>
<tr><td rowspan="5">非居民企业</td><td rowspan="3">境内有机构、场所的</td><td rowspan="2">境外所得与其有关</td><td>数量1个</td><td>机构、场所所在地</td></tr>
<tr><td>数量多个</td><td>选择主要机构、场所汇总缴纳</td></tr>
<tr><td colspan="2">境外所得与其无关</td><td rowspan="2">扣缴义务人所在地</td></tr>
<tr><td colspan="3">境内无机构、场所的</td></tr>
<tr><td colspan="3">境内有多处机构、场所的</td><td>由主机构、场所汇总，并在其所在地纳税</td></tr>
</table>

【注】(1) 居民企业在中国境内设立不具有法人资格的营业机构的，应当汇总计算并缴纳企业所得税。

(2) 非居民企业经批准汇总缴纳企业所得税后，需要增设、合并、迁移、关闭机构、场所或者停止机构、场所业务的，应当事先由负责汇总申报缴纳企业所得税的主要机构、场所向其所在地税务机关报告。

(3) 除国务院另有规定外，企业之间不得合并纳税。

177. 企业所得税纳税期限如何规定？

纳税期限：按年计征，分月或者分季预缴，年终汇算清缴，多退少补。

（1）纳税年度

企业所得税的纳税年度，自公历 1 月 1 日起至 12 月 31 日止。

企业在一个纳税年度的中间开业，或者由于合并、关闭等原因终止经营活动，使该纳税年度的实际经营期不足 12 个月的，应当以其实际经营期为 1 个纳税年度。

企业清算时，应当以清算期间作为 1 个纳税年度。清算结束之日起 15 日内报送申报表并结清税款。

（2）汇算清缴：自年度终了之日起 5 个月内，汇算清缴，结清应缴应退税款。

（3）终止清算：企业在年度中间终止经营活动的，应当自实际经营终止之日起 60 日内，向税务机关办理当期企业所得税汇算清缴。

第二节　企业所得税纳税申报

一、基本规定

178. 企业所得税纳税申报基本规定有哪些？

（1）企业应当自月份或者季度终了之日起 15 日内，向税务机关报送预缴企业所得税纳税申报表，预缴税款。企业所得税分月或者分季预缴，由税务机关具体核定。分月或者分季预缴企业所得税时，应当按照月度或者季度的实际利润额预缴；按照月度或者季度的实际利润额预缴有困难的，可以按照上一纳税年度应纳税所得额的月度或者季度平均额预缴，或者按照经税务机关认可的其他方法预缴。预缴方法一经确定，该纳税年度内不得随意变更。

（2）企业应当自年度终了之日起 5 个月内，向税务机关报送年度企业所得税纳税申报表，并汇算清缴，结清应缴应退税款。

（3）企业在报送企业所得税纳税申报表时，应当按照规定附送财务会计报告和其他有关资料。企业在纳税年度内无论盈利或者亏损，都应当依照《企业所得税法》第五十四条规定的期限，向税务机关报送预缴企业所得税纳税申报表、年度企业所得税纳税申报表、财务会计报告和税务机关规定应当报送的其他有关资料。

（4）企业在年度中间终止经营活动的，应当自实际经营终止之日起60日内，向税务机关办理当期企业所得税汇算清缴。

（5）企业应当在办理注销登记前，就其清算所得向税务机关申报并依法缴纳企业所得税。

（6）依法缴纳的企业所得税，以人民币计算。企业所得以人民币以外的货币计算的，预缴企业所得税时，应当按照月度或者季度最后一日的人民币汇率中间价，折合成人民币计算应纳税所得额。年度终了汇算清缴时，对已经按照月度或者季度预缴税款的，不再重新折合计算，只就该纳税年度内未缴纳企业所得税的部分，按照纳税年度最后一日的人民币汇率中间价，折合成人民币计算应纳税所得额。

（7）经税务机关检查确认，企业少计或者多计前款规定的所得的，应当按照检查确认补税或者退税时的上一个月最后一日的人民币汇率中间价，将少计或者多计的所得折合成人民币计算应纳税所得额，再计算应补缴或者应退的税款。

二、企业所得税年度纳税申报口径与程序

179. 居民企业（查账征收）如何办理企业所得税年度申报？

（1）申请条件

实行查账征收方式申报企业所得税的居民企业（包括境外注册中资控股居民企业）在纳税年度终了之日起5个月内，在年度中间终止经营活动的在实际终止经营之日起60日内，依照税收法律、法规、规章及其他有关规定，自行计算本纳税年度应纳税所得额、应纳所得税额和本纳税年度应补（退）税额，向税务机关

填报《中华人民共和国企业所得税年度纳税申报表（A 类，2017 年版）》（2019 年修订）及其他有关资料，进行年度纳税申报。

（2）设定依据

①《税收征收管理法》第二十五条第一款

②《企业所得税法》第一条、第五十四条

（3）办理材料

填报《中华人民共和国企业所得税年度纳税申报表（A 类，2017 年版）》（2019 年修订）2 份。有下列情形的，还需提供相应材料：

<table>
<tr><th>适用情形</th><th>材料名称</th><th>数量</th><th>备注</th></tr>
<tr><td>房地产开发企业在开发产品完工当年企业所得税年度纳税申报</td><td>房地产开发企业成本对象管理专项报告</td><td>1 份</td><td></td></tr>
<tr><td>申请享受中小企业信用担保机构有关准备金企业所得税税前扣除政策</td><td>年度会计报表和担保业务情况（包括担保业务明细和风险准备金提取等）</td><td>1 份</td><td></td></tr>
<tr><td rowspan="4">申报抵免境外所得税收（取得境外分支机构的营业利润所得）</td><td>与境外所得相关的完税证明或纳税凭证（原件或复印件）</td><td>1 份</td><td rowspan="4"></td></tr>
<tr><td>境外分支机构会计报表</td><td>1 份</td></tr>
<tr><td>境外分支机构所得依照中国境内企业所得税法及实施条例的规定计算的应纳税额的计算过程及说明资料</td><td>1 份</td></tr>
<tr><td>具有资质的机构出具的有关分支机构审计报告等</td><td>1 份</td></tr>
</table>

续表

适用情形	材料名称	数量	备注
申报抵免境外所得税收（取得境外股息、红利所得）	与境外所得相关的完税证明或纳税凭证（原件或复印件）	1份	备案资料使用非中文的，企业应同时提交中文译本复印件。上述资料已向税务机关提供的，可不再提供；上述资料若有变更的，需重新提供。原件查验后退回。
	集团组织架构图	1份	
	被投资公司章程复印件	1份	
	境外企业有权决定利润分配的机构作出的决定书等	1份	
申报抵免境外所得税收（取得境外利息、租金、特许权使用费、转让财产等所得）	与境外所得相关的完税证明或纳税凭证（原件或复印件）	1份	
	依照中国境内企业所得税法及实施条例规定计算的应纳税额的资料及计算过程	1份	
	项目合同复印件等	1份	
申报抵免境外所得税收（申请享受税收饶让抵免）	与境外所得相关的完税证明或纳税凭证（原件或复印件）	1份	
	本企业及其直接或间接控制的外国企业在境外所获免税及减税的依据及证明或有关审计报告披露该企业享受的优惠政策的复印件	1份	
	企业在其直接或间接控制的外国企业的参股比例等情况的证明复印件	1份	
	间接抵免税额或者饶让抵免税额的计算过程	1份	
	由本企业直接或间接控制的外国企业的财务会计资料	1份	
申报抵免境外所得税收（采用简易办法计算抵免限额）	与境外所得相关的完税证明或纳税凭证（原件或复印件）	1份	
	取得境外分支机构的营业利润所得需提供企业申请及有关情况说明	1份	

续表

适用情形	材料名称	数量	备注
	符合《企业所得税法》第二十四条条件的有关股权证明的文件或凭证复印件	1份	
	来源国（地区）政府机关核发的具有纳税性质的凭证和证明复印件	1份	
	取得符合境外税额间接抵免条件的股息所得需提供企业申请及有关情况说明	1份	
跨省、自治区、直辖市和计划单列市设立的，实行汇总纳税办法的居民企业（分支机构）	《汇总纳税企业分支机构所得税分配表》复印件	1份	经总机构所在地主管税务机关受理
	《中华人民共和国企业所得税月（季）度预缴纳税申报表（A类，2018年版）》（2019年修订）	1份	不需要报送《中华人民共和国企业所得税年度纳税申报表（A类，2017年版）》（2019年修订）
适用《企业所得税法》第四十五条情形或者需要适用《特别纳税调整实施办法（试行）》第八十四条规定的居民企业	《受控外国企业信息报告表》	1份	
居民企业在办理企业所得税年度申报时，与境外所得相关的纳入《企业所得税法》第二十四条规定抵免范围的外国企业或符合《企业所得税法》第四十五条规定的受控外国企业	《财务报表主表及相关附表》 《会计报表附注》 《财务情况说明书》	1份	

续表

适用情形	材料名称	数量	备注
居民企业以非货币性资产对外投资确认的非货币性资产转让所得，在自确认非货币性资产转让收入年度起不超过连续5个纳税年度的期间内，分期均匀计入相应年度的应纳税所得额的，在非货币性资产转让所得递延确认期间每年企业所得税汇算清缴	《非货币性资产投资递延纳税调整明细表》	1份	
企业重组业务适用特殊性税务处理申报	《企业重组所得税特殊性税务处理报告表及附表》	1份	
为参与开采海上油气资源的中国企业和外国企业在申报当年度企业所得税汇算清缴资料	《海上油气生产设施弃置费情况表》	1份	
进行特殊性税务处理的股权或资产划转的交易双方在年度汇算清缴	《居民企业资产（股权）划转特殊性税务处理申报表》	1份	
企业税前扣除手续费及佣金支出	依法取得合法真实凭证的当年手续费及佣金计算分配表和其他相关资料	1份	

（4）办理地点

可通过办税服务厅（场所）、电子税务局办理，具体地点和网址可从省（自治区、直辖市和计划单列市）税务局网站“纳税服务”栏目查询。此事项可同城通办。

（5）办理机构

主管税务机关。

（6）办理时间

即时办结。

（7）办理流程（源自国家税务总局公布纳税服务网站）

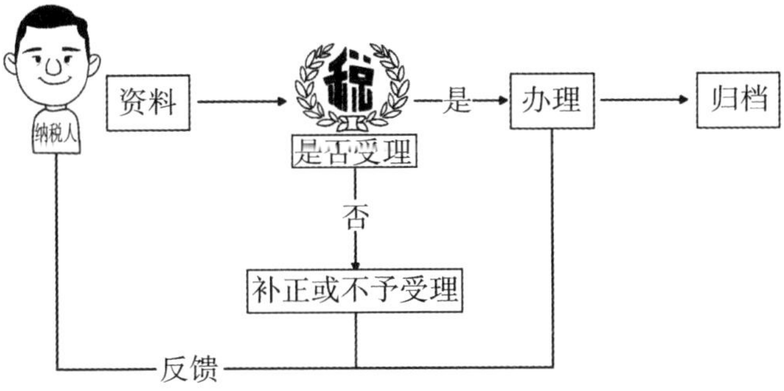

（8）纳税人注意事项

①纳税人对报送材料的真实性和合法性承担责任。

②文书表单可在省（自治区、直辖市和计划单列市）税务局网站“下载中心”栏目查询下载或到办税服务厅领取。

180. 居民企业（查账征收）如何办理企业所得税月（季）度申报？

（1）申请条件

实行查账征收方式申报企业所得税的居民企业（包括境外注册中资控股居民企业）在月份或者季度终了之日起的15日内，依照税收法律、法规、规章及其他有关规定，向税务机关填报《中华人民共和国企业所得税月（季）度预缴纳税申报表（A类，2018年版)》（2020年修订）及其他相关资料，进行月（季）度预缴纳税申报。

（2）设定依据

①《税收征收管理法》第二十五条第一款

②《企业所得税法》第一条、第五十四条

（3）办理材料

填报《中华人民共和国企业所得税月（季）度预缴纳税申报表（A类)》（2019年修订）2份。有下列情形的，还需提供相应材料：

适用情形	材料名称	数量	备注
有直接管理的跨地区设立的项目部的建筑企业总机构	建筑企业总机构直接管理的跨地区经营项目部就地预缴税款的完税证明	1份	原件查验后退回
跨省、自治区、直辖市和计划单列市设立的，实行汇总纳税办法的居民企业（分支机构）	《企业所得税汇总纳税分支机构所得税分配表》复印件	1份	经总机构所在地主管税务机关受理的
符合条件的境外投资居民企业	《居民企业参股外国企业信息报告表》	1份	
适用股权激励和技术入股递延纳税政策的企业	《技术成果投资入股企业所得税递延纳税备案表》	1份	投资完成后首次预缴申报时报送
在同一省、自治区、直辖市和计划单列市内跨地、市（区、县）设立的，实行汇总纳税办法的居民企业，总分机构应报送省税务机关规定的相关资料。			

（4）办理地点、机构、时间、流程同前述第179题

（5）纳税人注意事项

①纳税人对报送材料的真实性和合法性承担责任。

②文书表单可在省（自治区、直辖市和计划单列市）税务局网站“下载中心”栏目查询下载或到办税服务厅领取。

③税务机关提供“最多跑一次”服务。纳税人在资料完整且符合法定受理条件的前提下，最多只需要到税务机关跑一次。

④纳税人使用符合电子签名法规定条件的电子签名，与手写签名或者盖章具有同等法律效力。

⑤企业所得税预缴申报必须连续进行，中间缺漏的属期要先补充完整，才能继续申报。

⑥纳税人未按照规定的期限办理纳税申报和报送纳税资料的，将影响纳税信用评价结果，并依照《税收征收管理法》有关规定承担相应法律责任。

⑦企业所得税分月或者分季预缴，由税务机关具体核定。符合条件的小型微利企业，实行按季度申报预缴企业所得税。

⑧纳税期限遇最后一日是法定休假日的，以休假日期满的次日为期限的最后一日；在期限内有连续3日以上法定休假日的，按休假日天数顺延。

⑨跨地区经营的汇总纳税纳税人，总机构应分摊的预缴比例填报25%，中央财政集中分配的预缴比例填报25%，全部分支机构应分摊的预缴比例填报50%；省内经营的汇总纳税纳税人，按各省规定执行。

⑩建筑企业总机构直接管理的跨地区设立的项目部，应按项目实际经营收入的0.2%按月或按季由总机构向项目所在地预分企业所得税，并由项目部向所在地主管税务机关预缴。

⑪纳税人享受减税、免税待遇的，在减税、免税期间应当按照规定办理纳税申报，填写申报表及其附表上的优惠栏目。

181. 居民企业（核定征收）如何办理企业所得税年度申报？

（1）申请条件

按照企业所得税核定征收办法缴纳企业所得税的居民企业年度终了之日起5个月内或在年度中间终止经营活动的自实际终止经营之日起60日内，依照税收法律、法规、规章及其他有关企业所得税的规定，向税务机关填报《中华人民共和国企业所得税月（季）度预缴纳税申报表（B类，2018年版）》（2020年修订）、《中华人民共和国企业所得税年度纳税申报表》及其他相关资料，向税务机关进行企业所得税年度申报。实行核定定额征收企业所得税的纳税人，不进行汇算清缴。

（2）设定依据

①《税收征收管理法》第二十五条第一款

②《企业所得税法》第一条、第五十四条

（3）办理材料

填报《中华人民共和国企业所得税月（季）度预缴和年度纳税申报表（B类，2018年版）》2份。有以下情形的，还应提供相应材料：

适用情形	材料名称	数量
适用《企业所得税法》第四十五条情形或者需要适用《特别纳税调整实施办法（试行）》第八十四条规定的居民企业	《受控外国企业信息报告表》	1份

（4）办理地点、机构、时间、流程同前述第179题

（5）纳税人注意事项

①纳税人对报送材料的真实性和合法性承担责任。

②文书表单可在省（自治区、直辖市和计划单列市）税务局网站“下载中心”栏目查询下载或到办税服务厅领取。

③税务机关提供“最多跑一次”服务。纳税人在资料完整且符合法定受理条件的前提下，最多只需要到税务机关跑一次。

④纳税人使用符合《电子签名法》规定条件的电子签名，与手写签名或者盖章具有同等法律效力。

⑤纳税人未按照规定的期限办理纳税申报和报送纳税资料的，将影响纳税信用评价结果，并依照《税收征收管理法》有关规定承担相应法律责任。

⑥小型微利企业在预缴时已享受优惠政策，但年度汇算清缴时超过规定标准的，应按规定补缴税款。

⑦纳税人享受减税、免税待遇的，在减税、免税期间应当按照规定办理纳税申报，填写申报表及其附表上的优惠栏目。

182. 居民企业（核定征收）如何办理企业所得税月（季）度申报？

（1）申请条件

按照企业所得税核定征收办法缴纳企业所得税的居民企业在月份或者季度终

了之日起的15日内，依照税收法律、法规、规章及其他有关企业所得税的规定，向税务机关填报《中华人民共和国企业所得税月（季）度预缴和年度纳税申报表（B类，2018年版）》及其他相关资料，向税务机关进行企业所得税月（季）度申报。

（2）设定依据

①《税收征收管理法》第二十五条第一款

②《企业所得税法》第一条、第五十四条

（3）办理材料

《中华人民共和国企业所得税月（季）度预缴和年度纳税申报表（B类，2018年版）》2份。有以下情形的，还应提供相应材料：

适用情形	材料名称	数量
符合条件的境外投资居民企业	《居民企业参股外国企业信息报告表》	1份

（4）办理地点、机构、时间、流程同前述第179题

（5）纳税人注意事项

①纳税人对报送材料的真实性和合法性承担责任。

②文书表单可在省（自治区、直辖市和计划单列市）税务局网站“下载中心”栏目查询下载或到办税服务厅领取。

③税务机关提供“最多跑一次”服务。纳税人在资料完整且符合法定受理条件的前提下，最多只需要到税务机关跑一次。

④纳税人使用符合《电子签名法》规定条件的电子签名，与手写签名或者盖章具有同等法律效力。

⑤纳税人未按照规定的期限办理纳税申报和报送纳税资料的，将影响纳税信用评价结果，并依照《税收征收管理法》有关规定承担相应法律责任。

⑥月（季）度预缴纳税期限为月份或者季度终了之日起的15日内，申报期遇最后一日是法定休假日的，以休假日期满的次日为期限的最后一日；在期限内有连续3日以上法定休假日的，按休假日天数顺延。

⑦企业所得税分月或者分季预缴，由税务机关具体核定。符合条件的小型微利企业，实行按季度申报预缴企业所得税。

⑧纳税人享受减税、免税待遇的，在减税、免税期间应当按照规定办理纳税申报，填写申报表及其附表上的优惠栏目。

183. 实行查账征收企业所得税的小微企业填报申报表有何规定？

根据《国家税务总局关于简化小型微利企业所得税年度纳税申报有关措施的公告》的规定，实行查账征收企业所得税的小型微利企业（以下简称“小型微利企业”）填报《中华人民共和国企业所得税年度纳税申报表（A类，2017年版)》(国家税务总局公告2017年第54号发布，国家税务总局公告2019年第41号修订）有关事项规定如下：

(1)《中华人民共和国企业所得税年度纳税申报表（A类)》（A100000）为小型微利企业必填表单。

(2)《企业所得税年度纳税申报基础信息表》（A000000）中的“基本经营情况”为小型微利企业必填项目；“有关涉税事项情况”为选填项目，存在或者发生相关事项时小型微利企业必须填报；“主要股东及分红情况”为小型微利企业免填项目。

(3）小型微利企业免于填报《一般企业收入明细表》（A101010)、《金融企业收入明细表》(A101020)、《一般企业成本支出明细表》（A102010)、《金融企业支出明细表》（A102020)、《事业单位、民间非营利组织收入、支出明细表》(A103000)、《期间费用明细表》(A104000)。

上述表单相关数据应当在《中华人民共和国企业所得税年度纳税申报表（A类)》(A100000）中直接填写。

(4）除上述（1)、(2)、(3）规定的表单、项目外，小型微利企业可结合自身经营情况，选择表单填报。未发生表单中规定的事项，无需填报。

184. 非居民企业需填报哪几种企业所得税申报表?

2019 年 3 月 28 日修订的《中华人民共和国非居民企业所得税预缴申报表（2019 年版)》《中华人民共和国非居民企业所得税年度纳税申报表（2019 年版)》《中华人民共和国扣缴企业所得税报告表（2019 年版)》等报表及相应填报说明予以发布，《国家税务总局关于发布〈中华人民共和国非居民企业所得税预缴申报表（2019 年版)〉等报表的公告》就有关事项规定如下：

（1）《中华人民共和国非居民企业所得税预缴申报表（2019 年版)》适用于非居民企业预缴企业所得税税款时填报，其附表为《非居民企业机构、场所汇总缴纳所得税税款分配表》《非居民企业机构、场所核定计算明细表》。本条规定报表自办理 2020 年度第一季度企业所得税预缴申报起启用；非居民企业机构、场所按照《国家税务总局、财政部、中国人民银行关于非居民企业机构场所汇总缴纳企业所得税有关问题的公告》的规定自 2019 年度起汇总纳税的，本条规定报表自办理 2019 年度第一季度企业所得税预缴申报起启用。

（2）《中华人民共和国非居民企业所得税年度纳税申报表（2019 年版)》适用于非居民企业年度企业所得税汇算清缴时填报，其附表为《纳税调整项目明细表》《企业所得税弥补亏损明细表》《对外合作开采石油企业勘探开发费用年度明细表》《非居民企业机构、场所汇总缴纳所得税税款分配表》《非居民企业机构、场所核定计算明细表》。本条规定报表自办理 2020 年度企业所得税汇算清缴申报起启用；非居民企业机构、场所按照《国家税务总局、财政部、中国人民银行关于非居民企业机构场所汇总缴纳企业所得税有关问题的公告》规定自 2018 年度或 2019 年度起汇总纳税的，本条规定报表自办理 2018 年度或 2019 年度企业所得税汇算清缴申报起启用。

（3）《中华人民共和国扣缴企业所得税报告表（2019 年版)》适用于源泉扣缴和指定扣缴的扣缴义务人，以及扣缴义务人未依法扣缴或者无法履行扣缴义务情况下自行申报的纳税人，按次或按期扣缴或申报企业所得税税款时填报。本条规定报表自 2019 年 10 月 1 日起启用。

(4) 本公告规定的报表启用前，仍按《国家税务总局关于发布〈中华人民共和国非居民企业所得税年度纳税申报表〉等报表的公告》的规定执行；本公告规定的报表启用后，不再使用相应报表。

相关附件如下，可前往国家税务总局或主管税务机关检索网站下载使用：

①《中华人民共和国非居民企业所得税预缴申报表（2019 年版）》及填报说明

②《中华人民共和国非居民企业所得税年度纳税申报表（2019 年版）》及填报说明

③《纳税调整项目明细表》及填报说明

④《企业所得税弥补亏损明细表》及填报说明

⑤《对外合作开采石油企业勘探开发费用年度明细表》及填报说明

⑥《非居民企业机构、场所汇总缴纳所得税税款分配表》及填报说明

⑦《非居民企业机构、场所核定计算明细表》及填报说明

⑧《中华人民共和国扣缴企业所得税报告表（2019 年版）》及填报说明

185. 清算企业如何办理企业所得税纳税申报？

因解散、破产、重组等原因终止生产经营活动的纳税人，不再持续经营的纳税人，企业由法人转变为个人独资企业、合伙企业等非法人组织，或将登记注册地转移至中华人民共和国境外（包括港澳台地区），在办理注销登记前，以整个清算期间作为一个纳税年度，依法计算清算所得及其应纳所得税，自清算结束之日起 15 日内，填报《中华人民共和国企业清算所得税申报表》及其他相关资料，向税务机关进行申报。

(1) 设定依据

①《税收征收管理法》第二十五条第一款

②《企业所得税法》第一条、第五十五条

(2) 办理材料

《中华人民共和国企业清算所得税申报表》2 份。有以下情形的，还应提供相

应材料：

适用情形	材料名称	数量
企业由法人转变为个人独资企业、合伙企业等非法人组织，或将登记注册地转移至中华人民共和国境外（包括港澳台地区）	企业改变法律形式的市场监督管理部门或其他政府部门的批准文件复印件	1 份
	企业全部资产的计税基础以及评估机构出具的资产评估报告复印件	1 份
	企业债权、债务处理或归属情况说明复印件	1 份
被合并企业	企业合并的市场监督管理部门或其他政府部门的批准文件复印件	1 份
	企业全部资产和负债的计税基础以及评估机构出具的资产评估报告复印件	1 份
	被合并企业债务处理或归属情况说明复印件	1 份
被分立企业	企业分立的市场监督管理部门或其他政府部门的批准文件复印件	1 份
	被分立企业全部资产的计税基础以及评估机构出具的资产评估报告复印件	1 份
	被分立企业债务处理或归属情况说明复印件	1 份

（3）办理地点、机构、时间、流程同前述第 179 题

（4）纳税人注意事项

①纳税人对报送材料的真实性和合法性承担责任。

②文书表单可在省（自治区、直辖市和计划单列市）税务局网站“下载中心”栏目查询下载或到办税服务厅领取。

③税务机关提供“最多跑一次”服务。纳税人在资料完整且符合法定受理条件的前提下，最多只需要到税务机关跑一次。

④纳税人使用符合《电子签名法》规定条件的电子签名，与手写签名或者盖

章具有同等法律效力。

⑤纳税人提供的各项资料为复印件的，均需注明“与原件一致”并签章。

⑥纳税人未按照规定的期限办理纳税申报和报送纳税资料的，将影响纳税信用评价结果，并依照《税收征收管理法》有关规定承担相应法律责任。

⑦完成居民企业清算企业所得税申报后，可继续办理注销登记或清税申报等事宜。

⑧企业应当在办理注销登记之前，就其清算所得向主管税务机关申报并依法缴纳企业所得税。境外注册中资控股居民企业需要申报办理注销税务登记的，应在注销税务登记前，就其清算所得向主管税务机关申报缴纳企业所得税。

⑨进入清算期的企业应对清算事项，报主管税务机关备案。

第三节 跨地区经营汇总纳税企业所得税征收管理

186. 汇总纳税企业所得税征收管理有何具体要求？

居民企业在中国境内跨地区（指跨省、自治区、直辖市和计划单列市，下同）设立不具有法人资格分支机构的，该居民企业为跨地区经营汇总纳税企业（以下简称汇总纳税企业），除另有规定外，其企业所得税征收管理适用以下规定（部分企业全额上缴中央国库不适用以下规定）。

（1）基本原则

①统一计算，是指总机构统一计算包括汇总纳税企业所属各个不具有法人资格分支机构在内的全部应纳税所得额、应纳税额。

②分级管理，是指总机构、分支机构所在地的主管税务机关都有对当地机构进行企业所得税管理的责任，总机构和分支机构应分别接受机构所在地主管税务机关的管理。

③就地预缴，是指总机构、分支机构应按照规定，分月或分季分别向所在地主管税务机关申报预缴企业所得税。

④汇总清算，是指在年度终了后，总机构统一计算汇总纳税企业的年度应纳税所得额、应纳所得税额，抵减总机构、分支机构当年已就地分期预缴的企业所得税款后，多退少补。

⑤财政调库，是指财政部定期将缴入中央国库的汇总纳税企业所得税待分配收入，按照核定的系数调整至地方国库。

（2）适用范围

总机构和具有主体生产经营职能的二级分支机构，就地分摊缴纳企业所得税。以下二级分支机构不就地分摊缴纳企业所得税：

①不具有主体生产经营职能，且在当地不缴纳增值税的产品售后服务、内部研发、仓储等汇总纳税企业内部辅助性的二级分支机构，不就地分摊缴纳企业所得税。

总机构设立具有主体生产经营职能的部门（非上述二级分支机构），且该部门的营业收入、职工薪酬和资产总额与管理职能部门分开核算的，可将该部门视同一个二级分支机构，按规定计算分摊并就地缴纳企业所得税；不能分开核算的，该部门不得视同一个二级分支机构，不得计算分摊并就地缴纳企业所得税。

②上年度认定为小型微利企业的，其二级分支机构不就地分摊缴纳企业所得税。

③新设立的二级分支机构，设立当年不就地分摊缴纳企业所得税

汇总纳税企业当年由于重组等原因从其他企业取得重组当年之前已存在的二级分支机构，并作为本企业二级分支机构管理的，该二级分支机构不视同当年新设立的二级分支机构，按规定计算分摊并就地缴纳企业所得税。

汇总纳税企业内就地分摊缴纳企业所得税的总机构、二级分支机构之间，发生合并、分立、管理层级变更等形成的新设或存续的二级分支机构，不视同当年新设立的二级分支机构，按规定计算分摊并就地缴纳企业所得税。

④当年撤销的二级分支机构，自办理注销税务登记之日所属企业所得税预缴期间起，不就地分摊缴纳企业所得税。

⑤汇总纳税企业在中国境外设立的不具有法人资格的二级分支机构，不就地

分摊缴纳企业所得税。

187. 汇总纳税企业如何进行税款预缴和汇算清缴？

（1）汇总纳税企业按规定汇总计算的企业所得税，包括预缴税款和汇算清缴应缴应退税款，50%在各分支机构间分摊，各分支机构根据分摊税款就地办理缴库或退库。

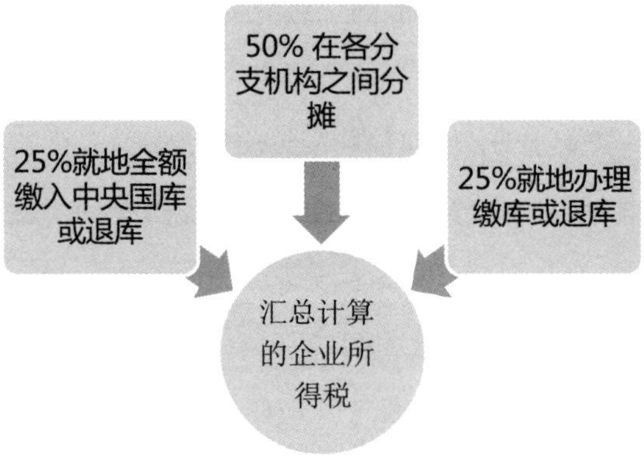

（2）企业所得税分月或者分季预缴，由总机构所在地主管税务机关具体核定。

汇总纳税企业应根据当期实际利润额，按照规定的预缴分摊方法计算总机构和分支机构的企业所得税预缴额，分别由总机构和分支机构就地预缴；在规定期限内按实际利润额预缴有困难的，也可以按照上一年度应纳税所得额的1/12或1/4，按照规定的预缴分摊方法计算总机构和分支机构的企业所得税预缴额，分别由总机构和分支机构就地预缴。预缴方法一经确定，当年度不得变更。

（3）汇总纳税企业在纳税年度内预缴企业所得税税款少于全年应缴企业所得税税款的，应在汇算清缴期内由总、分机构分别结清应缴的企业所得税税款；预缴税款超过应缴税款的，主管税务机关应及时按有关规定分别办理退税，或者经总、分机构同意后分别抵缴其下一年度应缴企业所得税税款。

188. 总分机构分摊税款如何计算?

（1）总机构按以下公式计算分摊税款：

总机构分摊税款 = 汇总纳税企业当期应纳所得税额 ×50%

（2）分支机构按以下公式计算分摊税款：

所有分支机构分摊税款总额 = 汇总纳税企业当期应纳所得税额 ×50%

某分支机构分摊税款 = 所有分支机构分摊税款总额 × 该分支机构分摊比例

某分支机构分摊比例 = （该分支机构营业收入/各分支机构营业收入之和） × 0.35 + （该分支机构职工薪酬/各分支机构职工薪酬之和） ×0.35 + （该分支机构资产总额/各分支机构资产总额之和） ×0.30。

【例 1】吉某饶公司在外省有两家非法人分公司 A 公司（二级分支机构）、B 公司（二级分支机构）、C 公司（A 公司的下属机构），2018 年三家公司的营业收入分别为：500 万元、300 万元、200 万元；职工薪酬分别为：250 万元、150 万元、100 万元；资产总额分别为：5000 万元、4000 万元、1000 万元。2019 年一季度吉某饶公司应纳所得税额为 300 万元。

请问：吉某饶公司、A、B、C 公司如何分摊缴纳企业所得税?

解析：

（1）C 公司属于三级机构，不就地分摊缴纳企业所得税。

（2）吉某饶公司分摊税款 =300 ×50% =150（万元）

（3）C 公司属于 A 公司的下属机构，其经营收入、职工工资和资产总额统一计入二级分支机构 A 公司。A 公司分摊比例 = （500 +200）／（500 +300 +200） × 0.35 + （250 +100）／（250 +150 +100） ×0.35 + （5000 +1000）／（5000 +4000 +1000） ×0.3 =0.67

（4）A 公司应分摊缴纳的企业所得税 =150 ×0.67 =100.5（万元）

（5）B 公司分摊比例

算法 1：300/（500 +300 +200） ×0.35 +150/（250 +150 +100） ×0.35 + 4000/（5000 +4000 +1000） ×0.3 =0.33

算法2：1 -0.67 =0.33

(6) A公司应分摊缴纳的企业所得税

算法1：150 ×0.33 =49.5（万元）

算法2：150 -100.5 =49.5（万元）

【例2】某公司在国内设有甲、乙两个分公司。2020年第一季度，各分支机构利润总额如下：甲分公司：800万元，乙分公司：600万元，总公司：6000万元。

①某公司2020年第一季度预缴所得税额

某公司汇总应纳税所得额 =6000 +800 +600 =7400（万元）

汇总后应预缴所得税额 =7400 ×25% =1850（万元）

总公司就地预缴分摊的税额 =1850 ×50% =925（万元）

2019年1—12月各分公司营业收入、职工工资和资产总额指标如附表所示，计算各分公司2020年第一季度预缴所得税额。

2019年1—12月各分公司三项指标明细表 金额单位：万元

分公司	营业收入	比例	工资总额	比例	资产总额	比例
甲	4500	56.25%	900	55.56%	8000	55.17%
乙	3500	43.75%	700	43.75%	6500	44.83%
合计	8000	100%	1600	100%	14500	100%

各分公司分摊比例：

甲分摊比例 =56.25% ×0.35 +55.56% ×0.35 +55.17% ×0.3 =55.68%

乙分摊比例 =43.75% ×0.35 +43.75% ×0.35 +44.83% ×0.3 =44.07%

②各分公司分摊预缴税额

分得预交所得税额 =1850 ×50% =925（万元）

甲分公司分摊预缴额 =925 ×55.68% =515.04（万元）

乙分公司分摊预缴额 =925 ×44.07% =407.65（万元）

(3) 总机构应按照上年度分支机构的营业收入、职工薪酬和资产总额三个因素计算各分支机构分摊所得税款的比例。

上年度分支机构的营业收入、职工薪酬和资产总额，是指分支机构上年度全年的营业收入、职工薪酬数据和上年度12月31日的资产总额数据，是依照国家统一会计制度的规定核算的数据。

一个纳税年度内，总机构首次计算分摊税款时采用的分支机构营业收入、职工薪酬和资产总额数据，与此后经过中国注册会计师审计确认的数据不一致的，不作调整。

（4）三级及以下分支机构，其营业收入、职工薪酬和资产总额统一计入二级分支机构。

（5）对于按照税收法律、法规和其他规定，总机构和分支机构处于不同税率地区的，先由总机构统一计算全部应纳税所得额，然后按规定的比例和计算的分摊比例，计算划分不同税率地区机构的应纳税所得额，再分别按各自的适用税率计算应纳税额后加总计算出汇总纳税企业的应纳所得税总额，最后按规定的比例和按计算的分摊比例，向总机构和分支机构分摊就地缴纳的企业所得税款。

189. 汇总纳税企业如何进行企业所得税日常管理?

（1）汇总纳税企业发生的资产损失，应按以下规定申报扣除：

①总机构及二级分支机构发生的资产损失，除应按专项申报和清单申报的有关规定各自向所在地主管税务机关申报外，二级分支机构还应同时上报总机构；三级及以下分支机构发生的资产损失不需向所在地主管税务机关申报，应并入二级分支机构，由二级分支机构统一申报。

②总机构对各分支机构上报的资产损失，除税务机关另有规定外，应以清单申报的形式向所在地主管税务机关申报。

③总机构将分支机构所属资产捆绑打包转让所发生的资产损失，由总机构向所在地主管税务机关专项申报。

（2）总机构应将查补所得税款（包括滞纳金、罚款）按照规定计算分摊和缴纳。

【例】某公司2019年第一季度共计应预缴的企业所得税2000万元。投资分支机构和甲、乙两省的二级分支机构有关资料如下：

相关项目及金额 二级机构及合计	营业收入	职工工资	资产总额
投资分支机构	20000	200	11000
甲省分支机构	40000	500	15000
乙省分支机构	56000	640	26000
合计金额	116000	1340	52000

解析：

（1）投资分支机构2019年第一季度的分摊比例＝0.35×（20000/116000）＋0.35×（200/1340）＋0.3×（11000/52000）＝17.60%

（2）投资分支机构2019年第一季度预缴的企业所得税＝2000×17.60%×50%＝176（万元）

甲、乙省分支机构计算（略）。

（3）总机构2019年第一季度就地预缴的企业所得税＝2000×25%＝500（万元）

（4）总机构2019年第一季度预缴中央国库的企业所得税＝2000×25%＝500（万元）

第四节　合伙企业所得税的征收管理

190. 对合伙企业所得税有何征管要求？

合伙企业以每一个合伙人为纳税义务人。合伙企业合伙人是自然人的，缴纳个人所得税；合伙人是法人和其他组织的，缴纳企业所得税。

合伙企业生产经营所得和其他所得采取“先分后税”的原则。

合伙企业的合伙人是法人和其他组织的，合伙人在计算其缴纳企业所得税时，不得用合伙企业的亏损抵减其盈利。

合伙企业的合伙人按照下列原则确定应纳税所得额：

（1）合伙企业的合伙人以合伙企业的生产经营所得和其他所得，按照合伙协议约定的分配比例确定应纳税所得额。

（2）合伙协议未约定或者约定不明确的，以全部生产经营所得和其他所得，按照合伙人协商决定的分配比例确定应纳税所得额。

（3）协商不成的，以全部生产经营所得和其他所得，按照合伙人实缴出资比例确定应纳税所得额。

（4）无法确定出资比例的，以全部生产经营所得和其他所得，按照合伙人数量平均计算每个合伙人的应纳税所得额。

【注】上述所称合伙企业的生产经营所得和其他所得，包括合伙企业分配给所有合伙人的所得和企业当年留存的所得（利润）；合伙企业的合伙人是法人和其他组织的，合伙人在计算其缴纳企业所得税时，不得用合伙企业的亏损抵减其盈利。

【例】A企业是由自然人张三、某公司共同出资成立的有限合伙企业，其中张三出资400万元（普通合伙人），某公司出资600万元（有限合伙人），双方约定按出资比例进行利润分配。

（1）2017年，A企业当年实现利润200万元，企业向合伙人分配所得120万元。同年，某公司自身经营实现利润100万元。

（2）2018年，A企业当年实现利润150万元，企业向合伙人分配所得230万元。同年，某公司自身经营实现利润100万元。

（3）2019年，A企业由于市场低迷，经营不善，当年亏损300万元。同年，某公司自身经营实现利润100万元。

假设A企业、某公司不存在其他纳税调整项目或事宜。请分别计算某公司2017年、2018年、2019年度应缴纳的企业所得税。

解析：

（1）某公司2017年度税务处理

根据税收政策规定，合伙人分配所得包括合伙企业分配给所有合伙人的所得和企业当年留存的所得（利润）。因此，某公司应纳所得税额＝（200×60%＋100）×25%＝55（万元）

（2）某公司2018年度税务处理

某公司2018年取得所属于2017年度的分配所得48万元（（230－150）×60%）已在2017年度企业所得税年度申报时确认了所得，进行了申报。因此，某公司应纳所得税额＝（150×60%＋100）×25%＝47.5（万元）

（3）某公司2019年度税务处理

根据政策规定，合伙企业的合伙人是法人和其他组织的，合伙人在计算其缴纳企业所得税时，不得用合伙企业的亏损抵减其盈利。因此某公司应纳所得税额＝100×25%＝25（万元）。

第五节　涉外企业所得税管理

一、境外注册中资控股企业所得税管理

191. 境外注册中资控股企业的概念与确定？

（1）境外注册中资控股企业（以下简称境外中资企业）是指由中国内地企业或者企业集团作为主要控股投资者，在中国内地以外国家或地区（含中国香港、中国澳门、中国台湾）注册成立的企业。

（2）境外注册中资控股居民企业（以下简称非境内注册居民企业）是指因实际管理机构在中国境内而被认定为中国居民企业的境外注册中资控股企业。

（3）主管税务机关的确定

①非境内注册居民企业的实际管理机构所在地与境内主要控股投资者所在地一致的，为境内主要控股投资者的企业所得税主管税务机关。

②非境内注册居民企业的实际管理机构所在地与境内主要控股投资者所在地不一致的，为实际管理机构所在地的税务主管机关；经共同的上级税务机关批准，企业也可以选择境内主要控股投资者的企业所得税主管税务机关为其主管税务机关。

③非境内注册居民企业存在多个实际管理机构所在地的，由相关税务机关报共同的上级税务机关确定。

主管税务机关确定后，不得随意变更；确需变更的，应当层报税务总局批准。

192. 如何申请境外注册中资控股企业居民身份认定？

（1）申请条件

境外注册中资控股企业（以下简称境外中资企业）符合居民企业认定条件的，应向其中国境内主要投资者登记注册地主管税务机关提出居民企业认定申请。

（2）设定依据

《境外注册中资控股居民企业所得税管理办法（试行）》（国家税务总局公告2011年第45号发布，国家税务总局公告2015年第22号、国家税务总局公告2018年第31号修改）第七条、第八条。

（3）办理材料

序号	材料名称	数量
1	居民身份认定书面申请	1份
2	企业法律身份证明文件	1份
3	企业集团组织结构说明及生产经营概况	1份
4	企业上一个纳税年度的公证会计师审计报告	1份
5	负责企业生产经营等事项的高层管理机构履行职责场所的地址证明	1份
6	企业上一年度及当年度董事及高层管理人员在中国境内居住的记录	1份
7	企业上一年度及当年度重大事项的董事会决议及会议记录	1份

（4）办理地点

可通过办税服务厅（场所）办理，具体地点可从省（自治区、直辖市和计划单列市）税务局网站“纳税服务”栏目查询。

（5）办理机构

主管税务机关。

（6）办理时间

40 个工作日。

（7）办理流程

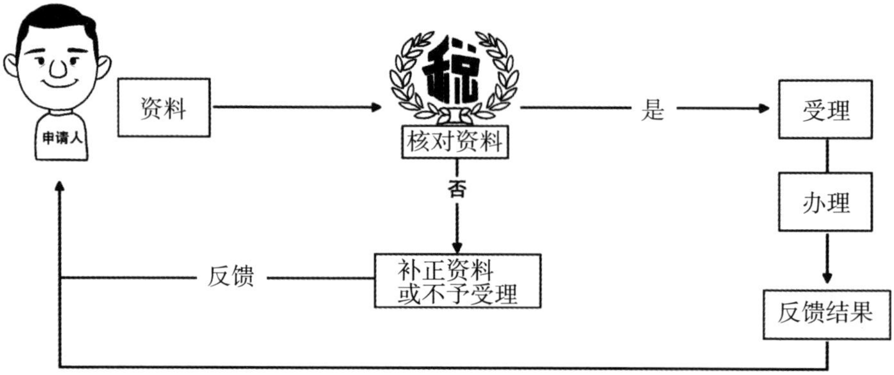

（8）申请人注意事项

①境外中资企业居民身份的认定，采用企业自行判定提请税务机关认定和税务机关调查发现予以认定两种形式。申请人对报送材料的真实性和合法性承担责任。

②申请人提交的各项证明资料为复印件均需注明“与原件一致”，并签章。

③境外中资企业同时符合以下条件的，根据《企业所得税法》第二条第二款和《企业所得税法实施条例》第四条的规定，应判定其为实际管理机构在中国境内的居民企业（以下称非境内注册居民企业）：

a. 企业负责实施日常生产经营管理运作的高层管理人员及其高层管理部门履行职责的场所主要位于中国境内。

b. 企业的财务决策（如借款、放款、融资、财务风险管理等）和人事决策（如任命、解聘和薪酬等）由位于中国境内的机构或人员决定，或需要得到位于中国境内的机构或人员批准。

c. 企业的主要财产、会计账簿、公司印章、董事会和股东会议纪要档案等位于或存放于中国境内。

d. 企业 1/2（含 1/2）以上有投票权的董事或高层管理人员经常居住于中国境内。

④对于实际管理机构的判断，应当遵循实质重于形式的原则。境外中资企业应当根据生产经营和管理的实际情况，自行判定实际管理机构是否设立在中国境内。

⑤主管税务机关发现境外中资企业符合规定但未申请成为中国居民企业的，可以对该境外中资企业的实际管理机构所在地情况进行调查，并要求境外中资企业提供规定的资料。调查过程中，主管税务机关有权要求该企业的境内投资者提供相关资料。

⑥非境内注册居民企业应当自收到居民身份认定书之日起30日内向主管税务机关申报办理税务登记。

⑦非境内注册居民企业发生下列重大变化情形之一的，应当自变化之日起15日内报告主管税务机关，主管税务机关应当按照规定层报税务总局确定是否取消其居民身份：

a. 企业实际管理机构所在地变更为中国境外的；

b. 中方控股投资者转让企业股权，导致中资控股地位发生变化的。

二、非居民企业所得税管理问题

193. 在非居民企业所得税管理方面有哪些具体要求？

根据《国家税务总局关于非居民企业所得税管理若干问题的公告》的规定，有关非居民企业所得税管理问题明确如下：

（1）关于到期应支付而未支付的所得扣缴企业所得税问题

①中国境内企业（以下简称企业）和非居民企业签订与利息、租金、特许权使用费等所得有关的合同或协议，如果未按照合同或协议约定的日期支付上述所得款项，或者变更或修改合同或协议延期支付，但已计入企业当期成本、费用，并在企业所得税年度纳税申报中作税前扣除的，应在企业所得税年度纳税申报时按照《企业所得税法》有关规定代扣代缴企业所得税。

②如果企业上述到期未支付的所得款项，不是一次性计入当期成本、费用，

而是计入相应资产原价或企业筹办费，在该类资产投入使用或开始生产经营后分期摊入成本、费用，分年度在企业所得税前扣除的，应在企业计入相关资产的年度纳税申报时就上述所得全额代扣代缴企业所得税。

③如果企业在合同或协议约定的支付日期之前支付上述所得款项的，应在实际支付时按照《企业所得税法》有关规定代扣代缴企业所得税。

（2）关于担保费税务处理问题

非居民企业取得来源于中国境内的担保费，应按照《企业所得税法》对利息所得规定的税率计算缴纳企业所得税。上述来源于中国境内的担保费，是指中国境内企业、机构或个人在借贷、买卖、货物运输、加工承揽、租赁、工程承包等经济活动中，接受非居民企业提供的担保所支付或负担的担保费或相同性质的费用。

（3）关于土地使用权转让所得征税问题

非居民企业在中国境内未设立机构、场所而转让中国境内土地使用权，或者虽设立机构、场所但取得的土地使用权转让所得与其所设机构、场所没有实际联系的，应以其取得的土地使用权转让收入总额减除计税基础后的余额作为土地使用权转让所得计算缴纳企业所得税，并由扣缴义务人在支付时代扣代缴。

（4）关于融资租赁和出租不动产的租金所得税务处理问题

①在中国境内未设立机构、场所的非居民企业，以融资租赁方式将设备、物件等租给中国境内企业使用，租赁期满后设备、物件所有权归中国境内企业（包括租赁期满后作价转让给中国境内企业），非居民企业按照合同约定的期限收取租金，应以租赁费（包括租赁期满后作价转让给中国境内企业的价款）扣除设备、物件价款后的余额，作为贷款利息所得计算缴纳企业所得税，由中国境内企业在支付时代扣代缴。

②非居民企业出租位于中国境内的房屋、建筑物等不动产，对未在中国境内设立机构、场所进行日常管理的，以其取得的租金收入全额计算缴纳企业所得税，由中国境内的承租人在每次支付或到期应支付时代扣代缴。

如果非居民企业委派人员在中国境内或者委托中国境内其他单位或个人对上

述不动产进行日常管理的，应视为其在中国境内设立机构、场所，非居民企业应在税法规定的期限内自行申报缴纳企业所得税。

（5）关于股息、红利等权益性投资收益扣缴企业所得税处理问题

中国境内居民企业向未在中国境内设立机构、场所的非居民企业分配股息、红利等权益性投资收益，应在作出利润分配决定的日期代扣代缴企业所得税。如实际支付时间先于利润分配决定日期的，应在实际支付时代扣代缴企业所得税。

（6）关于股权转让应纳税所得额的确认问题

①股权转让收入减除股权净值后的余额为股权转让所得应纳税所得额。

股权转让收入是指股权转让人转让股权所收取的对价，包括货币形式和非货币形式的各种收入。

股权净值是指取得该股权的计税基础。

股权的计税基础是股权转让人投资入股时向中国居民企业实际支付的出资成本，或购买该项股权时向该股权的原转让人实际支付的股权受让成本。股权在持有期间发生减值或者增值，按照国务院财政、税务主管部门规定可以确认损益的，股权净值应进行相应调整。

企业在计算股权转让所得时，不得扣除被投资企业未分配利润等股东留存收益中按该项股权所可能分配的金额。

②多次投资或收购的同项股权被部分转让的，从该项股权全部成本中按照转让比例计算确定被转让股权对应的成本。

194. 非居民企业机构场所汇总缴纳企业所得税有何主要规定？

根据《国家税务总局、财政部、中国人民银行关于非居民企业机构场所汇总缴纳企业所得税有关问题的公告》规定，对非居民企业机构、场所（以下简称机构、场所）汇总缴纳企业所得税有关问题规定如下：

（1）在境内设立多个机构、场所的非居民企业依照《企业所得税法》第五十一条的规定，选择由其主要机构、场所汇总其他境内机构、场所（以下简称被汇总机构、场所）缴纳企业所得税的，相关税务处理事项适用本公告。

（2）汇总纳税的非居民企业应在汇总纳税的年度中持续符合下列所有条件：

①汇总纳税的各机构、场所已在所在地主管税务机关办理税务登记，并取得纳税人识别号；

②主要机构、场所符合《企业所得税法实施条例》第一百二十六条规定，汇总纳税的各机构、场所不得采用核定方式计算缴纳企业所得税；

③汇总纳税的各机构、场所能够按照本公告规定准确计算本机构、场所的税款分摊额，并按要求向所在地主管税务机关办理纳税申报。

（3）汇总纳税的各机构、场所实行“统一计算、分级管理、就地预缴、汇总清算、财政调库”的企业所得税征收管理办法。除另有规定外，相关税款计算、税款分摊、缴库或退库地点、缴库或退库比例、征管流程等事项，比照《财政部、国家税务总局、中国人民银行关于印发〈跨省市总分机构企业所得税分配及预算管理办法〉的通知》《财政部、国家税务总局、中国人民银行关于〈跨省市总分机构企业所得税分配及预算管理办法〉的补充通知》《国家税务总局关于印发〈跨地区经营汇总纳税企业所得税征收管理办法〉的公告》等适用于居民企业汇总缴纳企业所得税的规定执行。

（4）除下述第（5）条规定外，主要机构、场所比照居民企业总机构就地分摊缴纳企业所得税；被汇总机构、场所比照居民企业分支机构就地分摊缴纳企业所得税。

（5）符合上述第（2）条规定的机构、场所不具有主体生产经营职能，不从纳入汇总缴纳企业所得税的其他机构、场所之外取得营业收入，仅具有内部辅助管理或服务职能的，可以纳入汇总计算缴纳企业所得税的范围，但不就地分摊缴纳企业所得税。

（6）汇总纳税的各机构、场所应在首次办理汇总缴纳企业所得税申报时，向所在地主管税务机关报送以下信息资料：

①主要机构、场所名称及纳税人识别号；

②全部被汇总机构、场所名称及纳税人识别号；

③符合汇总缴纳企业所得税条件的财务会计核算制度安排。

已按上款规定报送的信息资料发生变更的，汇总纳税的各机构、场所应在发生变更后首次办理汇总缴纳企业所得税申报时，向所在地主管税务机关报告变化情况。

（7）除国家税务总局另有规定外，汇总纳税的各机构、场所应按照《企业所得税法》第五十四条及其他有关规定，分季度预缴和年终汇算清缴企业所得税。

（8）在办理季度预缴申报时，汇总纳税的各机构、场所应向所在地主管税务机关报送以下资料：

①非居民企业所得税申报表；

②季度财务报表（限于按实际利润预缴企业所得税的情形）。

（9）在办理年度汇算清缴申报时，汇总纳税的各机构、场所应向所在地主管税务机关报送以下资料：

①非居民企业所得税申报表；

②年度财务报表。

（10）汇总纳税的各机构、场所主管税务机关对管理的机构、场所执行本公告规定负有日常管理和监督检查责任，各主管税务机关之间应及时沟通信息，协调管理。主要机构、场所主管税务机关应在每季度终了和年度汇算清缴期满后30日内，将主要机构、场所申报信息传递给各被汇总机构、场所主管税务机关。各被汇总机构、场所主管税务机关应在每季度终了和年度汇算清缴期满后30日内，将本地被汇总纳税机构、场所申报信息传递给主要机构、场所主管税务机关。

汇总纳税的各机构、场所主管税务机关不得对汇总纳税的各机构、场所同一税务处理事项作出不一致的处理决定。相关主管税务机关就有关处理事项不能达成一致的，报共同上级税务机关决定。

主要机构、场所主管税务机关发现主要机构、场所不具备上述第（2）条规定条件的，在征得各被汇总机构、场所主管税务机关同意后，责令其限期改正，逾期不改正的，取消该非居民企业所有机构、场所相关年度企业所得税汇总缴纳方式，并通知各被汇总机构、场所主管税务机关。

被汇总机构、场所主管税务机关发现被汇总机构、场所不具备上述第（2）

条规定条件的，在征得主要机构、场所主管税务机关同意后，责令其限期改正，逾期不改正的，取消该被汇总机构、场所相关年度企业所得税汇总缴纳方式，并通知主要机构、场所及其他被汇总机构、场所主管税务机关。

（11）汇总纳税的各机构、场所全部处于同一省、自治区、直辖市或计划单列市税务机关（以下简称省税务机关）管辖区域内的，该省税务机关在不改变上述第（2）条规定汇总纳税适用条件的前提下，可以按照不增加纳税义务，不减少办税便利的原则规定管理办法。

（12）上述规定自2019年3月1日起施行，《国家税务总局关于印发〈非居民企业所得税汇算清缴管理办法〉的通知》第三条第六项规定同时废止。

非居民企业自2019年度起汇总纳税的，当年度各季度预缴申报和年终汇算清缴申报均应按上述规定执行。

非居民企业在上述规定施行前已经按原规定汇总纳税的，可以在上述规定施行后选择按上述规定汇总纳税，也可以选择继续按原规定办理2018和2019两个年度季度预缴申报和年度汇算清缴申报；自2020年度起，季度预缴申报和年终汇算清缴申报一律按上述规定执行。

195. 非居民纳税人如何享受协定待遇？

根据《非居民纳税人享受协定待遇管理办法》的规定，在中国境内发生纳税义务的非居民纳税人需要享受协定待遇的，适用如下规定：

非居民纳税人享受协定待遇，采取“自行判断、申报享受、相关资料留存备查”的方式办理。非居民纳税人自行判断符合享受协定待遇条件的，可在纳税申报时，或通过扣缴义务人在扣缴申报时，自行享受协定待遇，同时按规定归集和留存相关资料备查，并接受税务机关后续管理。

非居民纳税人，是指按照税收协定居民条款规定应为缔约对方税收居民的纳税人。

协定包括税收协定和国际运输协定。国际运输协定包括中华人民共和国政府签署的航空协定、海运协定、道路运输协定、汽车运输协定、互免国际运输收入税收协议或换函以及其他关于国际运输的协定。

协定待遇，是指按照协定可以减轻或者免除按照国内税收法律规定应当履行的企业所得税、个人所得税纳税义务。

扣缴义务人，是指按国内税收法律规定，对非居民纳税人来源于中国境内的所得负有扣缴税款义务的单位或个人，包括法定扣缴义务人和企业所得税法规定的指定扣缴义务人。

主管税务机关，是指按国内税收法律规定，对非居民纳税人在中国的纳税义务负有征管职责的税务机关。

（1）协定适用和纳税申报

①非居民纳税人自行申报的，自行判断符合享受协定待遇条件且需要享受协定待遇，应在申报时报送《非居民纳税人享受协定待遇信息报告表》，并按照《非居民纳税人享受协定待遇管理办法》第七条的规定归集和留存相关资料备查。

②在源泉扣缴和指定扣缴情况下，非居民纳税人自行判断符合享受协定待遇条件且需要享受协定待遇的，应当如实填写《非居民纳税人享受协定待遇信息报告表》，主动提交给扣缴义务人，并按照《非居民纳税人享受协定待遇管理办法》第七条的规定归集和留存相关资料备查。

扣缴义务人收到《非居民纳税人享受协定待遇信息报告表》后，确认非居民纳税人填报信息完整的，依国内税收法律规定和协定规定扣缴，并如实将《非居民纳税人享受协定待遇信息报告表》作为扣缴申报的附表报送主管税务机关。

非居民纳税人未主动提交《非居民纳税人享受协定待遇信息报告表》给扣缴义务人或填报信息不完整的，扣缴义务人依国内税收法律规定扣缴。

留存备查资料包括：

a. 由协定缔约对方税务主管当局开具的证明非居民纳税人取得所得的当年度或上一年度税收居民身份的税收居民身份证明；享受税收协定国际运输条款或国际运输协定待遇的，可用能够证明符合协定规定身份的证明代替税收居民身份证明；

b. 与取得相关所得有关的合同、协议、董事会或股东会决议、支付凭证等权属证明资料；

c. 享受股息、利息、特许权使用费条款协定待遇的，应留存证明“受益所有人”身份的相关资料；

d. 非居民纳税人认为能够证明其符合享受协定待遇条件的其他资料。

③非居民纳税人对《非居民纳税人享受协定待遇信息报告表》填报信息和留存备查资料的真实性、准确性、合法性承担法律责任。

④非居民纳税人发现不应享受而享受了协定待遇，并少缴或未缴税款的，应当主动向主管税务机关申报补税。

⑤非居民纳税人可享受但未享受协定待遇而多缴税款的，可在《税收征收管理法》规定期限内自行或通过扣缴义务人向主管税务机关要求退还多缴税款，同时提交《非居民纳税人享受协定待遇管理办法》第七条规定的资料。

主管税务机关应当自接到非居民纳税人或扣缴义务人退还多缴税款申请之日起 30 日内查实，对符合享受协定待遇条件的多缴税款办理退还手续。

⑥非居民纳税人享受协定待遇留存备查资料应按照《税收征收管理法》及其实施细则规定的期限保存。

（2）税务机关后续管理

①各级税务机关应当对非居民纳税人享受协定待遇开展后续管理，准确执行协定，防范协定滥用和逃避税风险。

②主管税务机关在后续管理时，可要求非居民纳税人限期提供留存备查资料。

主管税务机关在后续管理或税款退还查实工作过程中，发现依据《非居民纳税人享受协定待遇管理办法》第七条规定的资料不足以证明非居民纳税人符合享受协定待遇条件，或非居民纳税人存在逃避税嫌疑的，可要求非居民纳税人或扣缴义务人限期提供相关资料并配合调查。

③《非居民纳税人享受协定待遇管理办法》规定的资料原件为外文文本的，按照主管税务机关要求提供时，应当附送中文译本，并对中文译本的准确性和完整性负责。

非居民纳税人、扣缴义务人可以向主管税务机关提供资料复印件，但是应当在复印件上标注原件存放处，加盖报告责任人印章或签章。主管税务机关要求报验原件的，应报验原件。

④非居民纳税人、扣缴义务人应配合主管税务机关进行非居民纳税人享受协定待遇的后续管理与调查。非居民纳税人、扣缴义务人均未按照税务机关要求提供相关资料，或逃避、拒绝、阻挠税务机关进行后续调查，主管税务机关无法查实其是否符合享受协定待遇条件的，应视为不符合享受协定待遇条件。

⑤非居民纳税人不符合享受协定待遇条件而享受了协定待遇且未缴或少缴税款的，除因扣缴义务人未按《非居民纳税人享受协定待遇管理办法》第六条规定扣缴申报外，视为非居民纳税人未按照规定申报缴纳税款，主管税务机关依法追缴税款并追究非居民纳税人延迟纳税责任。在扣缴情况下，税款延迟缴纳期限自扣缴申报享受协定待遇之日起计算。

⑥扣缴义务人未按《非居民纳税人享受协定待遇管理办法》第六条规定扣缴申报，或者未按《非居民纳税人享受协定待遇管理办法》第十三条规定提供相关资料，发生不符合享受协定待遇条件的非居民纳税人享受协定待遇且未缴或少缴税款情形的，主管税务机关依据有关规定追究扣缴义务人责任，并责令非居民纳税人限期缴纳税款。

⑦依据《企业所得税法》第三十九条规定，非居民纳税人未依法缴纳税款的，主管税务机关可以从该非居民纳税人在中国境内其他收入项目的支付人应付的款项中，追缴该非居民纳税人的应纳税款。

⑧主管税务机关在后续管理或税款退还查实工作过程中，发现不能准确判定非居民纳税人是否可以享受协定待遇的，应当向上级税务机关报告；需要启动相互协商或情报交换程序的，按有关规定启动相应程序。

⑨《非居民纳税人享受协定待遇管理办法》第十条所述查实时间不包括非居民纳税人或扣缴义务人补充提供资料、个案请示、相互协商、情报交换的时间。税务机关因上述原因延长查实时间的，应书面通知退税申请人相关决定及理由。

⑩主管税务机关在后续管理过程中，发现需要适用税收协定主要目的测试条款或国内税收法律规定中的一般反避税规则的，适用一般反避税相关规定。

⑪主管税务机关应当对非居民纳税人不当享受协定待遇情况建立信用档案，

并采取相应后续管理措施。

【注】非居民纳税人需要享受内地与香港、澳门特别行政区签署的避免双重征税安排待遇的，按照《非居民纳税人享受协定待遇管理办法》执行。

《非居民纳税人享受协定待遇管理办法》自2020年1月1日起施行。《非居民纳税人享受税收协定待遇管理办法》同时废止。

三、跨境电子商务企业所得税核定征收

196. 跨境电子商务如何进行企业所得税核定征收？

根据《国家税务总局关于跨境电子商务综合试验区零售出口企业所得税核定征收有关问题的公告》就跨境电子商务综合试验区（以下简称综试区）内的跨境电子商务零售出口企业（以下简称跨境电商企业）核定征收企业所得税有关问题规定如下：

（1）综试区内的跨境电商企业，同时符合下列条件的，试行核定征收企业所得税办法：

①在综试区注册，并在注册地跨境电子商务线上综合服务平台登记出口货物日期、名称、计量单位、数量、单价、金额的；

②出口货物通过综试区所在地海关办理电子商务出口申报手续的；

③出口货物未取得有效进货凭证，其增值税、消费税享受免税政策的。

（2）综试区内核定征收的跨境电商企业应准确核算收入总额，并采用应税所得率方式核定征收企业所得税。应税所得率统一按照4%确定。

（3）税务机关应按照有关规定，及时完成综试区跨境电商企业核定征收企业所得税的鉴定工作。

（4）综试区内实行核定征收的跨境电商企业符合小型微利企业优惠政策条件的，可享受小型微利企业所得税优惠政策；其取得的收入属于《企业所得税法》第二十六条规定的免税收入的，可享受免税收入优惠政策。

（5）综试区，是指经国务院批准的跨境电子商务综合试验区；跨境电商企

业，是指自建跨境电子商务销售平台或利用第三方跨境电子商务平台开展电子商务出口的企业。

（6）上述规定自2020年1月1日起施行。

四、居民企业报告境外投资和所得信息的管理

197. 针对居民企业报告境外投资和所得信息的管理主要有什么规定？

（1）居民企业成立或参股外国企业，或处置已持有的外国企业股份或有表决权股份，符合以下情形之一，应当在办理预缴申报时填报《居民企业参股外国企业信息报告表》：

①居民企业直接或间接持有外国企业股份或有表决权股份达到10%（含）以上；

②居民企业直接或间接持有外国企业股份或有表决权股份由不足10%达到或超过10%的状态；

③居民企业直接或间接持有外国企业股份或有表决权股份从达到或超过10%的状态改变为不足10%的状态。

（2）非居民企业在境内设立机构、场所，取得发生在境外但与其所设机构、场所有实际联系的所得的，参照上述规定报告。

第六节　企业政策性搬迁所得税管理办法

198. 企业政策性搬迁如何判定？

政策性搬迁，是指由于社会公共利益的需要，在政府主导下企业进行整体搬迁或部分搬迁。

政策性搬迁的判定：

（1）因下列需要之一，提供证明资料的，属于政策性搬迁：

①国防和外交的需要；

②由政府组织实施的能源、交通、水利等基础设施的需要；

③由政府组织实施的科技、教育、文化、卫生、体育、环境和资源保护、防灾减灾、文物保护、社会福利、市政公用等公共事业的需要；

④由政府组织实施的保障性安居工程建设的需要；

⑤由政府依照《城乡规划法》有关规定组织实施的对危房集中、基础设施落后等地段进行旧城区改建的需要；

⑥法律、行政法规规定的其他公共利益的需要。

【注】政策性搬迁是为满足公共利益需要。

199. 企业政策性搬迁所得及税额如何计算？

企业政策性搬迁应税所得计算公式：

应税所得＝搬迁收入－搬迁支出

（1）搬迁收入＝搬迁补偿收入＋搬迁资产处置收入

①搬迁补偿收入：

a. 对被征用资产价值的补偿。

b. 因搬迁、安置而给予的补偿。

c. 对停产停业形成的损失而给予的补偿。

d. 资产搬迁过程中遭到毁损而取得的保险赔款。

②搬迁资产处置收入：

企业由于搬迁处置存货而取得的收入，应按正常经营活动取得的收入进行所得税处理，不作为企业搬迁收入。

（2）搬迁支出＝搬迁费用支出＋搬迁资产处置支出

【注】企业由于搬迁而报废的资产，如无转让价值，其净值作为企业的资产处置支出。

（3）搬迁资产税务处理

①企业搬迁的资产，简单安装或不需要安装即可继续使用的，在该项资产重

新投入使用后，就其净值按规定的该资产尚未折旧或摊销的年限，继续计提折旧或摊销。

②企业搬迁的资产，需要进行大修理后才能重新使用的，应就该资产的净值，加上大修理过程所发生的支出，为该资产的计税成本。在该项资产重新投入使用后，按该资产尚可使用的年限，计提折旧或摊销。

③企业搬迁中被征用的土地，采取土地置换的，换入土地的计税成本按被征用土地的净值，以及该换入土地投入使用前所发生的各项费用支出，为该换入土地的计税成本，在该换入土地投入使用后，按规定年限摊销。

④企业搬迁期间新购置的各类资产按规定计算确定资产的计税成本及折旧或摊销年限。企业发生的购置资产支出，不得从搬迁收入中扣除。

⑤企业政策性搬迁被征用的资产，采取资产置换的，其换入资产的计税成本按被征用资产的净值，加上换入资产所支付的税费（涉及补价，还应加上补价款）计算确定。

（4）应税所得

企业在搬迁期间发生的搬迁收入和搬迁支出，可以暂不计入当期应纳税所得额，而在完成搬迁的年度，对搬迁收入和支出进行汇总清算。

①下列情形之一的，为搬迁完成年度，企业应进行搬迁清算，计算搬迁所得：

a. 从搬迁开始，5 年内（包括搬迁当年度）任何一年完成搬迁的。

b. 从搬迁开始，搬迁时间满 5 年（包括搬迁当年度）的年度。

②企业同时符合下列条件的，视为已经完成搬迁：

a. 搬迁规划已基本完成；

b. 当年生产经营收入占规划搬迁前年度生产经营收入 50% 以上。

③企业搬迁收入扣除搬迁支出后为负数的，应为搬迁损失。搬迁损失可在下列方法中选择其一进行税务处理：

a. 在搬迁完成年度，一次性作为损失进行扣除。

b. 自搬迁完成年度起分 3 个年度，均匀在税前扣除。

上述方法由企业自行选择，但一经选定，不得改变。

④企业边搬迁、边生产的，搬迁年度应从实际开始搬迁的年度计算。

⑤企业以前年度发生尚未弥补的亏损的，凡企业由于搬迁停止生产经营无所得的，从搬迁年度次年起，至搬迁完成年度前一年度止，可作为停止生产经营活动年度，从法定亏损结转弥补年限中减除。企业边搬迁、边生产的，其亏损结转年度应连续计算。

以上规定用简表归纳：

资产	计税基础	摊销或折旧
(1) 简单安装或不需要安装可继续使用的	净值	尚未折旧或摊销的年限
(2) 大修理后才能重新使用的	净值 + 大修理支出	尚可使用的年限
(3) 被征用的资产（采用置换方式）	被征用资产的净值 + 换入资产所支付的税费 + 补价 如，土地置换。 换入土地的计税成本 = 被征用土地的净值 + 换入土地投入使用前的各种费用	常规处理
(4) 新购置的各类资产	按常规处理 **【注】** 购置资产不得在搬迁收入中扣除	常规处理

【例】 A 企业亏损弥补及搬迁情况表

年度	2013	2014	搬迁年度				2019	2020
			2015	2016	2017	2018		
亏损	-30	8	0	0	0	0	20	40

请问 2013 年的亏损是否可以在 2019 年弥补？

①企业以前年度发生尚未弥补的亏损的，凡企业由于搬迁停止生产经营无所得的，从搬迁年度次年起，至搬迁完成年度前一年度止，可作为停止生产经营活动年度，从法定亏损结转弥补年限中减除；

②企业边搬迁、边生产的，其亏损结转年度应连续计算。

200. 政策性搬迁纳税申报应注意哪些事项？

根据《企业政策性搬迁所得税管理办法》第二十二条、第二十三条、第二十四条的规定，需要注意的事项主要如下：

（1）限期报送资料。企业应当自搬迁开始年度，至次年5月31日前，向主管税务机关（包括迁出地和迁入地）报送政策性搬迁依据、搬迁规划等相关材料。逾期未报的，除特殊原因并经主管税务机关认可外，按非政策性搬迁处理，不得执行本办法的规定。

（2）迁入地主管税务机关负责清算。企业迁出地和迁入地主管税务机关发生变化的，由迁入地主管税务机关负责企业搬迁清算。

（3）搬迁完成年度需要填报专门报表。企业搬迁完成当年，其向主管税务机关报送企业所得税年度纳税申报表时，应同时报送《企业政策性搬迁清算损益表》及相关材料。

【例】2017年10月，某公司因为市政府修建市民公园发生政策性搬迁业务，同月开始停产。

（1）12月份某公司变卖机器设备取得收入500万元（原值1000万元，已计提折旧300万元），处理存货取得收入300万元，取得政府无偿划拨未指定专门用途的土地10亩（使用年限40年，市场价1000万元）。

（2）2018年2月份取得政府拨付的经济补偿200万元，支付搬迁设备安装费用50万元。12月份采购了生产设备一套660万元，预计使用年限10年，采取直线法计提折旧（预计残值60万元）。

（3）2019年12月份完成搬迁。

假设企业已按规定向主管税务机关报送了相关资料，不考虑其他涉税事宜，分别计算2017年度、2018年度、2019年度应纳所得税额。

解析：

（1）2017年度税务处理。

企业符合政府性搬迁政策，企业在搬迁期间发生的搬迁收入和搬迁支出，可以暂不计入当期应纳税所得额，但企业由于搬迁处置存货而取得的收入，应按正常经营活动取得的收入进行所得税处理，不作为企业搬迁收入。因此2017年度的汇算清缴中应确认应纳税所得额300万元，并按规定进行纳税申报。其他事项，暂不需进行涉税处理。

（2）2018年度税务处理。

2018年所有的收入、支出均属于搬迁收入或支出，不需进行涉税处理。

（3）2019年度税务处理。

搬迁收入＝500＋1000＋200＝1700（万元）

搬迁支出＝200＋50＝250（万元）

搬迁所得＝1700－250＝1450（万元）

计提折旧＝（660－60）÷10＝60（万元）

应纳所得税＝（1450－60）×25%＝347.5（万元）

【注】（1）企业2017年度取得政府无偿划拨的土地应纳公允价值确认为应税收入，而不是作为一项资产进行摊销。

（2）企业新购置的机器设备并不属于搬迁支出，不能一次性扣除，应按规定计提折旧。

第十一章　企业所得税涉税会计核算

第一节　企业所得税主要会计科目的核算问题

201. 企业所得税主要涉税会计科目有哪些？如何进行核算或调账？

会计科目在会计核算过程中非独立存在的，每个科目既完成本身职能反映的同时，又与其他会计科目密切联系，从而组成完整的会计核算链条。那么，涉及企业所得税的会计科目也一样，在与其他会计科目共同合作下，核算出企业应纳税所得额，从而完成企业所得税会计核算成果。以下将涉及企业所得税的几个主要会计科目做一个提示，建议在平时的企业所得税核算当中，与其他相关科目联系运用，做到企业所得税会计核算方式方法的融会贯通。

主要会计科目

(1)“应交所得税”科目，属于负债类科目。

①企业按照税法规定计算应缴的所得税

借：所得税费用等科目

　　贷：应交税费——应交所得税

②缴纳时

借：应交税费——应交所得税

　　贷：银行存款等

(2)“所得税费用”科目，属于损益类科目。

①核算企业根据会计准则确认的应从当期利润总额中扣除的所得税费用。

②应当按照“当期所得税费用”“递延所得税费用”进行明细核算。

所得税费用 = 当期所得税 + 递延所得税

期末应将本科目的余额转入“本年利润”科目，结转后本科目应无余额。

本科目结转前先结转其他损益类科目，可得出税前利润，本科目结转后的本年利润为税后利润。

③“所得税费用”不同于“应交税费——应交所得税”

a.“应交税费——应交所得税”按税法确定，属于负债类科目，表示欠国家的税款；

b. 所得税费用是根据会计准则确认的应从当期利润总额中扣除的所得税费用；

c.“应交税费——应交所得税”与“所得税费用”的差额通过递延所得税资产、递延所得税负债两个科目核算。

（3）“递延所得税资产”科目

①核算企业根据所得税准则确认的可抵扣暂时性差异产生的所得税资产。

根据税法规定可用未来年度税前利润弥补的亏损产生的所得税资产，也在本科目核算。

②应当按照可抵扣暂时性差异等项目进行明细核算。

③递延所得税资产的主要账务处理。

递延所得税资产和递延所得税负债是和暂时性差异相对应的，可抵扣暂时性差异是将来可用来抵税的部分，是应该收回的资产，所以对应递延所得税资产；递延所得税负债是由应纳税暂时性差异产生的，对于影响利润的暂时性差异，确认的递延所得税负债应该调整“所得税费用”。如，会计折旧小于税法折旧，导致资产的账面价值大于计税基础，如果产品已经对外销售了，就会影响利润，所以递延所得税负债应该调整当期的所得税费用。

如果暂时性差异不影响利润，而是直接计入所有者权益的，则确认的递延所得税负债应该调整资本公积。例如，可供出售金融资产是按照公允价值来计量的，公允价值升高了，会计上调增了可供出售金融资产的账面价值，并确认的其他综合收益，因为不影响利润，所以确认的递延所得税负债不能调整所得税费用，而应该调整其他综合收益。

（4）“递延所得税负债”科目

新会计准则要求企业采用资产负债表债务法核算所得税。

①会计与税法的差异分为永久性差异和暂时性差异。

永久性差异	对企业所得税的影响不体现在“递延所得税资产或负债”	
暂时性差异	可抵扣暂时性差异	形成递延所得税资产
	应纳税暂时性差异	形成递延所得税负债
所得税费用 = 当期所得税 + 递延所得税		

②一般情况下，递延所得税资产与递延所得税负债的对应科目是“所得税费用”，但与直接计入所有者权益的交易或事项相关的递延所得税资产与递延所得税负债，对应科目为“资本公积——其他资本公积”。

【例1】 某公司2019年利润总额为100万元，该公司适用的所得税税率为25%。递延所得税资产及递延所得税负债不存在期初余额。与所得税核算有关的情况如下：

（1）2019年12月对某存货计提了10万元存货跌价准备；

（2）违反发票管理规定支付罚款20万元。

如何进行企业所得税所得税的账务处理？

解析：

应纳税所得额 = 100 + 10 + 20 = 130（万元）

应交所得税 = 130 × 25% = 32.5（万元）

违反环保规定支付罚款20万元属于永久性差异

递延所得税资产 = 10 × 25% = 2.5（万元）

递延所得税 =（期末递延所得税负债 − 期初递延所得税负债）−（期末递延所得税资产 − 期初递延所得税资产）= −2.5（万元）

利润表应确认所得税费用 = 当期所得税 + 递延所得税 = 32.5 − 2.5 = 30（万元）

账务处理：

借：所得税费用　　　　　　　　　　300 000

　　递延所得税资产　　　　　　　　　25 000

　　　贷：应交税费——应交所得税　　　325 000

（续）假设，该公司2019年利润总额为150万元，递延所得税资产期初余额为2.5万元。2019年该公司处置了2018年计提10万元存货跌价准备的存货。如何进行所得税的账务处理？

解析：

应纳税所得额＝150－10＝140（万元）

应交所得税＝140×25%＝35（万元）

期末递延所得税资产为0。递延所得税资产减少2.5万元。

递延所得税＝（期末递延所得税负债－期初递延所得税负债）－（期末递延所得税资产－期初递延所得税资产）＝2.5（万元）

（5）“以前年度损益调整”科目，核算本年度发生的调整以前年度损益的事项。

贷方：调增收入、调减支出。

借方：调减收入、调增支出。

所得税费用：调增在借方，调减在贷方。

最终，余额转入“利润分配——未分配利润”。

①调整收入

借：应收账款、现金

　　　贷：以前年度损益调整

　　　　　应交税费——增值税检查调整

　　　　　应交税费——应交增值税（销项税额）

②调整成本，费用，税金

借：以前年度损益调整

　　　贷：应付职工薪酬、库存商品、现金、应付账款

借：以前年度损益调整

　　贷：应交税费——应交城市维护建设税

　　　　应交税费——应交教育费附加

③调整所得税

借：以前年度损益调整

　　贷：应交税费——应交企业所得税

④余额转入“利润分配——未分配利润”

借：以前年度损益调整

　　贷：利润分配——未分配利润

【注】（1）只有以前年度损益类科目发生错账时才能使用本科目进行调整。

（2）企业在资产负债表日至财务报告批准报出日之间发生的需要调整报告年度损益的事项，也在本科目核算。

“以前年度损益调整”科目

①“以前年度损益调整”的记账规则与“本年利润”的记账规则相同——以前年度利润减少记借方，增加记贷方；

②通过“以前年度损益调整”调账时注意对所得税的影响；

③本科目的余额转入“利润分配——未分配利润”；

④本科目结转后应无余额。

【例2】2019年，某公司会计人员误将购建固定资产的贷款利息20万元计入“财务费用”账户。账务处理为：

借：财务费用　　　　　　　　　　200 000

　　贷：应付利息　　　　　　　　　　200 000

2020年税务机关检查时发现了这一问题，该固定资产尚未完工。假设企业适用的所得税税率为25%。企业应如何调账？

解析：

①调账

借：在建工程　　　　　　　　　　200 000

贷：以前年度损益调整　　　　　　200 000

②补提企业所得税

借：以前年度损益调整　　　　　　50 000

贷：应交税费——应交所得税　　　　50 000

③结转“以前年度损益调整”余额

借：以前年度损益调整　　　　　　150 000

贷：利润分配——未分配利润　　　150 000

【例3】 某建筑企业（一般纳税人）取得简易计税方法的建筑服务收入103000元，误计入“营业外收入”账户，未计提增值税、城建税和教育费附加。次年发现时，应如何调账？

假设该企业位于某县城，城建税税率5%，教育费附加3%，地方教育附加2%。企业适用的企业所得税税率为25%。

错账VS正确的账务处理

错账	正确的账务处理
借：银行存款　103000 贷：营业外收入　103000	借：银行存款　103000 贷：主营业务收入　100000 应交税费——简易计税　3000 借：税金及附加　300 贷：应交税费——城建税　150 ——教育费附加　90 ——地方教育附加　60

解析：

①计提税费

借：以前年度损益调整　　　　3300

贷：应交税费——简易计税　　3000

——城建税　　150

——教育费附加　　90

——地方教育附加　60

②补提企业所得税（注意：上一年度多纳企业所得税）

借：应交税费——应交所得税　　　　825（3300×25%）

　　贷：以前年度损益调整　　　　825

③结转“以前年度损益调整”余额

借：利润分配——未分配利润　　　　2475

　　贷：以前年度损益调整　　　　2475

（6）“资产减值损失”科目，在会计核算中属于损益类科目。

资产减值损失是指因资产的账面价值高于其可收回金额而造成的损失。

①核算企业根据资产减值等准则计提各项资产减值准备所形成的损失。

②应当按照资产减值损失的项目进行明细核算。

③企业根据资产减值等准则确定资产发生的减值的，按应减记的金额，借记本科目，贷记“坏账准备”“存货跌价准备”“长期股权投资减值准备”“持有至到期投资减值准备”“固定资产减值准备”“在建工程——减值准备”“工程物资——减值准备”“生产性生物资产——减值准备”“无形资产减值准备”“商誉——减值准备”“贷款损失准备”“抵债资产——跌价准备”“损余物资——跌价准备”等科目。

④企业计提坏账准备、存货跌价准备、持有至到期投资减值准备、贷款损失准备等后，相关资产的价值又得恢复，应在原已计提的减值准备金额内，按恢复增加的金额，借记“坏账准备”“存货跌价准备”“持有至到期投资减值准备”“贷款损失准备”“抵债资产——跌价准备”“损余物资——跌价准备”等科目，贷记本科目。

⑤期末，应将本科目余额转入“本年利润”科目，结转后本科目无余额。

【例4】2020年3月，税务稽查局对某市一企业2019年度10月账册进行审查，发现如下问题：

1. 该企业将自产产品用于扩建厂房（增加不动产原值未超过50%），该项在建工程2019年度未完工，产品成本8000元，市价12000元。账务处理如下：

借：管理费用　　　　8000

贷：库存商品 8000

2. 将自产产品转作固定资产。产品成本 120000 元，市价 180000 元。账务处理如下：

借：固定资产 120000

贷：库存商品 120000

3. 对某应收账款计提坏账准备：

借：资产减值损失 5000

贷：坏账准备 5000

借：本年利润 5000

贷：资产减值损失 5000

假定该企业 2019 年度利润总额 300 万元。

请回答以下问题：

1. 请指出以上账务处理存在哪些问题?

2. 请做出账务调整分录，并计算应补交的企业所得税?

解析：

1. 账务处理存在的问题：

（1）企业将自产产品用于扩建厂房，应将成本记入在建工程科目，不是记入管理费用科目；

（2）案例第 2 项、第 3 项账务处理正确，无需调账，但企业提取坏账准备，计算企业所得税的应纳税所得额时不得扣除，应纳税调增应纳税所得额。

2. 做出账务调整分录，并计算应补交的企业所得税：

第 1 项业务：

借：在建工程 8000

贷：以前年度损益调整 8000

应补缴的企业所得税 = （8000 + 5000 坏账准备纳税调增） × 25% = 3250（元）

账务处理：

借：以前年度损益调整 3250

贷：应交税费——应交企业所得税　　3250

结转以前年度损益调整余额

借：以前年度损益调整　　　　　　　4750

贷：利润分配——未分配利润　　　　4750

涉及企业所得税的错账与调账

根据错账发生的时间不同，可将错账分为当期发生的错账和以往年度发生的错漏账。

（1）对当期错账的调账方法

<table>
<tr><th>情形</th><th colspan="2">账务处理</th></tr>
<tr><td>一般情况下</td><td colspan="2">根据正常会计核算调账，采用红字冲销法、补充登记法、综合账务调整法予以调整。</td></tr>
<tr><td rowspan="2">按月结转利润</td><td>月内发现</td><td>调整错账本身即可。</td></tr>
<tr><td>月后发现</td><td>影响到利润的账项还需要先通过相关科目最终结转到本年利润科目调整。</td></tr>
</table>

【例 5】税务稽查局当年对某造纸厂 2019 年纳税情况进行检查，曾了解该造纸厂 7 月 1 日起将闲置不用的临街门面房四间租赁给某服装店。税务检查时，重点审核了“其他业务收入”账户，未发现有租赁收入的记载，而后又审核了“营业外收入”账户，经核对也没有结果。

于是，进一步审核了往来结算账户，发现在“其他应付款”账户上挂了房租收入。该厂每月收取房租 6300 元，共计收入 37800 元，全部挂在“其他应付款——某服装店”账户上。四间门面房下半年已经缴纳房产税 3600 元，出租四间门面房的合同上约定租期 1 年，已经按规定贴了印花税票。（注：房产属于老项目，选择简易计税）

解析：

（1）调账

错账	正确的账务处理	调账结果
借：银行存款　　37800 　　贷：其他应付款　37800	借：银行存款　　37800 　　贷：其他业务收入　36000 　　　　应交税费——简易计税 　　　　　　1800	借：其他应付款　　37800 　　贷：其他业务收入　36000 　　　　应交税费——增值 　　　　税检查调整　1800

（2）应补缴的税款

应补增值税＝37800÷1.05×5%＝1800（元）

应补城建税＝1800×5%＝90（元）

应补教育费附加＝1800×（3%＋2%）＝90（元）

应补房产税＝37800÷1.05×12%－3600＝720（元）

如果是当年错账：

补提城建税、教育费附加、房产税

借：税金及附加　　　　900

　　贷：应交税费——应交城建税　　90

　　　　　　　　——应交教育费附加　　90

　　　　　　　　——应交房产税　　720

（2）对上一年度错账的调账方法

<table>
<tr><th colspan="2">情形</th><th colspan="2">调账处理</th></tr>
<tr><td rowspan="3">对上一年度错账且对上年度税收发生影响的</td><td>在上一年度决算报表编制前发现的</td><td colspan="2">直接调整上年度账项，对影响利润的错账须一并调整“本年利润”核算的内容。</td></tr>
<tr><td rowspan="2">在上一年度决算报表编制之后发现的</td><td>不影响上年利润</td><td>直接调整。</td></tr>
<tr><td>影响上年利润</td><td>通过“以前年度损益调整”调整；注意对所得税的影响。</td></tr>
<tr><td colspan="2">属于上一年度错账且不影响上一年度的税收，但与本年度核算和税收有关的情形。</td><td colspan="2">可以根据上一年度账项的错漏金额影响本年度税收情况，相应调整本年度有关账项。</td></tr>
</table>

【例6】某稽查局2020年6月对某造纸厂2019年纳税情况进行检查，审核了

2019 年 7 月往来结算账户，发现在“其他应付款”账户上挂了房租收入。该厂每月收取房租 6300 元，共计收入 37800 元，全部挂在“其他应付款——某服装店”账户上。四间门面房下半年已经缴纳房产税 3600 元，出租四间门面房的合同上约定租期 1 年，已经按规定贴了印花税票。（注：房产属于老项目，选择简易计税）

假设，该业务是以前年度的错账。

解析：

（1）确定收入

借：其他应付款　　　　37800

　　贷：其他业务收入　　　　36000

　　　　应交税费——增值税检查调整　　　　1800

（2）补提城建税、教育费附加、房产税

借：税金及附加　　　　900

　　贷：应交税费——应交城建税　　　　90

　　　　　　　　——应交教育费附加　　　　90

　　　　　　　　——应交房产税　　　　720

（3）以前年度损益调整

借	贷
900	36000
	35100

应补所得税 = 35100 × 25% = 8775（元）

（4）补提所得税

借：以前年度损益调整　　　　8775

　　贷：应交税费——应交所得税　　　　8775

以前年度损益调整

借	贷
900	36000
8775	26325

（5）结转以前年度损益调整

借：以前年度损益调整　　　　　　　　　　26325

　　贷：利润分配——未分配利润　　　　　　　　26325

【例7】2020年2月，税务稽查局对某房地产公司税务检查时，发现某公司2019年10月份将购进的10000元甲材料用于扩建办公大楼（增加不动产原值未超过50%），企业错误地计入了生产成本，产品已经完工入库，但尚未销售。该基建工程已于2020年1月完工，残值率为5%，折旧年限50年。

（1）调整错账

借：固定资产　　　　　　　　　　10 000

　　贷：库存商品　　　　　　　　　　10 000

（2）计提折旧

借：管理费用　　　　　　　　　3166. 67

　　贷：累计折旧　　　　　　　　　　3166. 67（10000×95%÷600×2）

【例8】2020年3月，某公司纳税自查发现该公司2019年度多预提设备租金10000元，应予以冲回。应如何调账？

解析：

账务处理	会计分录
冲回多预提的费用	借：预提费用　　　　10000 　　贷：以前年度损益调整　　　　10000
补提企业所得税	借：以前年度损益调整　　　　2500 　　贷：应交税费——应交企业所得税　　　　2500
结转以前年度损益调整余额	借：以前年度损益调整　　　　7500 　　贷：利润分配——未分配利润　　　　7500

【例9】2020年1月，对达成公司上年度纳税情况进行审核时，发现该公司多摊销了办公室的装修费60000元。若该公司上年度决算报表已编制，如何调整会计分录？

解析：

对于影响上年利润的项目，由于企业决算报表已编制，应通过“以前年度损益调整”科目进行调整。

借：长期待摊费用　　60000

　　贷：以前年度损益调整　　36000

（3）不能直接按审查出的错误数额调整利润情况的账务调整方法

情形	调整方法
表现为实现的利润	不需进行计算分摊，直接调整利润账户
需经过计算分摊	第1步：计算分摊率。 分摊率＝审查出的错误额/（期末材料结存成本＋期末在产品结存成本＋期末产成品结存成本＋本期销售产品成本） 第2步：计算分摊额。 期末材料应分摊的数额＝期末材料成本×分摊率 期末在产品成本应分摊的数额＝期末在产品成本×分摊率 期末产成品应分摊的数额＝期末产成品成本×分摊率 本期销售产品应分摊的数额＝本期销售产品成本×分摊率 第3步：调整有关账户。

【例10】税务部门对某公司2019年纳税情况进行评估时，发现该公司将福利部门领用的材料成本20000元计入生产成本中，该批材料为2019年8月购入，适用13%的税率，由于企业产品成本已经进行了部分结转和销售，所以无法直接调整。

已知2019年底企业在产品科目余额是200000元，完工产品成本科目余额500000元，当期的已销售产品成本是300000元。

假设该企业2019年度已结账。要求：按“比例分摊法”计算错账调整金额，并做出跨年度账务调整分录。

解析：

分配率 = 20000 ÷（200000 + 500000 + 300000）= 2%；

在产品分摊额 = 200000 × 2% = 4000（元）；

完工产品分摊额 = 500000 × 2% = 10000（元）；

销售成本分摊额 = 300000 × 2% = 6000（元）。

相关调整分录

借：应付职工薪酬　　22600（20000 + 20000 × 13%）

　　贷：生产成本　　4000

　　　　库存商品　　10000

　　　　以前年度损益调整　　6000

　　　　应交税费——应交增值税（进项税额转出）2600

第二节　企业所得税收入核算应注意的问题

202. 核算应纳税所得额时，企业销售收入如何进行确认？

在核算应纳税所得额时，除企业所得税法及实施条例另有规定外，企业销售收入的确认，应遵循权责发生制原则和实质重于形式原则。

【注】企业所得税收入确认时间≠增值税纳税义务发生时间≠会计上收入确认时间。

（1）销售商品收入

①会计上收入确认的条件

原有准则：

a. 企业已将商品所有权上的主要风险和报酬转移给购货方；

b. 企业既没有保留通常与所有权相联系的继续管理权，也没有对已售出的商品实施有效控制；

c. 收入的金额能够可靠地计量；

d. 相关的经济利益很可能流入企业；

e. 相关的已发生或将发生的成本能够可靠地计量。

新收入准则的适用时间：

企业类型		适用时间
上市公司	在境内外同时上市的企业以及在境外上市并采用国际财务报告准则或企业会计准则编制财务报表的企业	2018 年 1 月 1 日
	其他境内上市企业	2020 年 1 月 1 日
执行企业会计准则的非上市企业		2021 年 1 月 1 日
允许提前执行		

②企业所得税收入确认的条件：不承认会计的谨慎性原则

a. 商品销售合同已经签订，企业已将商品所有权相关的主要风险和报酬转移给购货方；

b. 企业对已售出的商品既没有保留通常与所有权相联系的继续管理权，也没有实施有效控制；

c. 收入的金额能够可靠地计量；

d. 已发生或将发生的销售方的成本能够可靠地核算。

企业所得税收入确认规定：

结算方式	企业所得税中收入的确认时间
分期收款	合同约定的收款日期
采取产品分成方式取得收入的	以企业分得产品的时间确认收入的实现，其收入额按照产品的公允价值确定
托收承付方式	在办妥托收手续时确认收入
预收款方式	在发出商品时确认收入
销售商品需要安装和检验的	在购买方接受商品以及安装和检验完毕时确认收入，如果安装程序比较简单，可在发出商品时确认收入
采用支付手续费方式委托代销的	在收到代销清单时确认收入

③增值税纳税义务发生时间（与企业所得税收入确定时间对比）

销售方式	纳税义务发生时间
直接收款	不论货物是否发出，均为收到销售款或者取得索取销售款凭据的当天
托收承付和委托银行收款	为发出货物并办妥托收手续的当天
赊销和分期收款	为书面合同约定的收款日期的当天，无书面合同的或者书面合同没有约定收款日期的，为货物发出的当天
预收货款	为货物发出的当天，但生产销售生产工期超过12个月的大型机械设备、船舶、飞机等货物，为收到预收款或者书面合同约定的收款日期的当天
委托他人代销货物	收到代销单位的代销清单、收到全部或者部分货款的当天、发出代销货物满180天的当天，三者中取较早一方
其他视同销售行为	货物移送的当天
先开具发票的，为开具发票的当天	

【例1】主管税务局2020年2月对A企业2019年企业所得税纳税申报进行纳税评估。在评估过程中，发现A企业2019年11月与B企业签订销售合同。合同规定B企业预付给A企业货款及增值税565000元，其中：2019年11月、12月各预付226000元，2020年1月预付113000元。A企业向B企业销售设备10台，其中2019年12月7台，2020年1月3台。A企业适用的增值税税率为13%，设备成本、进项税额及附加税费暂不考虑。

A企业的会计分录

1. 2019年11月、12月收到款项时，分别作的会计分录

借：银行存款 226 000

贷：主营业务收入 200 000

应交税费——应交增值税（销项税额） 26 000

2. 2020年1月收到款项时的会计分录：

借：银行存款 113 000

贷：主营业务收入　　100 000

　　应交税费——应交增值税（销项税额）　　13 000

解析：

存在问题.

A 企业 2019 年 11 月未发货，预收款项应记“预收账款”，多记“主营业务收入”200000 元；

2019 年 12 月少记“主营业务收入”150000 元；

2020 年 1 月少记“主营业务收入”50000 元。

调账分录

1. 2019 年调账分录：

借：以前年度损益调整　　50 000

　贷：预收账款　　56 500

　　应交税费——应交增值税（销项税额）　　-6 500

2. 2020 年调账分录：

借：预收账款　　56 500

　贷：主营业务收入　　50 000

　　应交税费——应交增值税（销项税额）　　6 500

（2）提供劳务收入

①会计上收入确认的条件

提供劳务交易结果能够可靠估计的		按照完工百分比法确认收入
提供劳务交易结果不能可靠估计的	已经发生的劳务成本预计能够得到补偿的	应按已收或预计能够收回的金额确认提供劳务收入，并结转已经发生的劳务成本
	已经发生的劳务成本预计全部不能得到补偿的	应将已经发生的劳务成本计入当期损益，不确认提供劳务收入

②企业所得税收入确认的条件

a. 企业在各个纳税期末，提供劳务交易的结果能够可靠估计的，应采用完工进度（完工百分比）法确认提供劳务收入。

b. 企业受托加工制造大型机械、设备、船舶、飞机等，以及从事建筑、安装、装配工程业务或者提供劳务等，持续时间超过12个月的，应当按照纳税年度内完工进度或者完成的工作量确认收入的实现。

宣传媒介的收费，应在相关的广告或商业行为出现于公众面前时确认收入。

③增值税纳税义务发生时间，按营改增的规定

a. 纳税人发生应税行为并收讫销售款项或者取得索取销售款项凭据的当天；先开具发票的，为开具发票的当天。

收讫销售款项：纳税人销售服务、无形资产、不动产过程中或者完成后收到款项。

取得索取销售款项凭据的当天：书面合同确定的付款日期；未签订书面合同或者书面合同未确定付款日期的，为服务、无形资产转让完成的当天或者不动产权属变更的当天。

b. 纳税人提供租赁服务采取预收款方式的，其纳税义务发生时间为收到预收款的当天。

（3）资产处置收入

①内部处置资产：企业所得税不确认收入。

a. 将资产用于生产、制造、加工另一产品。

b. 改变资产形状、结构或性能。

c. 改变资产用途（如自产的商品转为行政办公自用）。假如涉及消费税，需要视同销售。

d. 将资产在总机构及其分支机构之间转移。如涉及增值税，可能需要视同销售。

e. 上述两种或以上情形的混合。

f. 其他不改变所有权的用途。

②移送他人，企业所得税视同销售确认收入。

a. 用于市场推广或销售；

b. 用于交际应酬；

c. 用于职工奖励或福利；

d. 用于股息分配；

e. 用于对外捐赠；

f. 其他改变资产所有权属的用途。

③视同销售收入金额确定：自制的按企业同类资产同期对外销售价格确定收入，外购的按移送资产的公允价值确定收入。

（4）特殊业务税务处理

①售后回购：一般情况下销售的商品按售价确认收入；回购的商品作为购进商品处理。以销售商品方式进行融资，收到的款项应确认为负债；回购价格大于原售价的，差额应在回购期间确认为利息费用。

②以旧换新：应当按照销售商品收入确认条件确认收入；回收商品作为购进商品处理（流转税金银首饰特殊规定）。

③商业折扣：按扣除商业折扣后的金额确定收入金额。

④现金折扣：按扣除现金折扣前的金额确定收入金额；现金折扣在实际发生时作为财务费用扣除。

⑤销售折让和退回：发生当期冲减收入（注意与新会计准则“资产负债表日后事项”的差异调整）。

⑥买一赠一：企业所得税不属于捐赠，应将总的销售金额按各项商品的公允价值比例来分摊确认各项的销售收入。

【例2】 某大型超市为一般纳税人，2019年9月销售某品牌精品白酒一瓶800元，赠送同品牌普通白酒一瓶200元，实际收款800元（以上均为不含增值税金额）。

1. 企业所得税的处理方法为：

精品白酒确认收入＝800÷（800＋200）×900＝720（元）

普通白酒确认收入＝200÷（800＋200）×900＝180（元）

2. 增值税（销项税）＝（800＋200）×13%＝130（元）。

（5）企业所得税收入确认的其他规定

收入类型	确认规定
转让股权收入	①转让协议生效且完成股权变更手续时，确认收入实现。 ②股权转让所得 = 转让股权收入 – 取得该股权所发生的成本 ③不得扣除被投资企业未分配利润等股东留存收益中按该项股权所可能分配的金额。
股息、红利等权益性投资收益	除另有规定外，应当以被投资企业股东会或股东大会做出利润分配或转股决定的时间确认收入的实现。 ①被投资企业将股权（票）溢价所形成的资本公积转为股本的，不作为投资方企业的股息、红利收入，投资方企业也不得增加该项长期投资的计税基础。 ②按会计准则“权益法”确认的收益与税法有时间性差异。税法按被投资方做出利润分配决定的日期确认收入的实现。
混合性投资业务	①投资企业应于被投资企业应付利息的日期，确认收入的实现并计入当期应纳税所得额。 ②被投资企业应于应付利息的日期，确认利息支出，并按税法相关规定，进行税前扣除。 ③对于被投资企业赎回的投资，投资双方应于赎回时将赎价与投资成本之间的差额确认为债务重组损益。
股权转让收入	①转让协议生效且完成股权变更手续时，确认收入实现。 ②股权转让所得 = 转让股权收入 – 取得该股权所发生的成本 ③不得扣除被投资企业未分配利润等股东留存收益中按该项股权所可能分配的金额。
利息、租金、特许权使用费收入	按合同约定的应付日期确认收入。 《国家税务总局关于贯彻落实企业所得税法若干税收问题的通知》：如果交易合同或协议中规定租赁期限跨年度，且租金提前一次性支付的，出租人可对上述已确认的收入，在租赁期内，分期均匀计入相关年度收入。注意增值税与企业所得税的不同：租赁期限跨年度，且租金提前一次性支付的，出租人可对上述已确认的收入，在租赁期内分期均匀计入相关年度收入，但增值税需要一次性计征。
接受捐赠收入	按照实际收到捐赠资产的日期确认收入的实现。

【例3】 A公司将持有的B公司股票全部转让，取得转让收入8000万元，经审核发现，A公司向B公司投资时支付款项6000万元，并拥有B公司40%股权，采用权益法核算。

在股权转让时，该项投资账面记录为“长期股权投资－投资成本”借方余额7000万元和“长期股权投资－损益调整”借方2000万元。要求：

（1）作出A公司该项股权转让业务的会计分录；

（2）该项股权的应纳税所得额，并说明在当年汇算清缴时如何进行纳税调整？

解析：

（1）转让股权的会计处理：

借：银行存款　　8000

　　投资收益　　1000

　　贷：长期股权投资——成本　　7000

　　　　长期股权投资——损益调整　　2000

（2）在所得税上的计税基础为投资成本6000万元；

股权转让应纳税所得额：8000－7000＝1000（万元）；

企业所得税汇算清缴时需要调增应纳税所得额2000万元。

【例4】 甲公司2018年1月1日借款给另外一家企业，约定3年后一次性还本付息，假设每年应计利息为60万元。

解析：

该企业2018—2020年企业所得税纳税申报差异：

2018年：会计60万元；税收为0，纳税调减100万元；

2019年：会计60万元；税收为0，纳税调减100万元；

2020年：会计60万元；税收180万元，纳税调增120万元。

第十二章　企业所得税汇算清缴与所得清算

第一节　企业所得税汇算清缴管理办法

203. 什么是企业所得税汇算清缴？哪些企业需要进行年度企业所得税汇算清缴？

企业所得税汇算清缴，是指纳税人自纳税年度终了之日起 5 个月内或实际经营终止之日起 60 日内，依照税收法律、法规、规章及其他有关企业所得税的规定，自行计算本纳税年度应纳税所得额和应纳所得税额，根据月度或季度预缴企业所得税的数额，确定该纳税年度应补或者应退税额，并填写企业所得税年度纳税申报表，向主管税务机关办理企业所得税年度纳税申报、提供税务机关要求提供的有关资料、结清全年企业所得税税款的行为。

凡在纳税年度内从事生产、经营（包括试生产、试经营），或在纳税年度中间终止经营活动的纳税人，无论是否在减税、免税期间，也无论盈利或亏损，均应按照企业所得税法及其实施条例和《企业所得税汇算清缴管理办法》的有关规定进行企业所得税汇算清缴。

实行核定定额征收企业所得税的纳税人，不进行汇算清缴。

204. 纳税人办理企业所得税年度纳税申报时，应如实填写和报送哪些资料？

（1）企业所得税年度纳税申报表及其附表；

（2）财务报表；

（3）备案事项相关资料；

（4）总机构及分支机构基本情况、分支机构征税方式、分支机构的预缴税情况；

（5）委托中介机构代理纳税申报的，应出具双方签订的代理合同，并附送中介机构出具的包括纳税调整的项目、原因、依据、计算过程、调整金额等内容的报告；

（6）涉及关联方业务往来的，同时报送《中华人民共和国企业年度关联业务往来报告表》；

（7）主管税务机关要求报送的其他有关资料。

纳税人采用电子方式办理企业所得税年度纳税申报的，应按照有关规定保存有关资料或附报纸质纳税申报资料。

205. 纳税人年内终止经营活动，还需要参加汇算清缴吗？

凡在纳税年度内从事生产、经营（包括试生产、试经营），或在纳税年度中间终止经营活动的纳税人，无论是否在减税、免税期间，也无论盈利或亏损，均应按照企业所得税法及其实施条例和《企业所得税汇算清缴管理办法》的有关规定进行企业所得税汇算清缴。

206. 纳税人没有按规定汇算清缴，会承担什么后果？

纳税人未按规定期限进行汇算清缴，或者未报送《企业所得税汇算清缴管理办法》第八条所列资料的，按照税收征管法及其实施细则的有关规定处理。

207. 企业清算后是否还需要汇算清缴？

（1）根据《财政部、国家税务总局关于企业清算业务企业所得税处理若干问题的通知》规定，企业的全部资产可变现价值或交易价格，减除资产的计税基础、清算费用、相关税费，加上债务清偿损益等后的余额，为清算所得。企业应将整个清算期作为一个独立的纳税年度计算清算所得。

（2）根据《国家税务总局关于企业清算所得税有关问题的通知》规定，企业清算时，应当以整个清算期间作为一个纳税年度，依法计算清算所得及其应纳所得税。企业应当自清算结束之日起 15 日内，向主管税务机关报送企业清算所得税纳税申报表，结清税款。

（3）根据《企业所得税汇算清缴管理办法》第四条第二款规定，纳税人在年度中间发生解散、破产、撤销等终止生产经营情形，需进行企业所得税清算的，应在清算前报告主管税务机关，并自实际经营终止之日起 60 日内进行汇算清缴，结清应缴应退企业所得税款。

因此，应在清算前报告主管税务机关，并自实际经营终止之日起 60 日内进行汇算清缴，结清应缴应退企业所得税款，企业应当自清算结束之日起 15 日内，向主管税务机关报送企业清算所得税纳税申报表，结清税款。

208. 汇算清缴时，关联关系报告表如何申报？

根据《国家税务总局关于完善关联申报和同期资料管理有关事项的公告》相关要求，符合条件的企业，应当在年度汇算清缴时进行关联申报。按照此公告要求，实行查账征收的居民企业和在中国境内设立机构、场所并据实申报缴纳企业所得税的非居民企业，年度内与其关联方发生业务往来的，应当进行关联申报。

209. 汇算清缴申报产生错误，能重新申报吗？

纳税人在汇算清缴期内发现当年企业所得税申报有误的，可在汇算清缴期内重新办理企业所得税年度纳税申报。

210. 合并缴纳企业所得税的企业集团在哪里汇算清缴？

经批准实行合并缴纳企业所得税的企业集团，由集团母公司（以下简称汇缴企业）在汇算清缴期内，向汇缴企业所在地主管税务机关报送汇缴企业及各个成员企业合并计算填写的企业所得税年度纳税申报表，以及《企业所得税汇算清缴管理办法》第八条规定的有关资料及各个成员企业的企业所得税年度纳税申报表，统一办理汇缴企业及其成员企业的企业所得税汇算清缴。汇缴企业应根据汇算清缴的期限要求，自行确定其成员企业向汇缴企业报送该办法第八条规定的有关资料的期限。成员企业向汇缴企业报送的上述资料，应经成员企业所在地的主管税务机关审核。

211. 跨省的总分机构企业所得税如何进行汇算清缴?

根据《国家税务总局关于印发〈跨地区经营汇总纳税企业所得税征收管理办法〉的公告》第十条规定:“汇总纳税企业应当自年度终了之日起5个月内，由总机构汇总计算企业年度应纳所得税额，扣除总机构和各分支机构已预缴的税款，计算出应缴应退税款，按照本办法规定的税款分摊方法计算总机构和分支机构的企业所得税应缴应退税款，分别由总机构和分支机构就地办理税款缴库或退库。汇总纳税企业在纳税年度内预缴企业所得税税款少于全年应缴企业所得税税款的，应在汇算清缴期内由总、分机构分别结清应缴的企业所得税税款；预缴税款超过应缴税款的，主管税务机关应及时按有关规定分别办理退税，或者经总、分机构同意后分别抵缴其下一年度应缴企业所得税税款。”

212. 外地分公司企业所得税如何汇算清缴?

居民企业在中国境内跨地区（指跨省、自治区、直辖市和计划单列市，下同）设立不具有法人资格分支机构的，该居民企业为跨地区经营汇总纳税企业(以下简称汇总纳税企业)，除另有规定外，其企业所得税征收管理适用《国家税务总局关于印发〈跨地区经营汇总纳税企业所得税征收管理办法〉的公告》。汇总纳税企业实行“统一计算、分级管理、就地预缴、汇总清算、财政调库”的企业所得税征收管理办法:

（1）统一计算，是指总机构统一计算包括汇总纳税企业所属各个不具有法人资格分支机构在内的全部应纳税所得额、应纳税额。

（2）分级管理，是指总机构、分支机构所在地的主管税务机关都有对当地机构进行企业所得税管理的责任，总机构和分支机构应分别接受机构所在地主管税务机关的管理。

（3）就地预缴，是指总机构、分支机构应按本办法的规定，分月或分季分别向所在地主管税务机关申报预缴企业所得税。

（4）汇总清算，是指在年度终了后，总机构统一计算汇总纳税企业的年度应纳税所得额、应纳所得税额，抵减总机构、分支机构当年已就地分期预缴的企业所得税款后，多退少补。

（5）财政调库，是指财政部定期将缴入中央国库的汇总纳税企业所得税待分配收入，按照核定的系数调整至地方国库。

213. 企业何时享受研发费用加计扣除优惠？

《企业所得税优惠事项管理目录（2017 年版）》第 20 条，开发新技术、新产品、新工艺发生的研究开发费用加计扣除的优惠，在汇缴时享受。

214. 预缴税款在汇算清缴期间如何处理？

纳税人在纳税年度内预缴企业所得税税款少于应缴企业所得税税款的，应在汇算清缴期内结清应补缴的企业所得税税款；预缴税款超过应纳税款的，主管税务机关应及时按有关规定办理退税，或者经纳税人同意后抵缴其下一年度应缴企业所得税税款。

215. 汇算清缴期内，纳税人在什么情况下可以延期申报？在什么情况下可以延期缴纳税款？

纳税人因不可抗力，不能在汇算清缴期内办理企业所得税年度纳税申报或备齐企业所得税年度纳税申报资料的，应按照税收征收管理法及其实施细则的规定，申请办理延期纳税申报。

纳税人因有特殊困难，不能在汇算清缴期内补缴企业所得税款的，应按照税收征收管理法及其实施细则的有关规定，办理申请延期缴纳税款手续。

216. 哪些企业在汇算清缴时需要填报国别报告？

存在下列情形之一的居民企业，应当在报送年度关联业务往来报告表时，填报国别报告：

（1）该居民企业为跨国企业集团的最终控股企业，且其上一会计年度合并财务报表中的各类收入金额合计超过55亿元。最终控股企业是指能够合并其所属跨国企业集团所有成员实体财务报表的，且不能被其他企业纳入合并财务报表的企业。成员实体应当包括：

①实际已被纳入跨国企业集团合并财务报表的任一实体。

②跨国企业集团持有该实体股权且按公开证券市场交易要求应被纳入但实际未被纳入跨国企业集团合并财务报表的任一实体。

③仅由于业务规模或者重要性程度而未被纳入跨国企业集团合并财务报表的任一实体。

④独立核算并编制财务报表的常设机构。

⑤该居民企业被跨国企业集团指定为国别报告的报送企业。

（2）国别报告主要披露最终控股企业所属跨国企业集团所有成员实体的全球所得、税收和业务活动的国别分布情况。

（3）最终控股企业为中国居民企业的跨国企业集团，其信息涉及国家安全的，可以按照国家有关规定，豁免填报部分或者全部国别报告。

（4）企业虽不属于《国家税务总局关于完善关联申报和同期资料管理有关事项的公告》第五条规定填报国别报告的范围，但其所属跨国企业集团按照其他国家有关规定应当准备国别报告，且符合下列条件之一的，税务机关可以在实施特别纳税调查时要求企业提供国别报告：

①跨国企业集团未向任何国家提供国别报告。

②虽然跨国企业集团已向其他国家提供国别报告，但我国与该国尚未建立国别报告信息交换机制。

③虽然跨国企业集团已向其他国家提供国别报告，且我国与该国已建立国别报告信息交换机制，但国别报告实际未成功交换至我国。

第二节 非居民企业所得税汇算清缴管理办法

217. 非居民企业所得税汇算清缴的对象是哪些?

(1) 依照外国(地区)法律成立且实际管理机构不在中国境内,但在中国境内设立机构、场所的非居民企业(以下简称企业),无论盈利或者亏损,均应按照企业所得税法及本办法规定参加所得税汇算清缴。

(2) 企业具有下列情形之一的,可不参加当年度的所得税汇算清缴:

①临时来华承包工程和提供劳务不足1年,在年度中间终止经营活动,且已经结清税款;

②汇算清缴期内已办理注销;

③其他经主管税务机关批准可不参加当年度所得税汇算清缴。

218. 非居民企业所得税汇算清缴要带哪些资料?

企业办理所得税年度申报时,应当如实填写和报送下列报表、资料:

①年度企业所得税纳税申报表及其附表;

②年度财务会计报告;

③税务机关规定应当报送的其他有关资料。

219. 非居民企业汇算清缴什么情况下可以顺延?

企业报送报表期限的最后1日是法定休假日的,以休假日期满的次日为期限的最后1日;在期限内有连续3日以上法定休假日的,按休假日天数顺延。

220. 非居民企业汇算清缴可以采用电子方式吗?

企业采用电子方式办理纳税申报的,应附报纸质纳税申报资料。

221. 非居民企业汇算清缴时限如何安排？

汇算清缴时限：

（1）企业应当自年度终了之日起5个月内，向税务机关报送年度企业所得税纳税申报表，并汇算清缴，结清应缴应退税款。

（2）企业在年度中间终止经营活动的，应当自实际经营终止之日起60日内，向税务机关办理当期企业所得税汇算清缴。

第三节　汇算清缴实务实例

222. 企业所得税汇算清缴较为复杂，能否结合企业所得税年度申报表举个实例？

【例】某光伏生产企业为增值税一般纳税人，为高新技术企业，2018年纳税调整后所得为－25万元，2019年度主要经营数据如下：营业收入10000万元、营业外收入500万元、营业成本6000万元、营业外支出300万元、税金及附加50万元、管理费用800万元、销售费用300万元、财务费用100万元，年度利润总额2950万元，当年已预缴企业所得税360万元。

其中：

（1）营业外支出300万中，有10万元属于税收滞纳金。

（2）管理费用中含新产品研究开发费用500万元。

（3）销售费用中含业务招待费200万元。

（4）计入成本、费用的实发工资3000万元。拨缴职工工会经费120万元，发生职工福利费900万元、职工教育经费250万元。

（其他相关资料：高新技术适用企业所得税税率15%，各扣除项目均已取得有效凭证，相关优惠已办理必要手续）

要求：逐项分析上述业务应调整事项，并填写企业所得税年度申报表。

解析：

(1) 税收滞纳金10万元不得在税前扣除，应调增应纳税所得额10万元。

(2) 新产品研究开发费享受加计扣除政策，应加计扣除额：500×75%＝375(万元)。

(3) 业务招待费按发生额的60%扣除，但最高不得超过当年营业收入的0.5%。

10000×0.5%＝50（万元）

200×60%＝120（万元）

取小值，即50万元。

应调增应纳税所得额200－50＝150（万元）

(4) 职工工会经费，不超过工资、薪金2%的部分，准予扣除。应调增应纳税所得额＝120－3000×2%＝60（万元）

职工福利费不超过工资、薪金14%的部分，准予扣除。应调增应纳税所得额＝900－3000×14%＝480（万元）

职工教育经费不超过工资、薪金8%的部分，准予扣除。应调增应纳税所得额＝250－3000×8%＝10（万元）

年应纳税所得额＝2950＋10－375＋150＋60＋480＋10－25＝3260（万元）

企业所得税汇算清缴时应实际补（退）的企业所得税＝3260×15%－360＝129（万元）

2019年度企业所得税申报表填写如下：

中华人民共和国
企业所得税年度纳税申报表（A 类）

行次	类别	项　　目	金　　额
1	利润总额计算	一、营业收入（填写 A101010 \ 101020 \ 103000）	100000000
2		减：营业成本（填写 A102010 \ 102020 \ 103000）	60000000
3		减：税金及附加	500000
4		减：销售费用（填写 A104000）	3000000
5		减：管理费用（填写 A104000）	8000000
6		减：财务费用（填写 A104000）	1000000
7		减：资产减值损失	0
8		加：公允价值变动收益	0
9		加：投资收益	0
10		二、营业利润（1－2－3－4－5－6－7＋8＋9）	27500000
11		加：营业外收入（填写 A101010 \ 101020 \ 103000）	5000000
12		减：营业外支出（填写 A102010 \ 102020 \ 103000）	3000000
13		三、利润总额（10＋11－12）	29500000
14	应纳税所得额计算	减：境外所得（填写 A108010）	0
15		加：纳税调整增加额（填写 A105000）	7100000
16		减：纳税调整减少额（填写 A105000）	0
17		减：免税、减计收入及加计扣除（填写 A107010）	3750000
18		加：境外应税所得抵减境内亏损（填写 A108000）	0
19		四、纳税调整后所得（13－14＋15－16－17＋18）	32850000
20		减：所得减免（填写 A107020）	0
21		减：弥补以前年度亏损（填写 A106000）	250000
22		减：抵扣应纳税所得额（填写 A107030）	0
23		五、应纳税所得额（19－20－21－22）	32600000

续表

行次	类别	项　　目	金　　额
24	应纳税额计算	税率（25%）	25%
25		六、应纳所得税额（23×24）	8150000
26		减：减免所得税额（填写 A107040）	3260000
27		减：抵免所得税额（填写 A107050）	0
28		七、应纳税额（25－26－27）	4890000
29		加：境外所得应纳所得税额（填写 A108000）	0
30		减：境外所得抵免所得税额（填写 A108000）	0
31		八、实际应纳所得税额（28＋29－30）	4890000
32		减：本年累计实际已预缴的所得税额	3600000
33		九、本年应补（退）所得税额（31－32）	1290000
34		其中：总机构分摊本年应补（退）所得税额（填写 A109000）	0
35		财政集中分配本年应补（退）所得税额（填写 A109000）	0
36		总机构主体生产经营部门分摊本年应补（退）所得税额（填写 A109000）	0

纳税调整项目明细表

行次	项　　目	账载金额	税收金额	调增金额	调减金额
		1	2	3	4
1	一、收入类调整项目（2＋3＋…8＋10＋11）	*	*		
2	（一）视同销售收入（填写 A105010）	*			*
3	（二）未按权责发生制原则确认的收入（填写 A105020）				
4	（三）投资收益（填写 A105030）				
5	（四）按权益法核算长期股权投资对初始投资成本调整确认收益	*	*	*	
6	（五）交易性金融资产初始投资调整	*	*		*
7	（六）公允价值变动净损益		*		
8	（七）不征税收入	*	*		

续表

行次	项　　目	账载金额	税收金额	调增金额	调减金额
		1	2	3	4
9	其中：专项用途财政性资金（填写A105040）	*	*		
10	（八）销售折扣、折让和退回				
11	（九）其他				
12	二、扣除类调整项目（13+14+…24+26+27+28+29+30）	*	*		
13	（一）视同销售成本（填写A105010）	*		*	
14	（二）职工薪酬（填写A105050）	42700000	37200000	5500000	
15	（三）业务招待费支出	2000000	500000	1500000	*
16	（四）广告费和业务宣传费支出（填写A105060）	*	*		
17	（五）捐赠支出（填写A105070）				
18	（六）利息支出				
19	（七）罚金、罚款和被没收财物的损失		*		*
20	（八）税收滞纳金、加收利息	100000	*	100000	*
21	（九）赞助支出		*		*
22	（十）与未实现融资收益相关在当期确认的财务费用				
23	（十一）佣金和手续费支出（保险企业填写A105060）				
24	（十二）不征税收入用于支出所形成的费用	*	*		*
25	其中：专项用途财政性资金用于支出所形成的费用（填写A105040）	*	*		*
26	（十三）跨期扣除项目				
27	（十四）与取得收入无关的支出		*		*
28	（十五）境外所得分摊的共同支出	*	*		*

续表

行次	项　　目	账载金额	税收金额	调增金额	调减金额
		1	2	3	4
29	（十六）党组织工作经费				
30	（十七）其他				
31	三、资产类调整项目（32+33+34+35）	*	*		
32	（一）资产折旧、摊销（填写A105080）				
33	（二）资产减值准备金		*		
34	（三）资产损失（填写A105090）				
35	（四）其他				
36	四、特殊事项调整项目（37+38+…+43）	*	*		
37	（一）企业重组及递延纳税事项（填写A105100）				
38	（二）政策性搬迁（填写A105110）	*	*		
39	（三）特殊行业准备金（填写A105120）				
40	（四）房地产开发企业特定业务计算的纳税调整额（填写A105010）	*			
41	（五）合伙企业法人合伙人应分得的应纳税所得额				
42	（六）发行永续债利息支出				
43	（七）其他	*	*		
44	五、特别纳税调整应税所得	*	*		
45	六、其他	*	*		
46	合计（1+12+31+36+44+45）	*	*	7100000	

职工薪酬纳税调整明细表

金额单位：元

行次	项　　目	账载金额	实际发生额	税收规定扣除率	以前年度累计结转扣除额	税收金额	纳税调整金额	累计结转以后年度扣除额
		1	2	3	4	5	6（1－5）	7（1＋4－5）
1	一、工资薪金支出	30000000	30000000			30000000	0	
2	其中：股权激励							
3	二、职工福利费支出	9000000	9000000	14%		4200000	4800000	
4	三、职工教育经费支出	2500000	2500000			2400000	100000	
5	其中：按税收规定比例扣除的职工教育经费	2500000	2500000	8%		2400000	100000	
6	按税收规定全额扣除的职工培训费用							
7	四、工会经费支出	1200000	1200000	2%		600000	600000	
8	五、各类基本社会保障性缴款							
9	六、住房公积金							
10	七、补充养老保险							
11	八、补充医疗保险							
12	九、其他							
13	合计（1＋3＋4＋7＋8＋9＋10＋11＋12）	42700000	42700000			37200000	5500000	

职工薪酬纳税调整明细表

金额单位：元

行次	项　目	账载金额	实际发生额	税收规定扣除率	以前年度累计结转扣除额	税收金额	纳税调整金额	累计结转以后年度扣除额
		1	2	3	4	5	6（1－5）	7（1＋4－5）
1	一、工资薪金支出	30000000	30000000			30000000	0	
2	其中：股权激励							
3	二、职工福利费支出	9000000	9000000	14%		4200000	4800000	
4	三、职工教育经费支出	2500000	2500000			2400000	100000	
5	其中：按税收规定比例扣除的职工教育经费	2500000	2500000	8%		2400000	100000	
6	按税收规定全额扣除的职工培训费用							
7	四、工会经费支出	1200000	1200000	2%		600000	600000	
8	五、各类基本社会保障性缴款							
9	六、住房公积金							
10	七、补充养老保险							
11	八、补充医疗保险							
12	九、其他							
13	合计（1＋3＋4＋7＋8＋9＋10＋11＋12）	42700000	42700000			37200000	5500000	

免税、减计收入及加计扣除优惠明细表

行次	项　　目	金　额
1	一、免税收入（2 +3 +9 +… +16）	
2	（一）国债利息收入免征企业所得税	
3	（二）符合条件的居民企业之间的股息、红利等权益性投资收益免征企业所得税（4 +5 +6 +7 +8）	
4	1. 一般股息红利等权益性投资收益免征企业所得税（填写 A107011）	
5	2. 内地居民企业通过沪港通投资且连续持有 H 股满 12 个月取得的股息红利所得免征企业所得税（填写 A107011）	
6	3. 内地居民企业通过深港通投资且连续持有 H 股满 12 个月取得的股息红利所得免征企业所得税（填写 A107011）	
7	4. 居民企业持有创新企业 CDR 取得的股息红利所得免征企业所得税（填写 A107011）	
8	5. 符合条件的永续债利息收入免征企业所得税（填写 A107011）	
9	（三）符合条件的非营利组织的收入免征企业所得税	
10	（四）中国清洁发展机制基金取得的收入免征企业所得税	
11	（五）投资者从证券投资基金分配中取得的收入免征企业所得税	
12	（六）取得的地方政府债券利息收入免征企业所得税	
13	（七）中国保险保障基金有限责任公司取得的保险保障基金等收入免征企业所得税	
14	（八）中国奥委会取得北京冬奥组委支付的收入免征企业所得税	
15	（九）中国残奥委会取得北京冬奥组委分期支付的收入免征企业所得税	
16	（十）其他	
17	二、减计收入（18 +19 +23 +24）	
18	（一）综合利用资源生产产品取得的收入在计算应纳税所得额时减计收入	
19	（二）金融、保险等机构取得的涉农利息、保费减计收入（20 +21 +22）	
20	1. 金融机构取得的涉农贷款利息收入在计算应纳税所得额时减计收入	
21	2. 保险机构取得的涉农保费收入在计算应纳税所得额时减计收入	
22	3. 小额贷款公司取得的农户小额贷款利息收入在计算应纳税所得额时减计收入	
23	（三）取得铁路债券利息收入减半征收企业所得税	
24	（四）其他（24. 1 +24. 2）	

续表

行次	项　　目	金　额
24.1	1. 取得的社区家庭服务收入在计算应纳税所得额时减计收入	
24.2	2. 其他	
25	三、加计扣除（26+27+28+29+30）	3750000
26	（一）开发新技术、新产品、新工艺发生的研究开发费用加计扣除（填写A107012）	3750000
27	（二）科技型中小企业开发新技术、新产品、新工艺发生的研究开发费用加计扣除（填写A107012）	
28	（三）企业为获得创新性、创意性、突破性的产品进行创意设计活动而发生的相关费用加计扣除	
29	（四）安置残疾人员所支付的工资加计扣除	
30	（五）其他	
31	合计（1+17+25）	3750000

减免所得税优惠明细表

行次	项　　目	金　额
1	一、符合条件的小型微利企业减免企业所得税	
2	二、国家需要重点扶持的高新技术企业减按15%的税率征收企业所得税（填写A107041）	3260000
3	三、经济特区和上海浦东新区新设立的高新技术企业在区内取得的所得定期减免企业所得税（填写A107041）	
4	四、受灾地区农村信用社免征企业所得税	*
5	五、动漫企业自主开发、生产动漫产品定期减免企业所得税	
6	六、线宽小于0.8微米（含）的集成电路生产企业减免企业所得税（填写A107042）	
7	七、线宽小于0.25微米的集成电路生产企业减按15%税率征收企业所得税（填写A107042）	
8	八、投资额超过80亿元的集成电路生产企业减按15%税率征收企业所得税（填写A107042）	
9	九、线宽小于0.25微米的集成电路生产企业减免企业所得税（填写A107042）	

续表

行次	项　目	金　额
10	十、投资额超过 80 亿元的集成电路生产企业减免企业所得税（填写 A107042）	
11	十一、新办集成电路设计企业减免企业所得税（填写 A107042）	
12	十二、国家规划布局内集成电路设计企业可减按 10% 的税率征收企业所得税（填写 A107042）	
13	十三、符合条件的软件企业减免企业所得税（填写 A107042）	
14	十四、国家规划布局内重点软件企业可减按 10% 的税率征收企业所得税（填写 A107042）	
15	十五、符合条件的集成电路封装、测试企业定期减免企业所得税（填写 A107042）	
16	十六、符合条件的集成电路关键专用材料生产企业、集成电路专用设备生产企业定期减免企业所得税（填写 A107042）	
17	十七、经营性文化事业单位转制为企业的免征企业所得税	
18	十八、符合条件的生产和装配伤残人员专门用品企业免征企业所得税	
19	十九、技术先进型服务企业（服务外包类）减按 15% 的税率征收企业所得税	
20	二十、技术先进型服务企业（服务贸易类）减按 15% 的税率征收企业所得税	
21	二十一、设在西部地区的鼓励类产业企业减按 15% 的税率征收企业所得税	
22	二十二、新疆困难地区新办企业定期减免企业所得税	
23	二十三、新疆喀什、霍尔果斯特殊经济开发区新办企业定期免征企业所得税	
24	二十四、广东横琴、福建平潭、深圳前海等地区的鼓励类产业企业减按 15% 税率征收企业所得税	
25	二十五、北京冬奥组委、北京冬奥会测试赛赛事组委会免征企业所得税	
26	二十六、线宽小于 130 纳米的集成电路生产企业减免企业所得税（填写 A107042）	
27	二十七、线宽小于 65 纳米或投资额超过 150 亿元的集成电路生产企业减免企业所得税（填写 A107042）	
28	二十八、其他（28. 1 +28. 2 +28. 3）	

续表

行次	项　　目	金　额
28.1	（一）从事污染防治的第三方企业减按15%的税率征收企业所得税	
28.2	（二）其他1	
28.3	（三）其他2	
29	二十九、减：项目所得额按法定税率减半征收企业所得税叠加享受减免税优惠	
30	三十、支持和促进重点群体创业就业企业限额减征企业所得税（30.1+30.2）	
30.1	（一）企业招用建档立卡贫困人口就业扣减企业所得税	
30.2	（二）企业招用登记失业半年以上人员就业扣减企业所得税	
31	三十一、扶持自主就业退役士兵创业就业企业限额减征企业所得税	
32	三十二、民族自治地方的自治机关对本民族自治地方的企业应缴纳的企业所得税中属于地方分享的部分减征或免征（免征减征：减征幅度________________%）	
33	合计（1+2+…+28-29+30+31+32）	3260000

第四节　汇算清缴风险防范

223. 税务机关通常对企业所得税年度纳税申报从哪几方面进行审核？

主管税务机关受理纳税人年度纳税申报后，应对纳税人年度纳税申报表的逻辑性和有关资料的完整性、准确性进行审核。审核重点主要包括：

（1）纳税人企业所得税年度纳税申报表及其附表与企业财务报表有关项目的数字是否相符，各项目之间的逻辑关系是否对应，计算是否正确。

（2）纳税人是否按规定弥补以前年度亏损额和结转以后年度待弥补的亏损额。

（3）纳税人是否符合税收优惠条件、税收优惠的确认和申请是否符合规定程序。

（4）纳税人税前扣除的财产损失是否真实、是否符合有关规定程序。跨地区经营汇总缴纳企业所得税的纳税人，其分支机构税前扣除的财产损失是否由分支机构所在地主管税务机关出具证明。

（5）纳税人有无预缴企业所得税的完税凭证，完税凭证上填列的预缴数额是否真实。跨地区经营汇总缴纳企业所得税的纳税人及其所属分支机构预缴的税款是否与《中华人民共和国企业所得税汇总纳税分支机构分配表》中分配的数额一致。

（6）纳税人企业所得税和其他各税种之间的数据是否相符、逻辑关系是否吻合。

224. 汇算清缴工作结束后，税务机关会对已经完成汇算清缴的企业进行检查吗？什么情况下会成为税务机关检查的对象？

汇算清缴工作结束后，税务机关应组织开展汇算清缴数据分析、纳税评估和检查。纳税评估和检查的对象、内容、方法、程序等按照国家税务总局的有关规定执行。

《税务稽查随机抽查对象名录库管理办法（试行）》第十七条规定："对符合下列情形之一的随机抽查对象，列入随机抽查对象异常名录：（1）税收风险等级为高风险的；（2）两个年度内两次以上被检举且经检查均有税收违法行为的；（3）受托协查事项中存在税收违法行为的；（4）长期纳税申报异常的；（5）纳税信用级别为D级的；（6）被相关部门列为违法失信联合惩戒的；（7）存在其他异常情况的。"

《纳税评估管理办法（试行）》第十二条规定："综合审核对比分析中发现有问题或疑点的纳税人要作为重点评估分析对象；重点税源户、特殊行业的重点企业、税负异常变化、长时间零税负和负税负申报、纳税信用等级低下、日常管理和税务检查中发现较多问题的纳税人要列为纳税评估的重点分析对象。"

225. 企业所得税汇算清缴应注意避免哪些问题？

（1）将不应属于本公司的费用和支出放在本公司列支。如母公司为子公司员工缴纳社保和住房公积金放在母公司列支并扣除，法人代表的个人消费支出放在公司列支等。

（2）小微企业免征的增值税未作营业外收入缴纳企业所得税。

（3）已列支的成本费用未在企业所得税汇算清缴结束前取得符合规定的票据。

（4）优惠事项改为备案制后，留存备查资料不全。《企业所得税优惠政策事项办理办法》规定，对于企业享受的优惠项目，采取“自行判别、申报享受、相关资料留存备查”的办理方式。企业应当根据经营情况以及相关税收规定自行判断是否符合优惠事项规定的条件，符合条件的可以按照该办法附件列示的时间自行计算减免税额，并通过填报企业所得税纳税申报表享受税收优惠。同时，按照该办法的规定归集和留存相关资料备查。

（5）收入确认未按权责发生制确认，而按收付实现制确认。例如，有些企业货物已发出，但由于对方欠款时间较长，一直放在“发出商品”核算，要等到对方付款后才开票确认收入。

（6）资产损失相关留存备查资料在企业中缺失。《国家税务总局关于企业所得税资产损失资料留存备查有关事项的公告》规定：“企业向税务机关申报扣除资产损失，仅需填报企业所得税年度纳税申报表《资产损失税前扣除及纳税调整明细表》，不再报送资产损失相关资料。相关资料由企业留存备查。”资产损失以报代备，企业所得税资产损失资料虽然不需要在年度申报时报送，但仍然要对相应的留存资料进行收集、整理、归集，以备稽查。企业要对其真实性负责。

（7）自产产成品对外捐赠或发给员工福利等情况未进行企业所得税纳税调整。

226. 企业所得税汇算清缴前，如何查找企业自身存在的涉税风险？

在企业所得税汇算清缴前，企业应对本年所发生的经济业务逐一进行梳理，确保账实、账表相符，避免产生涉税风险。着重要从以下方面查找：

（1）年末12月利润表的营业收入与同月增值税申报表本年销售额累计数、企业所得税年报的营业收入是否相符。一般情况下，三者应当相等。如果三者出现较大差异，要分析原因，进行调整。

（2）资产负债表上的往来科目期末余额是否过大，与营业收入是否存在合理配比关系。如预收账款期末余额过大，可能存在未及时确认收入的风险；应收账款期末余额过大且占本年营业收入比重较大，可能存在虚开发票的风险；应付账款期末余额较大且占本年营业收入比重较大则存在着未及时取得成本票据的风险。

（3）各税的税负率是否达到行业税负预警。通常，税务机关根据全国同规模、同行业的企业统计出税负预警值，借以指导基层加强税源管理。在实务中，通常存在增值税税负率低、企业所得税税负率低的情况，有些企业营业收入高，生产经营正常，但增值税税负、企业所得税税负较低，甚至多年亏损不倒，这很容易成为税务机关选案检查的对象。

（4）关注企业商品情况，自查是否存在虚开发票风险。根据账上的库存商品购进、销售品名数量等信息，与企业实际生产经营情况比对分析，从资金流、发票流、合同流、货物流等方面综合判断企业业务的真实性，避免产生虚开发票和接受虚开发票的风险。例如，某批发零售企业购进货物品名为黄金，销售货物品名为钢材，购进货物与销售货物名称完全不一致，存在着虚开发票和接受虚开发票的风险。

（5）生产企业关注投入产出比、能耗等指标是否合理。不同行业根据工艺流程和生产设备的不同，均有相对合理的投入产出比，产成品所耗用的能源如电也有相对固定的比值。企业应结合自身情况进行检查，分析企业的投入产出比、能耗是否符合行业标准，对相应的下脚料销售要及时确认收入。

（6）期间费用占营业收入比例是否异常。一般情况下，企业的销售费用、财务费用、管理费用与营业收入的比例较为固定，如果占营业收入比例较大，可能存在虚列费用的风险。例如，某些企业为了少交企业所得税，在销售费用上做文章，接受对方大额的“咨询费”发票入账。

第五节 企业清算业务企业所得税处理实务

227. 企业清算业务企业所得税如何处理?

就企业清算有关所得税处理问题,《财政部、国家税务总局关于企业清算业务企业所得税处理若干问题的通知》规定如下:

(1)企业清算的所得税处理,是指企业在不再持续经营,发生结束自身业务、处置资产、偿还债务以及向所有者分配剩余财产等经济行为时,对清算所得、清算所得税、股息分配等事项的处理。

(2)下列企业应进行清算的所得税处理:

①按《公司法》《企业破产法》等规定需要进行清算的企业;

②企业重组中需要按清算处理的企业。

(3)企业清算的所得税处理包括以下内容:

①全部资产均应按可变现价值或交易价格,确认资产转让所得或损失;

②确认债权清理、债务清偿的所得或损失;

③改变持续经营核算原则,对预提或待摊性质的费用进行处理;

④依法弥补亏损,确定清算所得;

⑤计算并缴纳清算所得税;

⑥确定可向股东分配的剩余财产、应付股息等。

(4)企业的全部资产可变现价值或交易价格,减除资产的计税基础、清算费用、相关税费,加上债务清偿损益等后的余额,为清算所得。具体计算公式如下:

清算所得 = 资产可变现价值或交易价格 - 资产的计税基础 - 清算费用 - 职工的工资、保险和法定补偿 - 相关税费(含以前年度欠税)+债务清偿损益

企业应将整个清算期作为一个独立的纳税年度计算清算所得。

(5)企业全部资产的可变现价值或交易价格减除清算费用,职工的工资、社会保险费用和法定补偿金,结清清算所得税、以前年度欠税等税款,清偿企业债

务，按规定计算可以向所有者分配的剩余资产。

228. 投资方企业（股东）从被清算企业分得的剩余资产是否需要缴纳企业所得税？

（1）投资方企业从被清算企业分得的剩余资产，其中相当于从被清算企业累计未分配利润和累计盈余公积中应当分得的部分，应当确认为股息所得；剩余资产减除上述股息所得后的余额，超过或者低于投资成本的部分，应当确认为投资资产转让所得或者损失。

企业全部资产的可变现价值或交易价格减除清算费用，职工的工资、社会保险费用和法定补偿金，结清清算所得税、以前年度欠税等税款，清偿企业债务，按规定计算可以向所有者分配的剩余资产。

（2）被清算企业的股东分得的剩余资产的金额，其中相当于被清算企业累计未分配利润和累计盈余公积中按该股东所占股份比例计算的部分，应确认为股息所得；剩余资产减除股息所得后的余额，超过或低于股东投资成本的部分，应确认为股东的投资转让所得或损失。

被清算企业的股东从被清算企业分得的资产应按可变现价值或实际交易价格确定计税基础。

229. 企业注销登记前，清算所得需要缴纳企业所得税吗？

企业应当在办理注销登记前，就其清算所得向税务机关申报并依法缴纳企业所得税。

图书在版编目（CIP）数据

企业所得税新讲与实务攻略 / 应志雄等编著. —北京：中国法制出版社，2020. 8

ISBN 978 - 7 - 5216 - 1212 - 7

Ⅰ. ①企… Ⅱ. ①应… Ⅲ. ①企业所得税 - 税收管理 - 中国Ⅳ. ①DF812. 424

中国版本图书馆 CIP 数据核字（2020）第 131456 号

责任编辑　朱丹颖　　封面设计　杨泽江

企业所得税新讲与实务攻略

QIYE SUODESHUI XIN JIANG YU SHIWU GONGLÜE

编著/应志雄等

经销/新华书店

印刷/三河市国英印务有限公司

开本/710 毫米 × 1000 毫米　16 开　　印张/ 20. 75　字数/ 242 千

版次/2020 年 8 月第 1 版　　2020 年 8 月第 1 次印刷

中国法制出版社出版

书号 ISBN 978 - 7 - 5216 - 1212 - 7　　定价：65. 00 元

北京西单横二条 2 号

邮政编码：100031　　传真：010 - 66031119

网址：http：//www. zgfzs. com　　**编辑部电话：010 - 66067369**

市场营销部电话：010 - 66033393　　**邮购部电话：010 - 66033288**

（如有印装质量问题，请与本社印务部联系调换。电话：010 - 66032926）